大数据营销
基础与实务

微｜课｜版

汪启航 岳士凯 华进◎主编

李杰 张慧颖◎副主编

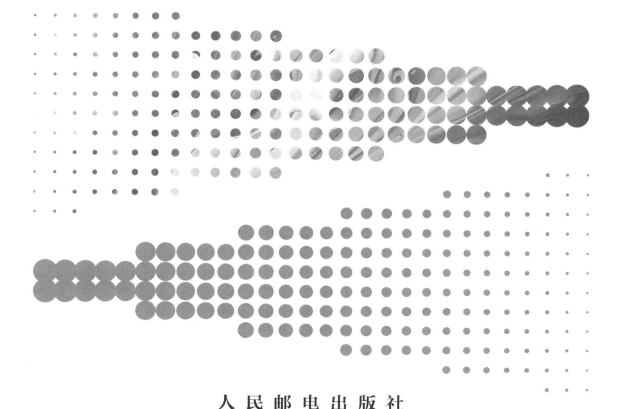

人民邮电出版社

北京

图书在版编目（CIP）数据

大数据营销基础与实务：微课版 / 汪启航，岳士凯，
华进主编. -- 北京：人民邮电出版社，2024.8
数智化营销新形态系列教材
ISBN 978-7-115-64339-1

Ⅰ．①大… Ⅱ．①汪… ②岳… ③华… Ⅲ．①网络营
销—教材 Ⅳ．①F713.365.2

中国国家版本馆CIP数据核字(2024)第087163号

内 容 提 要

随着互联网技术的快速发展，大数据营销已经成为企业在大数据时代洞察用户需求、实现精准营销的重要方式。本书紧跟时代的发展潮流，采用项目任务式的教学方式，深度诠释了大数据营销的理念、策略和方法。

本书共分为 8 个项目，分别为大数据与大数据营销、大数据营销流程、大数据驱动的市场分析、大数据驱动的消费者分析、大数据驱动的市场发展策略、大数据驱动的营销策略、大数据驱动的客户管理和大数据营销案例解析——农夫山泉，引领读者全面了解大数据营销，提升大数据营销能力。

本书既可作为职业本科院校、高等职业院校市场营销、电子商务、工商管理等专业营销课程的教材，也可作为从事市场营销、市场运营与管理等相关工作人员的参考书。

◆ 主　　编　汪启航　岳士凯　华　进
　　副主编　李　杰　张慧颖
　　责任编辑　白　雨
　　责任印制　王　郁　彭志环
◆ 人民邮电出版社出版发行　　北京市丰台区成寿寺路 11 号
　　邮编　100164　　电子邮件　315@ptpress.com.cn
　　网址　https://www.ptpress.com.cn
　　山东华立印务有限公司印刷
◆ 开本：787×1092　1/16
　　印张：13.5　　　　　　　　　　2024 年 8 月第 1 版
　　字数：336 千字　　　　　　　　2024 年 8 月山东第 1 次印刷

定价：49.80 元

读者服务热线：(010)81055256　印装质量热线：(010)81055316
反盗版热线：(010)81055315
广告经营许可证：京东市监广登字 20170147 号

前言
FOREWORD

大数据技术是继互联网、云计算之后信息技术产业又一次颠覆性的技术变革。党的二十大报告明确提出"加快发展数字经济"。在这样的时代背景下，数字经济已经成为中国经济发展的核心驱动力，有力地推动了围绕数字化、产业化的变革升级。数据是新时代重要的生产要素，是国家基础性战略资源，也是数字经济发展的核心力量。

随着市场经济的发展，传统的营销模式越来越难以适应消费者日益增加的个性化需求，如果企业缺乏有效连接用户的平台和渠道，制定的营销策略就难以满足消费者和企业双方的需求，而大数据技术的快速发展给市场营销带来了新的机会。企业可以利用大数据技术洞察消费者需求，进行产品创新及调整营销策略，将大数据转变为商业价值。在此背景下，大数据营销应运而生。

大数据营销是一种基于多平台数据的营销方式，它依赖于大数据技术和分析预测能力，旨在合适的时机、地点将广告投放给合适的人群。这种营销方式可以帮助企业实现精准营销、优化管理、提升市场竞争力，还有助于企业制定更有针对性的营销策略。

为了让读者全面、深入地了解大数据营销，掌握大数据营销的理念、策略和方法，提升大数据营销实战能力，我们精心策划并编写了本书。

本书主要具有以下特色。

- **体系完善，知识新颖**。本书紧跟时代的发展潮流，对大数据营销的各种策略都进行了深度诠释，内容新颖，注重实践，并充分考虑课程要求与教学特点，以必需和实用为准则，在简要而准确地介绍理论知识的基础上，重点传授行之有效的营销策略和方法，着重培养读者的大数据营销能力，解决大数据营销实施过程中的痛点和难点。

- **案例丰富，融会贯通**。本书通过"引导案例"模块引入课程内容，并在理论和技能讲解的过程中穿插"案例链接"模块，通过案例深入解析大数据营销策略。读者可以从案例中汲取成功经验，掌握大数据营销的精髓。另外，本书还设有"拓展阅读"模块，让读者延伸学习大数据营销的相关工具。

- **开拓思维，注重实训**。本书没有空洞的理论讲解，而是将重点放在思维开拓和实操技能的培养上。无论是刚接触大数据营销的新手，还是具备丰富的营销经验的老手，都能从本书中学到有价值的实战经验和技巧，并应用到工作实践中。本书注重实操训练，每个项目最后均设有"项目实训"模块，让读者在实训中提升综合素质。

- **资源丰富、拿来即用**。本书提供了丰富的数字化教学资源，其中包括 PPT 课件、教学大纲、教案、课程标准等，用书教师可以登录人邮教育社区（www.ryjiaoyu.com）下载获取相关资源。

本书由汪启航、岳士凯、华进担任主编，由李杰、张慧颖担任副主编。尽管编者在编写过程中力求准确、完善，但书中难免存在不足之处，敬请广大读者批评指正。

编　者

2024 年 7 月

目录
CONTENTS

项目一 大数据与大数据营销

知识目标

➢ 了解大数据的内涵、特征与类型。
➢ 掌握大数据的技术架构。
➢ 了解大数据营销的内涵、特点与发展。
➢ 掌握大数据营销的基本流程与人员配置。
➢ 掌握大数据营销的基础理论与分析模型。
➢ 掌握大数据营销伦理。

技能目标

➢ 能够熟练阐明大数据营销的基本流程。
➢ 能够识别各种大数据营销分析模型。

素养目标

➢ 建立大数据思维，推动实施国家大数据战略，加快建设数字中国。
➢ 抵制大数据营销伦理失当行为，维护健康的互联网营销生态环境。

知识导图

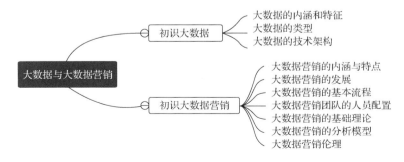

引导案例

随着体验经济时代的到来，以智能分析决策驱动体验增长是企业的核心竞争力之一。对于企业来说，如何洞察市场趋势、分析品牌信息，从消费者的视角优化品牌体验，是取得突破性增长和创新的关键。

极速洞察副总裁在某场分享课中深入解读了大数据如何帮助企业持续提升创新力和洞察力。她认为，舆情系统在企业中的日常应用更多起到舆情监测、危机预警和危机后重建的作用，除此之外，舆情系统还可以应用到企业商情领域中。

舆情监测数据在企业商情领域有 4 种应用，包括广告投放前的策略研究、广告投放后的营销效果评估、品牌健康度监测、热点活动和热点话题的追踪与监测。

极速洞察合作过的一个主流牙膏品牌曾做过品牌健康度监测，极速洞察便以全网信息监测分析帮助该品牌实现健康度追踪。

该品牌希望全面了解自身产品与竞品在线上的表现情况和营销活动的效果，从而为未来的市场推广与营销活动提供决策依据。因此，极速洞察为客户制定了"品牌健康度监测+营销效果评估"方案。

一方面，极速洞察依托大数据能力监测品牌健康度，深入挖掘"品牌社媒心动指数"排名增长的驱动因素，使品牌可以及时掌握市场格局，并为制定市场营销活动策略提供数据上的支撑；另一方面，极速洞察基于"品牌社媒心动指数"排名较高、增长较快的品牌，深入剖析其线上营销活动，分析社交媒体表现，找到助推排名快速上升的关键点，并评估营销活动对品牌形象的影响和提升作用。

极速洞察将市面上主流的口腔护理相关品牌纳入监测范围，全面衡量品牌的线上表现，按照不同权重设计分析社交、电商、视频类等全媒体平台的用户反馈数据，分析消费者对品牌的真实反馈，包括品牌认知度、品牌互动量和品牌喜好度，其中品牌认知度是指与品牌相关的原帖数量，而品牌互动量是指转发、评论、点赞和回复数量，品牌喜好度是指消费者对品牌的喜好程度，综合分析这些维度的信息就可以得出"品牌社媒心动指数"。

通过深入分析，极速洞察建议该品牌与在我国市场上更具产品力且已有丰富衍生作品的 IP 合作，融入一些复古、怀旧元素，并运用国潮元素与年轻人互动，从而提升品牌影响力。

任务一　初识大数据

大数据时代，数据在人们的生活中无处不在。各行各业都因为大数据产生了巨大的变革。大数据，顾名思义，就是大量的数据。但是，这种简单的认知无法使我们在商业领域的营销活动中充分感受大数据的魅力。要想做好大数据营销，我们首先要对大数据有一个全面的了解和认识，建立大数据思维。

（一）大数据的内涵和特征

每一项重大的科学发现与关键技术的诞生都给人类文明带来革命性与颠覆性的改变。1946 年 2 月 14 日，世界首台通用计算机"ENIAC"在美国宾夕法尼亚大学诞生。随着计算机的发展，信息的存储、分析与传播产生了革命性的变化。之后的网络技术更是以在人类历史上从来没有过的发展速度改变着人们的生活、工作、消费和交往方式。

随着互联网技术的发展，人们逐渐进入信息社会，数字信息出现爆炸式增长，每个人都处于传播节点上。我们周围到处都是数字信息，全球每天有数十亿部手机以及大量传感器、支付系统和相机等设备产生呈指数级增长的数据。

在 30 多年前，通信行业的数据大部分是结构化数据，而如今多媒体技术的普及导致非结构化数据（如音乐、视频等）的数量迅速增长。也就是说，30 多年前，一个普通文件也许只表现为数据库中的一排数字，而如今一个普通文件可能包含许多数字化图片、影像或音频内容。如今，92%以上的数据为非结构化数据。

国际数据公司（International Data Corporation，IDC）的报告显示，全球近 90%的数据是在这几年内产生的，预计到 2025 年，全球数据量将达到 163ZB，约相当于 178 万亿 GB。表 1-1 所示为数据存储单位。

表 1-1　数据存储单位

数据存储单位	符号	中文名	说明
bit	b	比特	二进制数中的一个数位，可以是 0 或 1，是计算机中数据的最小单位
Byte	B	字节	1B=8b
Kilobyte	KB	千字节	1KB=1024B
Megabyte	MB	兆字节	1MB=1024KB
Gigabyte	GB	吉字节	1GB=1024MB
Terabyte	TB	太字节	1TB=1024GB
Petabyte	PB	拍字节	1PB=1024TB
Exabyte	EB	艾字节	1EB=1024PB
Zettabyte	ZB	泽字节	1ZB=1024EB
Yottabyte	YB	尧字节	1YB=1024ZB

随着信息总量的不断增加，信息形态也在不断发生变化。最先经历信息爆炸的学科，如天文学、基因学，首先创造出"大数据"这一概念，而云时代的到来让大数据更受关注。如今，大数据被誉为新时代的"石油"和"黄金"，成为一种新兴且价值巨大的资产，极大地影响着社会的各个领域。

"大数据"一词由英文"Big Data"翻译而来，而"Big Data"一词由著名未来学家阿尔文·托夫勒在《第三次浪潮》一书中首先提出，书中写道："如果说 IBM 的主机拉开了信息化革命的大幕，那么大数据才是第三次浪潮的华彩乐章。"

对大数据进行收集和分析的设想来自全球著名的管理咨询公司麦肯锡公司。在 2011 年 6 月发布的关于大数据的报告中，麦肯锡公司指出："数据日益成为一种生产力，已经渗透到当今每一个行业和业务职能领域，成为日益重要的生产因素。大数据在物理学、生物学、环境生态学领域存在已有时日，近年来因为互联网和信息行业的发展而受到广泛关注……它将成为全世界下一个创新、竞争和生产率提高的前沿。"

2012 年，美国政府推出《大数据研究和发展计划》，将大数据上升为国家战略。2014 年，我国政府工作报告中首次出现了"大数据"这一概念。2015 年，我国政府工作报告中提出了

"互联网+"行动计划，着重推动我国云计算、大数据相关产业的发展。

大数据的定义目前并没有统一的说法，可以简单地将大数据理解为大量的数据，其具体是指一种规模庞大的、可以实现对数据进行获取、存储以及管理等功能的集合，能够将特定行为人的消费方式、生活习惯、兴趣爱好及交往关系等完整地展现出来。

换句话说，大数据的"大"，除了数据量的庞大以外，其价值的"大"也不容忽视。充分挖掘大数据中的价值对于人类社会的意义巨大。在信息化时代背景下，企业利用大数据可以对经营现状做出合理的分析与评价，不仅可以降低经营成本，还可以进一步提高企业的市场竞争力，树立企业形象，帮助企业制定正确的发展目标，为企业决策提供重要依据。

相比于小数据的数据量小、数据类型单一的特征，大数据具有规模性、多样性、准确性、时效性和低价值密度等 5 个特征，如图 1-1 所示。

图 1-1　大数据的特征

1. 规模性

规模性是大数据的首要特征，即采集、存储和计算的数据量非常庞大。大数据的起始计算量至少是 100TB。随着信息技术的发展，社会产生的数据量开始井喷式增长，数据存储单位已经从过去的 MB、GB 级别发展到现在的 PB、EB 级别，社交平台、物联网、电子商务等都成为重要的数据来源。

2. 多样性

大数据的多样性是指大数据种类和来源多样化，具体表现为网络日志、音频、视频、图片、地理位置信息等多类型的数据。多样性对数据的处理能力提出更高的要求，由于编码方式、数据格式、应用特征等多个方面存在差异，多信息源并发形成大量的异构数据。

3. 准确性

大数据的准确性是指在数据的生命周期内数据的一致性和完整性。保证大数据的准确性，意味着应以准确、真实、完整的方式对数据进行收集、记录和存储。当前，大型互联网平台采用的解决数据准确性问题的方法通常是实现技术和管理的结合。在技术上，首先使用更优数据预处理方法，去除大部分无用数据，然后设定一系列逻辑验证规则，进一步保证数据的准确性；在管理方面，设定一个规范化的数据管理流程，如数据安全保护流程等，以保证数据的真实性和准确性。

4. 时效性

大数据对处理速度有严格要求，大数据时代强调实时分析，数据输入、处理与丢弃立刻见效，分析结论可以立即应用于实践。例如，对于搜索引擎，要求几分钟前的新闻能够被用户查询到；对于个性化推荐算法，要求尽可能实时完成推荐。这是大数据不同于传统数据的最显著的特征。数据处理始终坚持遵循"1秒定律"，即要在秒级时间范围内给出分析结果，从而快速地从各种类型的数据中获取有价值的信息。

5. 低价值密度

大数据价值密度的高低与数据总量的大小成反比。现实世界产生的数据虽然数量巨大，但有价值的数据占比很小，并且分散藏匿在海量的数据中，其价值和意义难以被发现和利用。

在营销过程中，只有将数据与产品或客户实时连接起来，数据才会产生价值。例如，在登录购物网站首页的时候，每个用户看到的首页推荐各不相同，因为后台的算法和模型能够判断登录系统的用户的偏好，从而为每个用户提供不一样的推荐内容。

大数据分析的价值在于从海量相关性较低的多种类型的数据中，挖掘出对模式预测与未来趋势有价值的部分数据，并借助人工智能技术发现新的知识，将新知识运用到各个领域，从而改善社会治理，提高社会生产效率。

（二）大数据的类型

根据不同的维度，大数据可以分为不同的类型。下面分别从数据的结构、数据能否再现、数据的存储层次、数据的状态、数据的隐私性等维度来介绍大数据的类型。

1. 数据的结构

根据数据的结构来划分，大数据可以分为3类：结构化数据、非结构化数据和半结构化数据。

（1）结构化数据

结构化数据是指以表格形式组织的数据，如关系型数据库中的数据、电子表格中的数据等，包括财务系统数据、信息管理系统数据、医疗系统数据等，多年来一直主导着信息技术应用，是联机事务处理系统业务所依赖的信息。这些数据具有明显的字段和值，数据间的因果关系强，便于数据存储与处理。结构化数据通常可以通过结构化查询语言（Structured Query Language，SQL）等传统的数据处理工具进行分析与挖掘。

有组织的数据易于评估和排序，因为它具有预先确定的组织特征，并以结构化或表格模式提供。每个字段都是独立的，可以被单独访问，也可以与其他字段一起被访问，因为字段是指定的。因此，结构化数据非常重要。

（2）非结构化数据

非结构化数据是指数据结构不规则或不完整，没有预定义的数据模型，以及不方便使用数据库二维逻辑表来表现的数据，如文本、图像、音频、视频等。这些数据通常需要进行自然语言处理、图像识别、音频处理等技术处理和分析，以提取其中有用的信息。大多数大数据由非结构化数据组成。

（3）半结构化数据

半结构化数据是指有一定结构但不具有完整结构的数据，如超文本标记语（Hyper Text Markup Language，HTML）、可拓展标记语言（eXtensible Markup Language，XML）、JS对象简谱（JavaScript Object Notation，JSON）等，其特点是数据间的因果关系弱。半结构化数据不具有固定的数据模式，因此难以通过传统的关系型数据库进行处理和分析，需要使用专门的半结构化数据处理工具和技术。

2．数据能否再现

以能否再现的标准来划分，大数据可以分为不可再生数据和可再生数据。

（1）不可再生数据

不可再生数据通常是最原始的数据，一旦生成但未及时存储，可能再也无法获得。例如，当用户访问网站时，网站会追踪用户的行为，如果当时没有将用户的行为数据记录下来，就没有其他数据来还原用户的行为了。因此，对用户日志这种不可再生数据来说，企业必须有完善的保护措施和严格的权限设置。

（2）可再生数据

可再生数据是指通过其他数据可以生成的数据，也就是说，即使该数据没有了，将来还可以通过其他数据把缺失的数据计算出来。原则上，指标类数据的衍生数据都是可再生的，只要原始的不可再生数据还在，就可以通过重新运算来获得衍生数据。不过，很多可再生数据是经过很长时间的积累及不断加工而形成的，因此不可以随意删除，以免再花费大量的人力和物力，而应对数据进行有效保护。

3．数据的存储层次

按照数据的存储层次来划分，大数据可以分为基础层数据、中间层数据和应用层数据。

（1）基础层数据

基础层数据通常与原始数据基本一致，不做汇总，以尽量避免失真，常用作其他数据研究的基础。

（2）中间层数据

中间层数据是基于基础层数据加工而成的数据，中间层一般也被认为是数据仓库层。对于这些数据，企业会根据不同的业务需求，按照不同的主体来存放。

（3）应用层数据

应用层数据是针对具体数据问题的应用，将中间层所罗列数据的变量通过模型计算形成新的数据，如解决具体问题的数据分析和数据挖掘的数据。

在存储层次这个层面上，最大的问题是数据的冗余和管理的混乱，尤其是那些拥有海量数据的大公司，数据的冗余问题尤为严重，造成了巨大的浪费。在一些大公司中，进行数据分析、开发、挖掘的人可能达到数十人甚至数百人，并归属于不同的业务部门，这是为了满足不同的业务部门各自分析数据的需求。这样一来，不同的人可能从头开始建立起了一套包括基础层、中间层和应用层的数据，而彼此之间又没有合适的交流方式，导致出现浪费现象。

因此，基础层数据必须统一，除了满足备份需求外，没有必要在多个场合保留多份基础层数据。只要保证基础层数据有良好的元数据管理方式，就可以极大地降低成本。而对于中间层数据和应用层数据而言，如果业务比较单一，且成本压力比较大，就适合进行集中式管理；如果业务量非常大，则适合由多个数据团队分散管理和应用。

4．数据的状态

根据数据的状态来划分，大数据可以分为静态数据和动态数据。

（1）静态数据

静态数据，又称截面数据，是指在运行过程中主要作为控制或参考用的数据，在很长的一段时间内不会发生变化，一般不随运行而变，如购物网站的会员数据，包括会员的出生年份、性别、居住地、工作地址等。

（2）动态数据

动态数据，又称时间序列数据，是对事物在不同时间节点的状态的记录，反映事物的动态变化性，或者在不同时间节点上的差异性。例如，电商平台每天的交易数据，以及系统生成的日志类数据都属于动态数据。

5. 数据的隐私性

以是否具有隐私性为标准，大数据可以分为隐私数据和非隐私数据。

隐私数据是指需要有严格的保密措施来保护的数据，否则会对用户的隐私造成威胁，如用户的交易记录。企业要建立良好的数据管理机制，对数据的隐私级别进行划分。从数据安全的角度来说，数据可以分为两种类型，即企业级别和用户级别的数据。企业级别的数据包括交易额、利润、某大型活动的成交额等；用户级别的数据包括身份证号码、密码、用户名、手机号等。非隐私数据是指不涉及个人隐私的数据。

大数据在赋予生产生活便捷的同时，也让拥有大数据的企业、与大数据相关的技术人员肩负着巨大的责任，如果数据采集或应用不当，就涉嫌侵犯用户的隐私。因此，政府应加强监督力度，行业应适当引导规范，企业也要足够自律，以避免大数据的反向作用。

（三）大数据的技术架构

根据大数据从获取到应用的流程，大数据的技术架构分为数据采集、数据存储、数据处理、数据治理与融合建模、数据应用等层级。

1. 数据采集

数据采集是大数据技术架构的第一层。使用大数据采集技术获得来自传感器、移动互联网等的各种类型的海量的结构化、半结构化及非结构化数据，能为实现对数据的抽取—转换—加载（Extract-Transform-Load，ETL）操作打好基础。

ETL 负责将分布式的、异构数据源中的数据，如关系数据、平面文件数据等抽取到临时中间层，并进行清洗、转换与集成，最后加载到数据仓库或数据集市中，成为联机分析处理、数据挖掘的基础。

2. 数据存储

数据存储分为持久化存储和非持久化存储。

（1）持久化存储

持久化存储是指把数据存储到磁盘等介质中，存储机器异常断电或者损坏后，只要存储介质没有损坏，数据就不会丢失。常见的持久化存储工具有 Hadoop 分布式文件系统（Hadoop Distributed File System，HDFS）、HBase、MongoDB 等。

HDFS 适合运行在通用硬件上和部署在廉价的机器上，是一个具有高度容错性的系统，能够进行高吞吐量的数据访问，非常适合应用于大规模数据集。

HBase 是一个基于 Java、面向列的、构建于 HDFS 上的、仿照谷歌的 BigTable 的论文开发的开源式非关系型分布式数据库。

MongoDB 是一个基于分布式文件存储的数据库，由 C++语言编写，旨在为 Web 应用提供可扩展的高性能数据存储解决方案。它支持的数据结构非常松散，可以存储比较复杂的数据类型，它最大的特点是它支持的查询语言功能非常强大。

（2）非持久化存储

非持久化存储表示把数据存储在内存中，具有读写速度快等优点，但存储机器关机或断电后数据就会丢失。常见的非持久化存储工具有 Memcached 等。Memcached 是一个自由开源的、高性能的分布式内存对象缓存系统。

Redis 通过作为持久化存储和非持久化存储的中介，为非持久化存储的数据提供缓存机制，可以大幅度提高系统的响应速度，降低非持久化存储带来的压力。

3. 数据处理

数据处理可以分为两种类型，即在线处理和离线处理。

（1）在线处理

在线处理对实时响应有很高的要求，如对存储数据的数据库的一次查询操作。Storm 是一个免费并开源的分布式实时计算系统。利用 Storm 可以很容易做到可靠地处理无限的数据流，像 Hadoop 可以批量处理大数据一样，Storm 可以实时处理数据。

（2）离线处理

离线处理是对实时响应没有要求的处理，如批量压缩文档。离线处理涉及 Hadoop、SparkCore、Hive 等系统。

Hadoop 是一个分布式的基础架构，能够让用户方便、高效地利用运算资源，处理海量数据，目前已在很多大型互联网企业得到了广泛应用。Hadoop 的核心是 MapReduce（映射和化简编程模型）引擎，Map 意为将单个任务分解为多个，而 Reduce 则意为将分解后的多任务结果汇总，该引擎由 JobTrackers（工作追踪，对应命名节点）和 TaskTrackers（任务追踪，对应数据节点）组成。当处理大数据查询时，MapReduce 会将任务分解在多个节点进行处理，从而提高数据处理的效率，避免单个节点的性能瓶颈限制。MapReduce 是一种典型的离线批量计算框架。

SparkCore 是 Spark 的核心与基础，实现了 Spark 的基本功能，包含任务调度、内存管理、错误恢复与存储系统交互等模块。Spark 拥有 MapReduce 所具有的优点，但不同于 MapReduce 的是，Spark 不再需要读写 HDFS，因此能够更好地适用于数据挖掘与机器学习等需要迭代的场景。

Hive 是基于 Hadoop 的一个数据仓库工具，用于进行数据提取、转化和加载，可以存储、查询和分析存储在 Hadoop 中的大规模数据。

4. 数据治理与融合建模

数据采集、数据存储和数据处理是大数据技术架构的基础。一般情况下，完成上述 3 个步骤就已经将数据转化为可以进行初步挖掘的基础数据，为上层的数据应用提供了数据支撑。但是，在大数据时代，由于数据类型多样，价值密度低，数据治理与融合建模就显得很有必要，通常利用 R 语言、Python、Matlab 等对数据进行 ETL 预处理，然后根据算法模型、业务模型进行融合建模，以便更好地为业务应用提供优质的底层数据。

R 语言是一套完整的数据处理、计算和制图软件系统，其功能包括数据存储和处理系统；数组运算工具（其向量、矩阵运算方面功能尤其强大）；完整连贯的统计分析工具；优秀的统计制图功能；简便而强大的编程语言可操纵数据的输入和输出，实现分支、循环，而且用户可自定义功能。

Python 提供了高效的高级数据结构，还能简单、有效地面向对象编程。Python 的语法和动态类型及其解释型语言的本质，使其成为多数平台上用于写脚本和快速开发应用的编程语言。

Matlab 是美国 MathWorks 公司出品的商业数学软件。Matlab 是对 matrix 和 laboratory 两

个单词的组合，意为矩阵工厂（矩阵实验室），该软件主要用于科学计算、可视化以及交互式程序设计等高科技计算环境。它将数值分析、矩阵计算、科学数据可视化，以及非线性动态系统的建模和仿真等诸多强大功能集成在一个易于使用的视窗环境中，为科学研究、工程设计及必须进行有效数值计算的众多科学领域提供了一种全面的解决方案，并在很大限度上摆脱了传统非交互式程序设计语言（如 C 语言、Fortran 语言）的编辑模式。

5. 数据应用

数据应用反映大数据技术应用的目标，通常包括信息检索、关联分析等。

信息检索主要是根据用户需求，全面、准确地查找数据库，从海量的数据中返回用户需要的信息。Lucene 和 Elasticsearch 等开源项目为信息检索的实现提供了支持。

Lucene 是一个开放源代码的全文检索引擎工具包，提供了完整的查询引擎和索引引擎，以及部分文本分析引擎，其目的是为软件开发人员提供一个简单易用的工具包，以便在目标系统中实现全文检索功能，或者以此为基础建立起完整的全文检索引擎。

Elasticsearch 是一个分布式、高扩展性、高实时性的搜索与数据分析引擎，它能很方便地使大量数据具有搜索、分析和探索的能力。Elasticsearch 的实现原理主要如下：用户将数据提交到 Elasticsearch 数据库中；通过分词控制器将对应的语句分词，将其权重和分词结果一并存入数据；当用户搜索数据时，根据权重对结果进行排名、打分；将返回结果呈现给用户。

关联分析通常用来挖掘数据之间的内在联系，常用于产品推荐与引导、用户精准营销等方面。

大数据的技术架构为大数据的业务应用提供了一种通用的架构，实际应用时还要根据行业领域、公司技术积累以及业务场景，从业务需求、产品设计、技术选型、方案实现流程等方面对具体问题进行具体分析。

任务二　初识大数据营销

如今，数据的重要性日益增加，急速膨胀的信息和大数据的商用价值正在改变现有的营销模式和企业的营销活动。大数据分布式存储、大数据挖掘及分析技术的发展为海量数据的收集、整合、处理、分析等操作提供了技术支持，为企业实现精准营销、优化管理、提升市场竞争力创造了更多的可能。在这样的时代背景下，大数据营销应运而生。

（一）大数据营销的内涵与特点

大数据营销是指通过对海量的数据信息进行筛选、整理、分析，从中提取出有价值的信息，最终为企业制定具有针对性的营销策略的过程。

在传统的市场营销模式中，企业需要花费大量的时间和精力去收集消费者信息，而且往往无法全面了解每个消费者的需求和兴趣。同时，很多企业通过试错的方法来调整营销策略，效率低，成本高。而通过大数据营销，企业可以更加深入地了解潜在消费者的需求和兴趣爱好，并根据这些信息制定更加切合实际的营销策略，从而提高企业的市场营销效率和盈利能力，促进企业的快速发展。

总体来说，大数据营销具有以下几个特点。

1. 多平台

大数据营销的数据来源是多方面的，多平台的数据采集使我们构建的消费者画像更加全面和准确。多平台数据采集的途径包括 PC 端互联网、移动互联网、互联网电视端及各种物联网传感器等。

2. 个性化

随着社会经济水平的提高，消费者不再满足于普通的大众化产品，而是更倾向于情感化、个性化的优质产品，所以个性化营销成为市场进一步细分的必然要求。在营销过程中，企业必须充分考虑消费者的个性化需求。与传统营销的广泛撒网不同，企业可以通过大数据分析了解消费者的位置、关注对象、偏好等信息，从而实现为消费者量身定制的个性化营销，这样即使消费者使用同一款软件，其界面显示的推荐内容也不同，可以满足不同消费者的不同需求。

3. 时效性强

在互联网时代，消费者的消费习惯和购买行为经常在短时间内发生变化，因此企业需要及时捕获消费者的需求变化，在消费者需求最强烈的时候为其精准推荐企业的产品。大数据营销可以帮助企业及时掌握消费者的需求及其变化趋势，提升营销的时效性。

大数据营销企业泰一传媒曾提出时间营销策略，即通过相应的技术手段充分挖掘并分析消费者需求的变化，并及时响应每位消费者当前的产品需求，使消费者在做购买决策的时间段内及时接收到企业推荐的产品广告。

4. 高效率

与传统营销模式相比，大数据营销有着较高的性价比，可以让企业的营销决策做到有的放矢，并根据实时性的效果反馈，及时调整营销策略，从而最大限度地减少营销传播时的浪费，实现高效率营销。

5. 关联性

大数据营销可以帮助企业发现消费者的关联性需求，进而销售多种相关的产品或服务。在互联网时代，这一点反映了网络消费者关注的广告与广告之间的关联性。大数据在采集过程中可以快速获取目标消费者关注的内容及其所处位置，这些有价值的信息可让广告在投放过程中产生前所未有的关联性，即消费者所看到的上一条广告可与下一条广告进行深度互动。

6. 互动性

企业可以借助大数据技术鼓励消费者参与企业的产品生产与决策，如选择款式、包装、广告方案等。在整个生产和销售过程中，消费者参与越多，其购买该产品的概率就越大。这种互动性强的营销方式很容易受到注重参与感和渴求信息的消费者的青睐。

案例链接

一物一码赋能蒙牛深度连接 C 端

作为一家传统企业，蒙牛积极拥抱数字化、智能化，利用大数据等信息技术，已经成为新时代背景下乳业数字化的新典范。

在数字化转型中，营销数字化是最有效的一个切入点，可以解决传统企业在发展过程中解决不了的问题，如深度连接 C 端。

在数字化时代，品牌需要深度触达用户，持续经营每一个能够和用户连接的触点。一物一码就是品牌伸向全渠道的触手，能把每一件产品都变成品牌的营销入口，通过触点为品牌带来源源不断的数据资产，从而实现品牌直连用户、精细化运营的目标。

蒙牛早已使用一物一码技术，例如，蒙牛天猫旗舰店曾推出一款 0 糖气泡水风味饮料——酸酸乳气泡水。蒙牛在气泡水的瓶盖内嵌入一个唯一的二维码，开展"酸酸乳星际探索"互动营销，消费者扫描蒙牛气泡水瓶盖内的二维码后，就会跳转到充满活力气息的"酸酸乳星际探索"页面，从而可以领取积分进行互动游戏，根据游戏进度领取不同的奖励。有趣的游戏加上奖励的钩子，引发消费者自发为品牌传播，进行圈层扩散。

设置一物一码营销活动吸引用户互动，不仅使蒙牛与消费者建立了简单的联系，还发挥了更多的效能，具体内容如下。

一是一物一码帮助蒙牛读懂消费者。通过一物一码采集用户的信息，蒙牛可实现线下用户消费场景数字化。通过数据洞察，将消费者的购买行为具象化，蒙牛可以了解消费群体的基础数据、地域分布、商业兴趣及活动分布等，了解消费者行为并进行消费者价值判定，以便后续深度经营和开展差异化营销。据此蒙牛可以真正读懂消费者，持续丰富品牌的数字资产。

二是一物一码助力蒙牛精准触达潜在消费者。对消费者数据分类建模，通过大数据分析提炼出对蒙牛最有价值的人群，对这类人群做出精准的广告投放和二次触达，有利于培养蒙牛的关键意见消费者（Key Opinion Consumer，KOC），帮助蒙牛找到更多潜在消费者，为二次开展精准营销奠定数据基础，有效提高广告投放投资回报率（Return on Investment，ROI）和营销效率。

（二）大数据营销的发展

大数据营销近些年成为企业追捧的营销关键词，但关于大数据营销的研究和实践已经有很长的历程。从 20 世纪开始，围绕消费者数据的营销研究就已经开展，如直复营销、数据库营销等，有的学者认为直复营销是数据库营销的起源。直复营销是指通过与目标消费者直接沟通，取得反馈，实现交易，一般表现为直接向潜在消费者发送广告材料，引导其立即采取行动。

进入 20 世纪 90 年代，随着电话营销的兴起，直复营销逐渐被数据库营销取代。在银行、保险、信息技术（Information Technology，IT）等行业，大多数企业建立了庞大的呼叫中心，为消费者提供"营销销售—售后"的端到端服务。

企业开始意识到，通过消费者数据分析可以实现更加精准的营销，从而节省费用，提高效率。不过，那个时代的营销还不能称为真正意义上的大数据营销，因为不管是数据可用规模、类型，还是数据分析工具，其能够达到的深度和范围，或者营销应用的平台和领域，都远远达不到大数据营销的程度。学者们虽然把数据驱动营销发展的潜力纳入研究范围，但其研究主要停留在概念层面，直到 2000 年这种情况才发生变化。

首先，关注数字互动的学术研究从 2000 年开始大量增加；其次，2000 年"互联网泡沫"爆发，人们清醒地认识到营销战略不应过分依赖营销专家的建议，而是要基于实践的观察和实际数据。这让人们开始重新审视对数据营销的科学理解，促使人们寻求更严格的科学方法来解释这一领域的现象。

在 21 世纪，以大量消费者数据为基础、智能分析技术为支撑、新兴线上平台为应用空间的大数据营销真正出现。大数据营销经历了 4 个发展阶段，分别是互联网时代、社交网络时代、移动互联网时代和人工智能时代。

1. 第一阶段：互联网时代

大数据营销的互联网时代开始于 2000 年，这一时期的大数据营销也叫数字营销。数字营销是指借助互联网、计算机通信技术和数字交互式媒体来实现营销目标的一种营销方式。数字营销尽可能地利用先进的计算机通信技术，最有效、最省成本地谋求新市场的开拓和对新消费者的挖掘。

企业通过网络接触到大规模的消费者群体，从中获取丰富的营销数据，这为理解消费者行为提供了新的视角和工具。在这个阶段，网站点击数据、搜索记录数据等是众多营销人员的关注重点。通过分析网站点击数据和搜索记录数据，企业可以了解目标消费者的关注点和消费者行为，并通过建模预测消费者购买行为，为营销管理提供决策依据。

2. 第二阶段：社交网络时代

大数据营销的社交网络时代开始于 2004 年。21 世纪以来，随着 Web2.0 技术的发展，社交网络网站（Social Network Sites，SNS）应运而生，大数据营销进入社交网络时代。

社交媒体是社会网络的载体，是一种 Web2.0 技术，允许用户自己生成内容，也就是说，在社交媒体的各种平台中，用户不仅可以获取信息，还可以创造信息。用户可以在平台上自由地表达自己的观点，讲述自己的经历。

基于社交媒体的这一特点，研究人员通过分析用户的沟通行为，发现用户的在线评论会相互影响，在线口碑也会对消费产生一定影响。因此，在社交网络时代，大数据营销的重点在于在线口碑，由此衍生出社会化媒体营销。

社会化媒体营销是指利用社会化网络、在线社区、博客、百科或者其他互联网协作平台和媒体来传播和发布资讯，从而形成营销、销售、公共关系处理和客户关系服务维护及开拓的一种方式。社会化媒体营销工具一般包括论坛、微博、微信、博客、SNS 社区、视频、图片等。

社会化媒体营销的优势主要体现在以下几点。

（1）精准定位目标消费者

社交网络掌握了大量用户信息，除了年龄、工作等表层信息外，还可以通过对用户发布和分享的内容进行分析，有效地判断出用户的喜好、消费习惯和购买能力等信息。

（2）通过互动拉近企业与用户的距离

传统媒体投放的广告很难获得用户的反馈，而社交网络使企业有了官方微博、官方微信公众号，借助这些平台，企业可以与用户更好地互动，形成良好的企业品牌形象。社交媒体是一个重要的客户关系管理系统，企业可以寻找用户对企业品牌或产品的讨论，针对用户讨论迅速做出反馈，解决用户的问题。

（3）低成本进行舆论监控和市场调查

随着社交网络的普及，社交网络的大数据特性得以很好地体现。首先，企业可以通过社交网络低成本地进行舆论监控，在企业危机公关时发挥重要作用。其次，通过对社交网络上的大量数据的分析，企业可以进行市场调查，有效挖掘用户需求，为产品设计开发提供充分的市场依据。

（4）企业可获得低成本组织的力量

通过社交网络，企业可以较低的成本组织起一个庞大的粉丝宣传团队，每当企业有活动或者新品上市，粉丝会奔走相告，成为企业的一股重要的宣传力量。

3. 第三阶段：移动互联网时代

随着智能手机的普及，移动互联网时代悄然而至，以苹果公司推出第一代苹果手机和谷歌公司推出安卓系统为标志，大数据营销迎来了移动互联网时代。这一时期的营销模式为移动营销。移动营销是指利用手机、平板电脑等移动终端和互联网技术、无线通信技术等，完成企业和消费者之间的产品或服务交换的过程，其内容主要包括企业品牌形象推广、产品信息宣传、产品销售、客户关系管理等。

由于移动营销模式具有高效、便捷、成本低等优势，这种营销模式很快就发展起来，被各类企业所接受。

移动营销模式可以用"4I"来概括，即个性化（Individualize）、分众识别（Individual Identification）、即时信息（Instant Message）、互动沟通（Interactive Communication）。

（1）个性化

在移动互联网时代，人们对个性化的需求比以往任何时候都更强烈。移动服务为消费者带来的附加价值在于让消费者可以随时随地访问，消费者可享受基于时间、地点及个人喜好的个性化定制服务。

（2）分众识别

由于每个移动终端及其使用者的身份都具有唯一对应的关系，并且可以利用技术手段进行识别，所以企业能与用户建立确切的互动关系，进而确认目标消费人群及其地点等。

（3）即时信息

在移动营销模式下，信息传递具有即时性的特征，这为企业获得动态的反馈和开展互动跟踪提供了可能。当企业对消费者的消费习惯有所察觉时，可以在消费者最有可能产生购买行为的时间发布产品信息，而消费者也能即时访问。

（4）互动沟通

传统媒体只为企业提供了单向传播渠道，这导致消费者互动和参与的缺失，而在移动营销模式下，企业可开展互动沟通。企业在开展互动沟通时应考虑连接性（与更多资源的连接）、娱乐性和个性化（与个人进行更个性化的沟通），企业对互动性的感知越强，与消费者的沟通效果就越好。

综合来看，移动营销与传统营销的区别可以体现在表 1-2 所示的几个方面。

表 1-2　移动营销与传统营销的区别

区别	传统大众营销	传统互联网营销	移动营销
传播对象	传统媒体用户	有限的 PC 端用户	全面的移动端用户
传播方向	单向传播	以单向传播为主	双向互动
传播成本	高	低	低
传播类型	各种格式的文本、音频与视频	各种格式的文本、音频与视频	受限于传播速度及视觉空间大小的文本、音频与视频
营销设计	丰富	丰富	简约
营销终端	固定媒体	PC 单屏	多屏交互
营销路径	泛化传播	水平撒网	立体真实
营销效果	品牌展示	品牌展示及产品促销	用户即时参与

4．第四阶段：人工智能时代

2018 年，百度携手知萌咨询发布《AI 赋能营销白皮书》，标志着大数据营销进入人工智能时代。大数据与人工智能的结合为洞察消费者提供了一个全新的方案。大数据分析技术、人工智能技术使对海量数据进行收集、整合、可视化和进一步深度分析成为现实。

企业可以借助机器学习、文本挖掘和自然语言处理等技术，集中处理点击流、在线评论、社交媒体信息等，在此基础上洞察、分析和预测消费者的偏好，给予产品精确的定位，有针对性地进行营销活动，从而实现定制化的产品推送和个性化服务提供，提高营销的精准度。

到目前为止，大数据营销显现出以下发展趋势。

（1）不同数据库之间的整合与协同

随着信息技术的不断发展，单一企业所拥有的碎片化的消费者信息早已不能满足市场对数据量和多样性的需求。基于全样本数据的大数据营销将用于开展更加精准有效的用户数据挖掘，更全面地展示消费者的各项信息。目前，我们仍然处于数据碎片化时代转向数据整合时代的过渡期，但随着技术的发展，未来跨媒体、跨渠道、跨终端的大数据营销将使信息得以从多维度重组。

企业内外不同数据库之间的有效整合、协同与联动，有利于实现消费者信息的全方位、多角度反馈与融合，将是未来大数据营销发展的关键和基础。

（2）场景成为大数据营销的着力点

随着 5G 的不断发展，万物互联、万物皆媒的物联网时代即将到来，场景也将成为大数据营销新的着力点。场景营销的基本流程是先找到合适的人，再根据消费者所属群体及其消费习惯决定所要使用的信息内容，然后根据消费者所处的环境来决定触点。

实施场景营销要有大数据做支撑，企业需要多渠道地了解消费者，然后通过挖掘场景、消费者分群对触点进行把控，从而针对不同的消费者在合适的情境下为其推送最合适的产品或服务。

（3）通过效果监测实时优化策略

随着大数据营销的不断发展，实时效果监测将成为常态。大数据挖掘技术的改善与提高可大大降低营销效果的监测成本。无论每一次营销活动是否成功，企业都可以通过效果监测找到原因，从而改进不足，尽快拿出解决方案，以提高效率，减少损失。

（三）大数据营销的基本流程

大数据营销是指通过多学科融合，实现对规模巨大的数据的采集、管理和分析，从而发现新的知识和规律。下面对大数据营销的基本流程进行简单介绍。

1．数据采集

数据采集是大数据营销流程中的重要一环，是成功进行大数据营销的前提。由于大数据处理的数据来源广泛，第一步就是对数据进行抽取和集成，从中找出代表实体对象和与其有关系的数据，经过关联、聚合等操作，按照统一的格式对数据进行存储。在数据采集的过程中，数据源会影响大数据的真实性、完整性、一致性和准确性。数据采集的工具有很多种，包括爬虫软件、应用程序编程接口（Application Programming Interface，API）、传感器采集、日志采集等。

2．数据存储

数据采集后需要将数据存储起来，以便后续的处理与分析。数据存储的方式有很多种，包括关系型数据库、NoSQL 数据库、Hadoop 等。

关系型数据库是一种传统的数据存储方式，其采用表格形式存储数据，具有结构化、一致性和可靠性等特点。

NoSQL 数据库不采用表格的形式存储数据，而是采用键值对、文档、图形等形式来存储数据，具有高扩展性、高性能等特点。

Hadoop 是一种分布式计算开源框架，可以处理海量数据，具有高可靠性、高扩展性等特点。

3. 数据处理

数据处理是数据准备过程中最花费时间、最重要的一步，该步骤可以有效减少后续数据分析过程中可能出现的矛盾。该步骤是指根据大数据营销的目标，确定需要分析的数据范围，运用大数据技术对初始数据、原始数据和坏数据进行清洗和预处理。

数据处理还应包括寻找或确定具有商业含义的新变量，或者进行变量转换，为使用工具建模打下基础。该步骤的目标是转换数据，为后续步骤的执行做好准备。如果数据源的格式不同，则必须转换和统一数据。如果数据没有特定的结构，就必须将数据结构化，通常采用表格格式，从而进行不同的分析并建立机器学习模型。

4. 数据分析

数据处理后，企业需要对数据进行分析，以发现数据中的规律和趋势。数据分析的目的是为决策提供支持，帮助企业做出更好的决策。数据分析的方法有统计分析、机器学习、数据挖掘等。

5. 数据可视化

在数据分析的基础上，形成数据报告是非常重要的步骤。数据报告包括分析报表、客户信息或客户群信息及其特征，以及根据分析结果提出的应用建议等内容。消费者最关心的是数据分析的结果及其以何种方式在终端上显示，所以展示数据处理分析的方式非常重要。

目前来看，数据可视化是展示数据分析结果的主要技术。数据可视化是指以图形格式表示数据，让决策者看到直观呈现的数据分析结果，从而做出更科学的决策。数据可视化的基本思想是将数据库中每个数据项作为单个图像元素表示，大量的数据集合构成数据图像，并将数据的各个属性值以多维数据的形式表示，从而使用户从不同的维度观察数据，对数据进行更深入的观察和分析。

6. 数据应用

数据可视化后，企业要将数据分析结果应用到实际的业务中，以实现数据驱动决策。数据应用的目的是让企业更好地利用数据，提高业务效率和竞争力。数据应用的方式有推荐系统、风险控制、营销策略等。

案例链接

九阳借助数据中台洞察消费者，定制差异化策略

企业管理层非常重视数据中台的建设，因为用户数据蕴含着丰富的价值，在流量化时代更是如此。目前市场竞争十分激烈，企业已经将工作重点从争夺增量用户转移为精细化运营存量用户。

九阳自成立以来，不仅积累了技术、形成了品牌效应，还存储了大量宝贵的用户数据，但这些原始数据在以前十分分散，呈现出碎片化的特点，而且用户的主体数据没有得到整合，九阳也没有建立系统、完善的标签画像体系。因此，如何有效挖掘数据价值并合理使用，以提高品牌增长量，是摆在九阳面前的一大难题。

数据中台是九阳把握数据、实现数据化运营的有效工具，它可以帮助九阳盘活沉睡的数据资产，挖掘出数据中蕴含的价值。

阿里云为九阳打造的数据中台，融合了九阳线上线下的全域消费者数据，通过 One ID 技术统一识别和整合，构建了消费者数据的标准和规范。九阳目前已经构建了丰富的消费者数据标签，完成了全域消费者数据的整合，沉淀了几千万条有效数据，基于此，九阳能够运用标签工厂快速灵活地进行标签画像与用户洞察分析。通过阿里云数据中台洞察消费人群，比九阳原先自己洞察消费人群的投资回报率更高。

在数据中台上线不久后，九阳就迎来了"6·18"年中促销活动的大考。九阳借助阿里云数据中台，基于数据中台共创 IP 人群运营，在某 IP 联名新品优选放大人群，投资回报率提升了 3 倍。

此外，九阳通过数据中台的核心产品之一 Quick Audience，对品牌近两年的自有信息进行分析、运营和管理，同时根据类目活跃度、消费行为特征等描绘出更为精准的消费人群，从而使整个营销链路、数据闭环更加完整。

九阳结合人群渠道和消费属性，为全域消费者定制了差异化的策略，例如，针对 A 人群（认知人群）高频触达；针对 I 人群（兴趣人群）中的折扣敏感型、高价值人群推出不同的营销策略，让其转化为 P 人群（购买人群），从而在减少营销成本的同时实现成交转化率的提高。

有了策略与数据的支撑，抓住年轻的消费人群不再困难，九阳在新品研发方面贴近年轻人的追求和喜好，打造出一些经典 IP 的联名款，获得了年轻人的追捧。

基于数据中台提高营销触达效率，九阳根据消费者的体验旅程和关键场景，精心设计运营策略，最终提高了营销精准率；而在未来，九阳也可以基于数据中台建立标签，实现营销效果的动态迭代，依托数据中台灵活且高扩展性的标签组合能力，实现不同产品组合下的精准营销。营销提效只是数据中台能力的一部分，数据中台之后还将不断迭代，全链路的数智化可以在从消费者需求满足到新品研发，再到供应链改造等方面，不断为九阳提升差异化服务能力。

7. 数据反馈

有效营销活动的基础是高质量的数据，但并非所有数据都是优质的。基于低效数据做出的业务决策可能会浪费营销预算，损害品牌的声誉和形象。大数据营销基本流程的最后一个环节是利用营销技术获知客户行为和各个营销节点的过程量，以便定量地证明营销的投入产出比，进而优化营销和业务流程。

课堂讨论

你认为哪个企业的大数据营销模式应用得比较成熟？与同学讨论该企业在应用大数据营销模式时都有哪些营销动作？效果如何？

（四）大数据营销团队的人员配置

大数据营销的成功与否在很大程度上取决于大数据营销团队的能力，企业内部的大数据营销团队成员包括数据策略师、营销分析师、系统工程师、数据挖掘师、数据质量专员和数据库管理员。

1．数据策略师

数据策略师是企业内部的营销数据操盘手，需要同时精通业务和营销，并负责与业务需求层面进行沟通，从而为企业设计科学的大数据营销模式。

数据策略师需要了解统计学和技术，明白什么样的大数据营销模式在技术上是可行的，了解数据分析和数据挖掘对企业的作用。数据策略师要擅长制定客户数据标准和规则，设计企业大数据营销基础设施的建设路线。

总之，数据策略师是大数据营销团队的核心人物，应当在企业内部长期培养。

2．营销分析师

营销分析师负责大数据营销的执行层面，包括抽取、分析日常数据，熟练操作大数据营销工具。营销分析师密切接触的是需要直接的客户数据支撑的一线人员，如市场经理、一线销售经理等，所以要深刻理解企业的营销策略，能够在理解行业的基础上对客户数据进行细分，在营销执行过程中了解怎样的数据可以发挥作用，营销结束后还要分析营销结果，提出改进意见。

企业在统计学、技术上对营销分析师的要求并不高，一个有 SQL 背景、懂数据库逻辑的人员与业务人员磨合半年，就能成为合格的营销分析师。

3．系统工程师

系统工程师负责建设和管理大数据营销的基础设施，包括新系统的开发上线和系统上线后的日常维护。系统工程师属于 IT 领域的岗位，一般设置在企业的 IT 部门。系统工程师一般只需配合数据策略师理清业务需求和逻辑即可进行系统的开发，所以并不需要有很强的业务理解能力。

系统工程师在开发系统时并不一定会接触真实的客户数据，因此除了最新的应用领域外，由系统工程师引发的数据安全风险较小。

4．数据挖掘师

当企业的客户数据量十分庞大，收集的客户行为信息非常复杂时，企业就只能通过专业的数据挖掘软件结合统计学算法来进行数据分析与客户细分，这时企业就需要数据挖掘师。数据挖掘师是指通过对海量数据进行挖掘，寻找数据的存在模式和规律，从而解决具体问题的人员。

数据挖掘多是以解决具体问题为导向的，例如，聚类分析通过对会员的各种人口统计学、行为数据进行分析，对会员进行分类，为不同类型的会员建立相应的文件，从而使企业更好地理解会员，掌握高、中、低各个层级的会员构成，既可以为后期各种会员运营提供指导，提高活动效率，又可以指导营销工作和企业各种战略的制定。

数据挖掘师必须精通数据库知识，很多时候模型的数据预处理会在数据库中完成，数据挖掘师必须熟练掌握数据挖掘工具、数据挖掘算法，如 SPSS、CELEMENTINE、SAS/EM 等。

5．数据质量专员

数据质量专员对客户数据质量负责，一般只与数据策略师沟通，而不接触业务人员。数据质量专员负责完成日常的数据库质量检查工作。当数据量较少时，数据质量专员可直接进入客户关系管理（Customer Relationship Management，CRM）系统的前台或营销数据库的后台进行更改。当数据量较多时，数据质量专员要与数据库管理员沟通，批量更改数据。

数据质量专员不需要很高的技术含量，只需在数据策略师划定的规则内做日常检查和操作，所以具有一定的 SQL 操作能力和数据库知识的偏 IT 领域的人员即可胜任。

6. 数据库管理员

数据库管理员是负责管理和维护数据库服务器的人员，其具体职责包括：全面负责数据库系统的管理工作，保证其安全、可靠、正常运行；负责数据库服务器的安全防范工作，做好数据库服务器的运行记录，当数据库服务器出现故障时，迅速与相关人员一同解决；负责数据库系统的建设，做好数据库软件的安装、数据库的建立工作，对数据库进行定期备份；协助软件开发人员完成数据库软件开发。

数据库管理员要深刻理解数据库的技术，在工作中对接数据策略师和数据质量专员，了解数据管理需求。

数据库管理员是大数据营销团队中仅次于数据库策略师的第二重要的角色，决定着数据库的安全策略，是在企业的 IT 层面唯一能接触所有未脱敏客户数据的角色，具有最大的数据安全潜在风险。因此，企业在选择数据库管理员时，与技术能力相比，对其职业操守的要求更高，在招聘时需要投入巨大的精力做背景调查，通常不会选择外包。

（五）大数据营销的基础理论

大数据营销是市场营销的一种重要的细分形式，所以市场营销理论也是大数据营销的重要理论基础。市场营销理论是不断发展的，这主要体现为 4P、4C、4R、4I 理论的不断演化，如图 1-2 所示。在此过程中，营销人员对营销、市场及消费者的理解不断加深，市场营销活动变得更加灵活、有效。

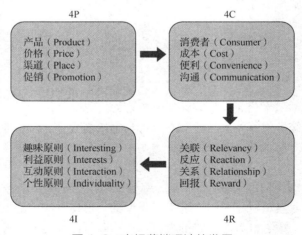

图 1-2　市场营销理论的发展

1. 4P

1960 年，杰尔姆·麦卡锡在其出版的著作《基础营销》中首次提出 4P 理论，4P 分别指产品（Product）、价格（Price）、渠道（Place）、促销（Promotion）。该理论认为，一次成功和完整的市场营销活动应当具备适当的产品、适当的价格、适当的渠道和适当的促销手段。

从此，营销成为一个系统工作，而营销管理也成为企业管理中非常重要的一部分。

（1）产品

市场营销的一切起始点是产品，产品也是一个企业最重要的核心竞争力。因此，产品策略是市场营销战略的核心，价格策略、渠道策略和促销策略都围绕产品策略展开。

产品策略是指做出与企业向市场提供的产品有关的策划与决策，即为目标市场开发合适的产品或产品组合。产品之所以能够提供给市场，被消费者使用，是因为它满足了消费者的某种需要。因此，企业的营销负责人在策划一个产品的时候，需要考虑这个产品能满足什么需求、销售给谁、有什么功能、与竞争对手的产品有何差异，有时还要思考究竟是做单品"爆款"还是各种产品线组合，从而使自身企业在市场竞争中立足。

在大数据时代，消费者更加注重个性化和定制化的产品，因此企业需要不断创新和优化产品，以满足市场的需求。

（2）价格

价格策略是指企业如何估量消费者的需求并分析成本，以选定一种既能吸引消费者又能实现市场营销组合的定价方式。企业以盈利为目的，所以定价要兼顾销售效率和企业效益。

影响定价的因素有3个，即需求、成本、竞争。在整个定价体系中，最高价格取决于市场需求，最低价格取决于产品成本，在最高价格和最低价格这个区间里，企业能把价格定到多高，则取决于竞争对手同类型产品的价格。因此，企业在定价时还必须考虑目标市场的竞争情况，以及消费者对定价的反应。

在大数据时代，消费者可以轻松地比较不同产品和品牌的价格，因此企业需要制定具有竞争力的价格策略，而动态定价和个性化定价等新型定价策略可以通过数字技术来实现。

（3）渠道

渠道是指产品在其所有权转移过程中从生产领域进入消费领域所经过的各个环节及经营机构，如代理商、批发商、商场或零售店、网络直销商等。在大数据营销中，渠道不仅仅是传统的实体店铺，还包括在线渠道和电子商务平台。通过数字渠道，企业可以扩大产品的覆盖范围，降低分销成本，提供更便捷的购物体验。另外，企业还可以通过数据分析和智能技术了解消费者的购买习惯和偏好，从而更好地定位和管理渠道。

（4）促销

促销是指企业采用各种方式传播产品信息，以提高产品的知名度和销售额。促销是企业与消费者之间的沟通桥梁。促销包括品牌宣传、公关、推广等营销行为。在移动互联网时代，推广和传播的方式发生了很大的变化，从过去的线下户外广告、电视广告走向多媒体渠道，如社交媒体、搜索引擎、短视频等，通过这些渠道，企业可以向目标市场传达产品的价值和优势，吸引潜在消费者，并与当前消费者进行互动和关系维护。

2. 4C

随着世界经济与信息技术的蓬勃发展，市场竞争也日益激烈。在这一背景下，传统的、以产品为导向的4P理论逐步让位于符合市场经济发展的、以消费者需求为导向的4C理论。

20世纪90年代，市场学家罗伯特·劳特博恩提出了4C理论，4C分别指消费者（Consumer）、成本（Cost）、便利（Convenience）、沟通（Communication）。

（1）消费者

这里的"消费者"指的是消费者的需求。企业必须了解和研究消费者，根据消费者的需求来提供产品和服务，并考虑由此产生的消费者价值。

在传统的产品生产与销售中，企业更加注重的是产品本身，而非消费者的消费体验和个性化需求，这主要是因为在技术与成本的限制下，企业无法全面、系统地收集到每一位消费者对单一产品的偏好信息，这也使消费者在以往的交易活动中处于被动地位。

大数据的出现打破了技术和成本的限制，为企业的营销提供了大量实时的数据。在海量数据的支持下，通过比较不同阶段和不同群体的消费者对产品的态度，企业可以为消费者提供更多的个性化服务，因此消费者在交易活动中获得了更大的主动权。

4C 理论认为，企业在产品的生产环节首先要对产品所投放的市场进行分析，以了解该市场中消费者的需求、欲望以及购买行为等方面，其本质就是要尊重消费者的需求，以需求作为导向，在此基础上制定与优化营销战略，让一切营销手段都紧紧围绕在消费者需求这一个中心点上。

（2）成本

成本是指消费者的购买成本。企业不仅要降低自身的生产成本，也要使消费者降低购买成本，如货币支出、耗费的时间与精力、购买风险等。这意味着产品定价的理想情况是既低于消费者的心理价格，又能让企业赢利。

在大数据时代，通过结合海量数据，企业可以利用大数据技术分析不同消费群体的品牌定位和心理定价，这不但减少了企业的人力、物力投入和不必要的广告费用的支出，而且企业在掌握了关键数据后实施精准营销还可以使消费者减少购买成本，从而达到双方共赢的目标。

（3）便利

便利是指为消费者提供的购物便利和使用便利，该策略强调企业在制定分销策略时要更多地考虑消费者的方便程度，而不是自己的方便程度，要通过售前、售中和售后服务，让消费者在购物的同时享受到便利。

伴随着我国消费者收入的整体增加和网络购物的兴起，消费者的消费欲望也日益增加。因此，企业在销售过程中不仅要满足消费者的当前需求，还要挖掘消费者的潜在购买欲望。在大数据背景下，企业可以根据单一产品的销售数据进行合理的分析与推算，加之从大数据中得来的不同消费群体的品牌定位与心理定价，向消费者提供包含消费者必须购买的单一产品在内的低于原来各产品销售总价格的套餐，实现交叉销售。

要想实现交叉销售，企业就要在售前、售中和售后 3 个环节都为消费者提供便利。

在售前环节，企业要充分甄别不同消费群体的关键数据，制定出多种符合消费者个性化需求且为消费者提供便利的套餐。

在售中环节，企业要根据所获得的销售数据进行分析，实时地根据消费者的体验、评论等数据，对交叉销售的产品进行合理的调整。

在售后环节，企业要依据大数据进行互动式的实时反馈。

（4）沟通

企业要以消费者为中心开展营销沟通，通过与消费者进行积极、有效的双向沟通，建立基于共同利益的新型企业/消费者关系。这不再是企业对消费者进行单向促销和劝导，而是在双方的沟通中找到能同时实现各自目标的途径。

网络购物与大数据的应用为企业开展互动式的跟进营销提供了平台与技术支持。在大数据背景下，海量的数据不仅是企业进行市场细分与制定营销战略的利器，其中还包含企业想要获取的消费者反馈信息，大数据多而实时的特点更为企业与消费者的沟通提供了坚实的保障。因此，大数据这一中介直接且实时地串联起了消费者和企业，使互动式的跟进营销得以实现。

3. 4R

4R 营销理论以关系营销为核心，重在建立顾客忠诚，其阐述了 4 个全新的营销组合要素 4R，即关联（Relevancy）、反应（Reaction）、关系（Relationship）、回报（Reward）。

（1）关联

企业与顾客是一个命运共同体，建立并发展与顾客之间的长期关系是企业经营的核心。因此，企业必须通过某些有效的方式在业务、需求等方面与顾客进行关联，形成一种互助、互求、互需的关系，把顾客与企业联系在一起，减少顾客的流失，以此来提高顾客的忠诚度，赢得长期而稳定的市场。

（2）反应

反应是指市场反应速度，企业应对顾客需求变化迅速做出反应，快速满足顾客需求。在相互影响的市场中，对经营者来说最难实现的问题不在于如何制订和实施计划，而在于如何站在顾客的角度及时地倾听其声音，从推测性商业模式转变为高度回应需求的商业模式。

在移动互联网时代，互联网为顾客提供了与企业进行双向沟通和反馈的机会，企业应主动倾听顾客的反馈和意见，并及时做出回应和调整，不断改进产品和服务，提高顾客的满意度和忠诚度。

（3）关系

随着市场环境的变化，企业与顾客的关系发生了本质性变化，抢占市场的关键已转变为与顾客建立长期而稳固的关系，由此还产生了 5 个转变：从一次性交易转变为强调建立长期友好合作关系，从着眼于短期利益转变为重视长期利益，从顾客被动适应企业的单一销售转变为顾客主动参与到生产过程中来，从存在相互间的利益冲突转变为共同追求和谐发展，从管理营销组合转变为管理企业与顾客的互动关系。

在互联网时代，企业可以通过数据和技术手段了解顾客的个性化需求和偏好，与顾客建立个性化的关系。关系营销强调通过定制化的沟通、个性化的推荐和定制化的服务，与顾客建立紧密的关系，提供更好的顾客体验，满足顾客的需求。

（4）回报

企业通过贯彻营销思想，以满足顾客需求为前提，在顾客满意、社会满意和员工满意的基础上来实现企业满意，企业满意在很大程度上取决于企业获得足够的回报。

任何交易与合作关系的巩固和发展都是经济利益问题。因此，一定的合理回报既是正确处理营销活动中各种矛盾的出发点，也是营销的落脚点。

4. 4I

4I 理论即整合营销理论，产生和流行于 20 世纪 90 年代，由市场营销学教授唐舒尔茨提出。该理论包括趣味原则（Interesting）、利益原则（Interests）、互动原则（Interaction）、个性原则（Individuality）。

（1）趣味原则

随着时代的发展，人们对娱乐的需求变得越来越突出，而互联网的发展使娱乐精神得以充分显现，原来单一的娱乐创作模式变成网民集体创作模式。在新媒体环境下，网络营销工作人员要对网络消费者的心理进行精准把握，营销模式和营销内容要更加注重娱乐属性、趣味性。传统广告追求的是创意，而网络营销追求的是带有好玩、有趣属性的创意。

（2）利益原则

不断追逐利益是人类社会发展的一大本质特征，因此营销活动若不为目标消费者提供利益，必然寸步难行。营销人员要站在消费者的角度思考，倾听消费者的心声，认识并分析消费者的欲望，再通过营销方式和技巧来激发消费者的欲望，引导消费者做出更进一步的行动。

（3）互动原则

成功的营销需要成功的互动作为前提和基础，互动原则是整合营销能够达成的基石。在互联网时代，互动性的加强和全民参与已经成为大趋势，营销人员要充分挖掘网络的交互性，充分利用网络的特性与消费者交流，扬长避短，将网络营销的功能发挥到极致。

（4）个性原则

在买方市场下，产品独树一帜的个性是其成功的重要前提，个性化使产品能在消费者心目中占据独特的位置。另外，个性化的营销可以让消费者产生"焦点关注"的满足感，更能满足消费者的情感需求，所以更容易引发互动和购买行为。

随着大数据时代的到来，数据会越来越准确，很多网络广告平台都能细分用户群体，可以有针对性地对某些群体开展营销活动，从而提升营销的个性化程度。

（六）大数据营销的分析模型

大数据营销的分析模型是一种基于大量数据的分析方法，旨在帮助业务决策者通过结构化和非结构化的数据集进行认知分析，找到有用的结论，从而做出明智的决策。大数据营销的分析模型可以应用于不同的业务场景，每个模型都有其特定的应用领域和目的。

下面介绍几个实用的大数据营销分析模型。

1. 描述性分析模型

描述性分析模型用于更好地理解和描述给定的数据集，定量和统计地总结出数据所包含的信息，侧重于对客观事实整体情况的静态描述。常见的描述性指标包括平均值、中位数、四分位距、方差、峰度、偏度等，如表 1-3 所示。

表 1-3　常见的描述性指标

术语	说明
最小值	数据的最小值
最大值	数据的最大值
平均值	数据的平均得分值，反映数据的集中趋势
标准差	数据的标准差，反映数据的离散程度
中位数	样本数据升序排列后最中间的数值。如果数据偏离较大，一般用中位数描述整体情况，而不是用平均值
25 分位数	分析某项中所有数值由小到大排列后位于第 25% 的数值，用于了解部分样本占整体样本集的比例
75 分位数	分析某项中所有数值由小到大排列后位于第 75% 的数值，用于了解部分样本占整体样本集的比例
IQR	四分位距（Interquartile Range，IQR）=75 分位数−25 分位数
方差	用于度量随机变量和其数学期望（即均值）之间的偏离程度
标准误	即样本均值的标准差，反映样本数据的离散趋势

（续表）

术语	说明
峰度	反映数据分布的平坦度，通常用于判断数据的正态性情况
偏度	反映数据分布偏斜方向和程度，通常用于判断数据的正态性情况
变异系数	变异系数=标准差÷平均值，表示数据沿着平均值波动的幅度，反映数据的离散趋势

在以上指标中，最小值和最大值可以用来检验数据是否存在异常情况。峰度和偏度通常用于判断数据的正态性情况，如样本的偏度接近于 0，峰度接近于 3，就可以判断总体的分布接近于正态分布；峰度的绝对值越大，说明数据越陡峭，峰度的绝对值大于 3，意味着数据严重不正态；偏度的绝对值越大，说明数据偏斜程度越高，偏度的绝对值大于 3，意味着数据严重不正态。

2. 用户行为模型

用户行为模型用于对用户的购买、浏览、社交等行为进行分析与预测，形成用户的行为特征和行为规律的描述，如用户的购买倾向、浏览习惯、社交媒体互动等，如表 1-4 所示。用户行为模型的分析方法有关联分析、回归分析、分类分析和聚类分析等，营销人员可以根据用户的行为类型和目标选择合适的分析方法。

表 1-4 用户行为模型

用户行为模型	说明	使用的数据和方法
用户购买倾向	用户购买倾向是指用户对某些产品或服务的购买意愿和可能性，影响用户的消费决策和消费效果，用户对某个品牌的忠诚度会影响其购买倾向	利用用户购买历史、用户购物车、用户收藏夹等数据，根据数据的时效性和相关性选择合适的方法
用户浏览习惯	用户浏览习惯是指用户在浏览网页或应用时的行为模式和偏好，影响用户的信息获取和信息消费	利用用户的浏览记录、用户点击率、用户停留时间等数据，根据数据的完整性和可追溯性选择合适的方法
用户社交媒体互动	用户社交媒体互动是指用户在社交媒体上的行为表现和影响力，影响用户的社交关系和社交声誉	利用用户社交媒体账号、社交媒体内容、社交媒体网络关系等，根据数据的公开性和可信性选择合适的方法

3. 留存分析模型

留存分析模型用于分析用户参与情况和活跃程度，考察进行初始行为的用户中有多少人会进行后续行为。该模型是衡量产品对用户价值高低的重要工具，可以帮助营销人员深入了解用户的留存和流失情况，发现影响产品可持续增长的关键因素，从而指导市场决策，改进产品，提升用户价值。

留存分析模型支持条件过滤和多人群对比分析，支持对全量数据随机抽样计算。通过留存分析，营销人员可以判断新用户在几天、几周、几月后是否还有继续使用该产品的意愿，还可自定义初始行为和结束行为，进行功能留存分析。

初始行为和后续行为均可以是任意事件或者某个具体的事件。当初始行为和后续行为都相同时，可以对比不同的功能重复使用的情况，了解用户对不同功能的使用黏性；当初始行为相同、后续行为不同时，可以对比同一种优化手段是否对其他功能有不同的影响；当初始行为不同、后续行为相同时，可以对比不同的运营手段、产品功能对达成核心业务目标的影响。

4. 漏斗分析模型

漏斗分析模型能够科学地反映用户行为状态以及从起点到终点各阶段用户转化率的情况。营销人员可以通过观察不同属性的用户群体各环节的转化率、各流程步骤转化率的差异，找出转化率最高的用户群体，同时分析漏斗分析模型的合理性，并针对转化率出现异常的环节进行调整。

在理想情况下，用户会沿着产品设计路径完成最终目标事件，但实际上用户行为路径是多种多样的。通过埋点事件配置关键业务路径，能够分析在多种业务场景下的用户转化和流失情况，有利于找到产品潜在问题，同时定位每个环节的流失用户，进而定向营销，促进转化。埋点事件是用户行为分析的数据基础，对应用程序或网站进行埋点并采集上报数据之前，应先定义好需要采集上报的事件，包括它们的基本信息、属性信息等。

5. Session 分析模型

Session 即会话，指在指定的时间段内在网站、H5、小程序、App 上发生的一系列用户行为的集合。一次会话可以包含多次页面浏览、交互等。

Session 是具备时间属性的，根据不同的切割规则，可以生成不同长度的 Session。Session 分析模型有多种度量 Session 访问质量的指标，包括访问次数、人均访问次数、总访问时长、单次访问时长、单次访问深度、跳出次数、跳出率、退出次数、退出率、人均访问时长、总页面停留时长、平均页面停留时长等。

Session 分析额外支持了一些细分维度，以满足特定场景下针对 Session 分析的需求，具体的细分维度如表 1-5 所示。

表 1-5　Session 分析的细分维度

细分维度	说明
渠道来源分组	用于区分每次访问的渠道来源，仅适用于网站、H5、小程序
浏览页面数	以步长值 5 为间隔，统计每次浏览页面数的分布情况（步长是指连续序列号的差）
着陆页	用于区分每次访问的着陆页，可以评价不同着陆页的访问质量
退出页	用于区分每次访问的退出页，可以评价不同页面的退出情况，找到退出率高的页面进行优化
访问时长	按照 0～3 秒、3 秒（不含）～10 秒、10 秒（不含）～30 秒、30 秒（不含）～60 秒、1 分钟（不含）～3 分钟、3 分钟（不含）～10 分钟、10 分钟（不含）～30 分钟、30 分钟（不含）～60 分钟、1 小时以上的区间进行划分，统计每次访问的时长分布

6. 分布分析模型

分布分析主要提供"维度指标化"之后的数据分解能力，将原有维度按照一定的数值区间进行维度划分，进而分析每个维度区间的分布情况。分布分析模型主要用于分析订单的金额分布、某类特殊事件的发生时段分布、某类特殊事件的发生次数分布，以及触发某类事件的用户年龄分布等场景。

分布分析模型主要针对的是数值型和日期型数据，如金额、年龄、时间、频次，所以当用户上传的数据中包括这两类数据时，在日常的分析中就有可能会使用分布分析模型来解决一些特定问题。常用的指标有 X 事件的次数分布、X 事件的活跃时段分布、X 事件的活跃天数分布、X 事件 Y 属性的总和/均值分布等。

（七）大数据营销伦理

大数据既是企业营销环境的变量，也是重要的战略资源。通过大数据分析，企业可以实现对潜在消费者的精准定位，从而集中资源面向消费者开展有针对性的营销活动。

大数据营销方式为很多新兴品牌提供了便利、具有巨大优势的发展机会，但也为很多不良企业侵入人们的生活提供了捷径。有的企业在营销活动中违背了传统的伦理道德，这些伦理失当行为不仅会对其长久发展产生不利影响，还会对消费者的切身利益乃至网络市场秩序和现实社会市场秩序的稳定和市场健康发展产生不良影响。

在大数据营销背景下，企业在营销过程中存在的伦理失当行为主要包括以下几个方面。

1. 大数据"杀熟"

大数据"杀熟"是指电商平台对不同消费频次的消费者定制不同的价格，即通过采集消费者的信息形成大数据，精准分析消费者的日常行为，利用消费者信息定制区别性价格，从而获得更高的利润。简单来说，对于某电商平台上的同一款产品，关注度较高的消费者得到的报价往往高于关注度较低的消费者。例如，酒店预订平台对消费频次较高的老客户会悄悄提高消费价格，打车软件会在同一位置对经常叫车的用户收取更高的费用。

由于该操作的隐秘性和复杂性、消费者的维权成本较高等因素，绝大多数消费者对其侵权行为无可奈何。这些平台在前期一般是以大量的补贴吸引用户，进而在竞争中站稳脚跟的，而在失去大额补贴后，用户只能以较高的价格购买产品和服务，但这些平台在激烈角逐中获得胜利，占据垄断性优势，理应改变现有的付费机制，为创造更多利润的用户提供优惠。

2. 擅自收集个人信息

部分企业为了获取经济利益，通过技术手段如 Cookie 技术、植入 Web Bugs 等，在消费者不知情的情况下暗中监视并收集消费者使用网站或应用软件的信息，分析建档，为企业进行精准营销提供支持。

例如，一些企业通过向消费者推广性格测试小游戏，利用消费者的分享欲和炫耀心理，以期提高品牌的曝光度。在做这些游戏时，消费者需要输入自己的姓名、性别、年龄等信息以获取属于自己的专属标签，平台正是通过这种方式获取了大量的消费者信息。

如果企业未获得消费者同意或授权，而将这些消费者信息泄露给第三方，就侵犯了消费者个人信息使用的隐私权。目前，网络上有很多消费者正因这种伦理失当行为而饱受信息骚扰和网络诈骗的侵害，这已经严重危害了互联网营销生态环境的健康。

3. 无底线侵犯私域

营销从公域（商业行为）逐渐侵入消费者的私域（娱乐区域），打破了营销进入消费者私域的最后一道壁垒，但这种营销行为是需要度的。消费者所能看到的垃圾信息和营销信息越来越多，他们不得不面对铺天盖地的不良广告和骚扰信息，学习、生活、工作被严重干扰。

营销界中有"无娱乐，不营销"的说法，即营销的娱乐化使消费者更容易接受一个品牌，但这种行为最终不能演变成"无营销，不娱乐"，如果消费者最终发现自己所有的娱乐内容都充斥着营销信息，且无法掌控拒绝的自由，这样的环境会让消费者感到烦乱，最终导致营销发展的巨大危机。

为了营造良好的营销生态环境，维护市场秩序，大数据营销伦理生态环境建设至关重要，主要工作体现在以下 3 个方面。

（1）完善互联网信息技术与安全体系的建设

完善的互联网信息技术与安全体系可以有效防止黑客攻击、网页漏洞、木马病毒等。网络技术人员应加强防火线技术、反病毒技术、数据加密技术和身份认证技术的开发，可以通过数据加密技术将信息原有的存储格式改为无法理解的编码格式，以防止外来入侵病毒的拦截或篡改，从而起到保护信息的作用。

（2）加强营销人员伦理道德教育

营销人员要了解企业、消费者和社会的长远利益，意识到良好的大数据营销伦理生态环境对企业长久发展的重要性。企业要制定营销伦理制度，组织营销伦理专项培训，帮助员工在遇到营销伦理问题时做出正确的行为。

（3）完善营销法律法规和监督体系

制定并完善营销法律法规是遏制大数据营销失范行为的外部保障。国家相关立法机构、行业协会应联合起来，在发挥法律法规对相关伦理失当行为约束作用的同时履行行业协会的监督调查职责，并发挥行业协会中专家聚集的优势，树立良好的协会形象，起好带头作用。行业协会可以定期举行营销违规行为调查和行业道德规范教育，维护正常的网络市场秩序。

拓展阅读：Power BI——商业智能分析工具

Power BI 是由微软公司开发的商业智能分析工具，其核心理念是不需要复杂的技术背景，用户只需进行简单的操作，就可以完成商业智能和商业数据可视化工作。打开 Power BI 后，用户可以直接导入 Excel 表格进行数据分析，还可以快速创建交互式可视化报告，且支持通过 App 随时查看。

Power BI 的应用场景如下。

（1）Power BI 可以帮助用户获取外部、本地的各种财务数据，还可以通过拖放可视化工具，完善客户对财务状况的分析。

（2）用户可以借助 Power BI 监控并分析当前的市场状况，把营销资源投入到更有效率的渠道中。

（3）Power BI 可以帮助公司管理各种销售渠道，在销售活动中预测市场机会，达成业绩目标，提高利润。

（4）Power BI 可以帮助用户收集和监测所有关于人力资源的重要数据，创建仪表盘后可以编制人员信息，并保护员工数据。

（5）Power BI 可以提高 IT 领域的工作效率，用户可以通过 Power BI 创建各类仪表板，从而监测并分析各种服务。如果需要企业级别的商业智能解决方案，可以将其与 SSAS 服务包无缝集成。

项目实训：361°品牌大数据营销策略分析

1. 实训背景

2023 年 9 月，国内领先的体育品牌 361° 发布 2023 年上半年业绩报告。该报告显示，2023年上半年，361° 业绩规模同比增长 18.0%，达到 43.12 亿元。受业绩增长的推动，其经营毛利同比增长 18.5%，达到 17.96 亿元。

除了不断完善产业闭环、沉淀品牌影响力等因素之外，对数字化转型的投入成为 361°快速增长的新动能。回顾 361°过去 10 余年的数字化转型，零售数字化是关键一环。

361° 将零售数字化拆解为 3 个具体的阶段。

第一阶段，361°首先进行消费者数据及会员管理的数字化，以消费者为中心，优先关注"人"这一零售要素的主导地位。

第二阶段，基于"千区千面"理念进行全渠道数字化建设。在这一环节，361°与微盟开展深度合作，双方携手赋能于终端门店，以小程序为核心载体，实现全场景、全时域的运营与服务。

第三阶段，361°实现"线上线下商品一盘货"，打破区域库存间的壁垒和限制，向"无限货架"迈进。

所谓"千区千面"，是 361°考虑到不同地区的季节差异、消费偏好等因素而形成的以区域为划分标准的地方性经营模式。而"无限货架"则聚焦于解决单门店库存容量有限、新品及尖货发售的覆盖广度等经营效率、消费体验问题。

"千区千面"主要解决的是"从无到有"的问题，围绕数字化如何与终端门店经营方式深度融合，正式从传统零售升级为数字零售，361°作为各分销商的坚实后盾，在提供品牌、产品和制定业务规则的同时，也给各分销商保留一定自主经营的灵活度。

"无限货架"则关注"从有到优"的问题，361°联动各区门店，打破区域库存间的壁垒，同时给门店提供更多新品、"尖货"的同步上架机会。这一系列操作在增强消费者体验的同时，也带动了库存周转率和商品匹配效率的提高，最终带来零售数字化经营的新增量。

2. 实训要求

请同学们分析案例中 361°营销对大数据营销特点的体现，然后在网络上搜索传统国产品牌在大数据时代的数字化转型资料，最后归纳总结其大数据营销方法。

3. 实训思路

（1）搜索 361° 的数字化转型资料

请同学们通过网络搜索 361° 的数字化转型资料，结合案例分析 361° 是如何进行大数据营销的，并指出其中体现了大数据营销的哪些特点。

（2）搜索其他传统国产品牌的数字化转型资料

搜索其他传统国产品牌的数字化转型方法和过程，并将其与 361° 的数字化转型方法和过程做对比，找出相同点和不同点，最后总结出国产品牌进行大数据营销的大致方法。

思考与练习

1. 简述大数据的特征。
2. 简述大数据营销的特点。
3. 简述 4C 理论在大数据时代的内涵。

项目二 大数据营销流程

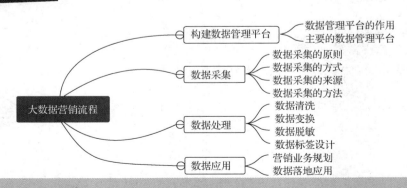

引导案例

中国电信运营商的大数据技术正在逐步发展，且广泛应用于各个行业。企业通过使用运营商的大数据技术，可以规避传统营销渠道的弊端，获得真实、可靠的客户大数据。

运营商大数据采集已经成为一种新的客户数据采集服务形式，具备准确性高、及时性强、覆盖面广和交互性强等多重优势。

运营商大数据的精准获客业务可以帮助各个行业中的企业节约大量客户营销和推广成本，大概每个企业可以节省 30%～50%的总推广成本，能够有效提高 15%～30%的获客率。运营商大数据将成为许多企业在日常促销和营销中不可缺少的获客手段。

运营商的大数据采集平台可以跟踪用户的关键词搜索足迹，推广页面访问足迹，App下载、注册和登录足迹，互动短信足迹和拨号足迹，并根据企业的需求添加偏好标签，构建标准的个性化数据模型，能够直接帮助企业识别潜在客户，实现低成本、高性价比的实时获客目的。

任务一 构建数据管理平台

数据管理平台（Data Management Platform，DMP）是一种软件系统，可以帮助用户更好地存储、组织、管理和分析数据，进而支持业务决策，发现有价值的信息。数据管理平台可以包含多种不同的技术和组件，如数据仓库、数据湖、数据集成工具、数据挖掘工具、数据分析工具等，以实现数据的管理和利用。

（一）数据管理平台的作用

数字化的深入应用让数据呈现井喷式发展，而要想从复杂、海量的数据中提取出需要的信息，企业就要对数据进行管理。数据管理包含数据处理、数据应用，如数据架构、数据准备和质量管理、元数据和主数据管理、数据可视化和风险管理，以及合规管理等。企业通过数据管理平台来管理数据，可以为自身的长远发展打下坚实的基础，为当下的业务发展指明方向。

数据管理平台的作用主要体现在以下几个方面。

1. 增强合规性和安全性

企业使用数据管理平台对数据进行处理和收集，会优先考虑数据的合规性和安全性。不管企业所在的行业对数据处理有没有严格的监管准则，一旦使用数据管理平台进行自动化管理，数据管理平台会采用多种安全措施，如认证、授权和加密，以确保数据的安全，使其避免丢失或泄露。

2. 节省时间和成本

数据可以为企业带来重大价值，企业可以通过数据管理平台简化数据，以更少的空间来存储，减少对硬件和资源的依赖，而且数据管理平台支持标记、搜索和通知，因此企业可以花更少的时间找到想要的数据。

3. 数据访问高效

数据管理工作致力于通过数据可视化和支持分析将原始数据和非结构化数据转换为更易

于访问的格式。

4. 生成更可靠和准确的数据集

无论企业的数据来自何处，都有可能出现错误和不准确之处。数据管理平台通过添加自动化、保护措施和流程来识别和根除不可靠的数据，确保数据的一致性和完整性，从而保证数据分析的准确性。

5. 数据分析

数据管理平台可以帮助企业进行数据分析。通过对数据进行分析，企业可以获得有关其业务的深入见解，并做出更好的决策。例如，数据管理平台会对受众进行分类，以便精准投放广告。如今，几乎每一个网站都包含一串旨在用于监视网页访客的跟踪代码，而DMP可以将访客的桌面端活动与移动 Web 浏览习惯相关联，构建更全面的访客在线行为视图。

6. 促进协作

数据管理平台可以促进协作，让不同部门和团队共享数据，并确保数据的一致性和准确性。这有助于促进团队之间的合作和沟通。

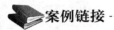 案例链接

美团数据治理平台的建设与实践

作为一家高度数字化和技术驱动的公司，美团十分重视数据挖掘的价值。在公司日常运行中，美团通过各种数据分析、挖掘手段，为公司发展决策和业务开展提供数据支持。

经过多年的发展，美团酒旅内部形成了一套完整的解决方案，核心以"数据仓库+各种数据平台"的方式实现。其中，数据仓库整合各业务线的数据，消灭数据孤岛；各种数据平台拥有不同的特色和定位，如自助报表平台、专业数据分析平台、CRM 数据平台、各业务方向绩效考核平台等，能够满足各类数据分析和数据挖掘的需求。

但是，在运行过程中，以往的数据平台体系产生了以下问题：各数据平台或平台内不同模块的指标定义不一致、指标计算口径不一致、指标数据来源不一致。总结起来，就是指标不一致的问题，最终带来的后果是指标数据可信度低，严重影响分析决策。

针对这些问题，美团酒旅内部启动了数据治理项目，通过建设一个专业数据治理平台——起源数据治理平台，实现指标维度及数据的统一管理，并探索一套高效的数据治理流程。

为了达成数据治理的目标，起源数据治理平台就必须记录下业务发展过程，并将其映射到数据加工和数据提取过程，从而规范约束这些过程。因此，起源数据治理平台被归为数据治理层，该层位于数据仓库层之上，数据应用层之下，起到桥梁的作用，而且提供一系列规则，以改变原来的无序交互方式，将数据仓库层和数据应用层的交互变为有序的、可查询、可监控的。

在新的体系架构下，对于数据仓库层，起源数据治理平台综合业务组织形式、指标数据来源、上层产品的使用及查询的效率，指导数据仓库模型的建设；对于应用层的产品，业务元数据信息及数据信息都由起源数据治理平台提供，这保证了各数据产品获取到的信息是一致的，而且减少了应用层产品数据的获取成本，也降低了对原有系统的侵

入风险。

起源数据治理平台的核心是保证数据一致，在数据安全的前提下，尽可能提升数据分发能力。因此，平台内部有着极其复杂的关系，需要在建设过程中进行抽象，形成具有相对单一功能的模块；合理地组织模块的层级和连接关系，降低平台的开发难度，并提升平台的可维护性。

起源数据治理平台在功能模块上由数据存储、数据查询、数据缓存、元数据管理、业务管理、安全管理、应用管理、对外 API 构成。

经过长时间的探索开发，美团酒旅完成了起源数据治理平台的建设，成功解决了上面提到的问题，并且已经完成了内部 10 多个数据平台的建设（包括定制化产品和通用报表服务平台的数据治理支持）。起源数据治理平台还带来了一些额外的收获，共实现了 3 个目标：一是统一指标管理的目标，保证指标定义、计算口径、数据来源的一致性；二是统一维度管理的目标，保证维度定义、维度值的一致性；三是统一数据出口的目标，实现维度和指标元数据信息的唯一出口，维度值和指标数据的唯一出口。

（二）主要的数据管理平台

目前，主要的数据管理平台有以下几个。

1. Power BI

Power BI 是一款用于数据分析与挖掘的数据管理平台，它可以很方便地制作报表，并提供一系列的数据可视化功能，可以形成非常不错的数据可视化效果，且支持多种数据源的导入和整合，可以满足不同行业和企业的需求。

2. DataMesh

一个优秀的数据交互与共享平台可以帮助企业更好地协同合作，提高数据的利用效率。DataMesh 支持多种数据格式和协议的集成，同时提供了一系列的数据安全保障措施，以确保数据的安全和可靠性。

3. FusionInsight

FusionInsight 可以快速地实现数据治理及合规，支持多种安全防护措施和数据访问控制。同时，FusionInsight 提供了一系列的数据质量评估和监控功能，可以帮助企业更好地管理和维护数据。

4. MaxCompute

数据仓库和存储平台可以保证数据的安全性和可靠性，同时可以提高数据的访问速度和查询效率。MaxCompute 就是这样一款产品，它可以快速地实现海量数据的存储、计算和分析，并提供一系列的数据安全保障措施。用户可以通过简单的 SQL 语句来进行数据查询和统计，还可以通过多种方式进行数据可视化展示。

课堂讨论

在网络上搜索其他数据管理平台，并了解这些数据管理平台的作用。如果有条件，可以搜索使用这些数据管理平台进行大数据营销的品牌案例，然后与同学讨论交流，从而更深刻地体会数据管理平台对营销的意义。

任务二　数据采集

数据采集是大数据时代的关键技术之一，可以帮助企业从各种来源中获取所需的数据，为后续的数据分析和决策提供支持。

（一）数据采集的原则

数据采集是信息时代的重要环节之一，也是各种业务决策的基础。只有准确、可信的数据，才能为决策提供有力的支持。因此，企业在进行数据采集时要遵循一定的原则，以确保数据的准确性和可信度，并提高数据的质量。

1. 目标性原则

企业在采集数据时要明确数据采集目标，知道采集哪些数据，将这些数据用于何种用途，这样才能有针对性地采集数据，避免采集无效数据，从而提高数据采集的效率。

2. 可靠性原则

数据来源的选择很重要，不同来源的数据有不同的质量、准确性和可信度，在选择数据来源时，企业要考虑数据来源的可靠性。只有选择合适的数据来源，才能确保数据的准确性和可信度。可靠的数据来源可以是官方机构、权威的研究报告等。

3. 合适性原则

在进行数据采集时，企业要采用科学的方法和工具，避免主观偏差和误差的引入，从而提高数据采集的科学性和准确性。

另外，不同的数据类型和采集目的需要采用不同的采集方法，选择合适的采集方法可以提高数据采集的效率和精度。例如，对于统计数据和宏观经济数据，可以采用爬虫技术和数据挖掘技术进行快速采集和分析；对于文本数据和含义丰富的图像数据，需要采用自然语言处理和图像分析技术进行分析和分类。

4. 安全性原则

在进行数据采集时，企业要遵守相关的隐私政策和法律法规，保护被采集数据的安全。例如，采集时需要得到用户的同意，遵循个人隐私数据保护法律法规，不得擅自收集和使用用户的个人数据。

在数据采集和处理过程中，企业必须保证数据的安全和机密性。采集到的数据必须存储在安全、可靠的平台上，防止数据丢失、泄露或被篡改。同时，对于涉及商业机密或个人隐私的数据，企业要制定严格的数据安全和保密措施，以保证数据的完整性和保密性。

5. 准确性原则

采集数据后，企业要对采集到的数据进行质量检验和核实，确保数据的准确性和可信度。企业可以使用数据分析工具和方法对数据进行分析和比对，检查数据的一致性、完整性和逻辑性，确保数据的质量能够达到要求。

6. 规模性原则

数据采集要全面覆盖相关领域，以确保数据的完整性和广泛性，通过收集全面的数据，企业可以更好地了解问题的全貌，减少片面结论的出现。在数据全面的基础上，数据还要具有多样性，企业不仅要收集结构化数据，还要收集非结构化数据，以掌握更丰富的信息，更准确地理解事物。数据的全面覆盖和多样性表明了数据的规模性，大规模的数据可以提供更多的统计支持，使分析结果更有说服力，同时帮助企业发现一些隐藏在数据中的规律和趋势。

（二）数据采集的方式

当前，常用的数据采集方式有以下几种。

1. 被动数据采集

被动数据采集是从现有的系统中获取数据的方式，通常涉及从数据库、文件、Web 页面或其他数据源中提取数据，其优势在于它不需要影响或改变现有的系统，不会对现有业务流程造成干扰。这种数据采集方式常用于数据仓库和数据分析。

2. 主动数据采集

主动数据采集与被动数据采集相反，需要企业主动接触数据源，以获取所需的数据，通常在需要获取实时数据或需要定制特定数据集的场景中使用。例如，在市场营销中，企业可能需要通过调查或者社交行为记录等方式主动收集用户的反馈信息。

3. 元数据采集

元数据采集是采集提取和管理数据所需的所有描述性信息的方式。这些描述性信息包括数据的含义、结构、属性、关系及质量等。元数据对于理解和管理大量复杂数据集至关重要，可以帮助企业理解数据的来源、目的、定义和依赖性等。

4. 日志数据采集

日志数据采集是从各种系统和应用程序中收集和整理日志文件的方式。这些日志文件记录了系统和应用程序的运行情况，包括错误、异常和性能等信息。通过日志数据采集，企业可以及时发现和解决系统问题，同时通过分析日志数据，企业可以提高系统的性能和稳定性。

（三）数据采集的来源

按照数据产生的主体，数据采集的来源主要有以下几种。

1. 政府

作为城市管理与民生服务的主体，政府拥有大量高质量数据资源，一般来自行政记录，如个人信息记录、政府机构信息记录、自然和资源记录等。政府数据的开放是未来的主要趋势，可以使企业降低数据获取成本，更具创新性地利用数据。

2. 企业

企业数据一般来自其生产经营管理过程中的信息记录及商业交易过程中的数据记录，如企业资源计划系统、客户关系管理系统、供应链管理系统、办公自动化系统等各种企业应用软件生成的数据。这些数据有较高的可信度，还具有及时性、丰富性、多样性等优点。随着电子商务的不断发展，采用在线管理和交易的企业逐渐增多，产品交易数据随之增加，具有较大的挖掘价值。

3. 用户

用户数据来源于社交媒体平台、电子商务平台和搜索引擎平台等互联网平台，上述渠道产生的用户数据可以分为以下几类，如表 2-1 所示。

表 2-1 用户数据类型

类型	说明
浏览行为数据	用户在手机、计算机等不同终端浏览网页的数据
搜索行为数据	用户在搜索引擎上的搜索行为
地理行为数据	用户终端（尤其是手机）出现的地理位置，可以默认为用户本人的位置
电商行为数据	用户在不同电商平台上的浏览和购买行为
社交行为数据	用户在社交媒体上的言行和社交媒体上的关系网络数据
互联网金融行为数据	用户在互联网上的借贷行为及综合相关数据后得出的信用数据

4. 机器

机器产生的海量数据也是大数据的重要来源，包括服务器日志、传感器数据、图像和视频、射频识别数据、二维码或条形码扫描数据等。

（四）数据采集的方法

不同的数据采集类型具有各自的优缺点和适用场景。在实际应用中，我们要根据具体任务需求和数据特点来选择合适的采集方法，并进行有效的数据处理和分析，以提高数据价值和实现业务目标。

数据采集的方法主要有以下几种。

1. 网络爬虫

网络爬虫是一种自动化、高效率的数据抓取工具，它通过模拟人类观看浏览器的行为，自动化访问网站并提取所需信息。网络爬虫适用于获取广泛的大规模结构化数据，如产品价格、股票行情等，广泛应用于搜索引擎、电商平台、社交媒体等领域。但是，网络爬虫的使用也受法律法规和伦理道德等方面的限制。

2. 传感器采集

传感器数据是指由传感器设备采集到的实时性较强的非结构化数据，如温度、湿度、光照等。传感器数据适用于对环境和设备状态进行实时监测与控制，有助于提高生产效率和生活品质。

3. 日志采集

日志是记录用户行为和系统运行状态的重要工具，企业可以通过分析日志来获取用户行为数据。例如，某电商网站可以通过分析用户访问日志来了解用户的喜好和购买习惯。日志还广泛应用于网络安全、运维管理等领域，可以帮助企业发现问题、优化系统性能和提升用户体验。高可用性、高可靠性、可扩展性是日志采集系统所具有的基本特征，系统日志采集工具均采用分布式架构，能够满足海量的日志数据采集和传输需求。

4. 数据库采集

数据库采集是指通过连接数据库，并执行 SQL 来获取数据的方法。它通常应用于大规模数据的查询和处理任务。例如，某电商网站可以通过查询订单数据库来获取销售数据。执行数据库采集时需要考虑数据源的安全性和可靠性，并且需要进行数据清洗和转换等操作。

随着大数据时代的到来，Redis、MongoDB 和 HBase 等 NoSQL 数据库也常用于数据采集。企业通过在采集端部署大量数据库，并在这些数据库之间进行负载均衡和分片来完成大数据采集工作。

5. 文件导入

文件导入是指将本地或远程文件中的数据导入目标系统中。企业可以将 Excel、CSV 等格式的文件直接导入数据分析工具进行处理。文件导入适用于小规模结构化数据的采集和处理，如导入员工信息、离线数据分析、数据备份和恢复等场景。进行文件导入时需要考虑文件格式的兼容性和获得数据质量的保证。

6. API 采集

API 采集是指通过调用第三方 API 来获取数据，广泛应用于金融、物流、气象等领域。例如，人们可以通过调用某天气 App 的 API 获取某个城市当前的天气状况。API 采集适用于获取实时性较强、数据量相对较小且需要频繁更新的数据。API 采集需要考虑接口的权限和调用频率，并进行数据处理与转换等操作。

7. 图像识别

图像识别是一种重要的非结构化数据采集方式，可以从图片或视频中提取出所需信息。例如，某餐厅可以通过图像识别技术自动识别顾客点餐，并进行智能推荐。

8. 文本挖掘

文本挖掘是一种针对非结构化数据的数据采集与分析方式，可以从大量的文本数据中自动提取有用信息。例如，某媒体网站可以通过分析用户评论来了解用户对某个话题的看法和态度等。

9. 社交媒体监测

社交媒体监测是一种针对社交媒体上的数据的采集与分析方式，可以了解用户在社交媒体上的活动和态度等。例如，某品牌通过监测社交媒体上的讨论话题来了解用户对该品牌的评价和反馈。

10. 埋点

埋点是数据采集领域，尤其是用户行为数据采集领域的术语，指的是针对特定用户行为或事件进行捕获的相关技术。埋点可以帮助业务人员和数据分析人员打通固有信息墙，为了解用户交互行为、拓宽用户信息和前移运营机会提供数据支撑。

在产品数据分析的初级阶段，业务人员可以通过自有或第三方数据统计平台了解 App 用户的访问数据，包括新增用户数、活跃用户数等，使企业从整体上了解用户访问的情况和趋势，把握产品的运营状况，通过分析埋点数据来制定产品改进策略。

当前，埋点技术主要有以下几类。

（1）代码埋点

业务人员根据自己的统计需求选择需要埋点的区域及埋点方式，形成详细的埋点方案，由技术人员手动将这些统计代码添加在想要获取数据的统计点上。

（2）可视化埋点

可视化埋点是指通过可视化页面设定埋点区域和事件 ID，从而在用户操作时记录操作行为。

（3）全埋点

全埋点是指在软件开发工具包（Software Development Kit，SDK）部署时做统一的埋点，将应用程序中的操作尽可能多地采集下来。无论业务人员是否需要埋点数据，进行全埋点后，该处的用户行为数据和对应产生的信息都将被全部采集下来。

任务三　数据处理

大数据的质量会直接影响到营销效果，要想筛选出准确、可靠的数据，保障大数据的质量，就需要在数据采集和数据处理阶段进行严格的把控。数据处理是将数据从原始形式转化为更易理解和使用的形式的过程，具体来说，数据处理可以分为数据清洗、数据变换、数据脱敏和数据标签设计等环节。

（一）数据清洗

如果采集的原始数据中存在大量不完整、不一致、有异常的数据，就会严重影响数据挖掘建模的执行效率，甚至可能导致数据挖掘结果的偏差，因此非常有必要进行数据清洗。

数据清洗是指在数据分析和挖掘之前对原始数据进行处理与转换，以去除错误、不完整、重复或不一致的数据，提高数据的准确性和质量，使数据适合后续的分析与挖掘工作。

1. 数据清洗的方法

如果数据集中存在不准确或不正确的数据，该数据集的质量就难以支持算法计算，算出来的结果也会不可靠，而数据清洗的本质就是删除不应属于数据集的数据。在进行数据清洗前，数据分析人员首先要评估数据质量，评估数据质量要看以下 4 点。

- 一致性：数据在数据集中是否一致，是否使用一致的测量单位制定？
- 准确性：数据是否接近真实值？
- 完整性：数据是否包含必需的信息？
- 有效性：数据是否符合业务规则或限制？

如果明确自己的数据存在问题，就要进行数据清洗。数据清洗的方法包括以下几种。

（1）缺失值处理

缺失值是指数据中的空值或缺失的数据。缺失值产生的原因主要有以下几点：一是有些信息暂时无法获取，或者获取信息的代价太大；二是在收集和存储数据时因某些技术原因使有些信息被遗漏；三是记录对象的某个属性不存在。

识别缺失值的方法比较直接，就是判断数据记录有无空缺。使用 R 语言就很容易找出所有含有缺失值的数据记录。在使用 R 语言读取数据记录时，通常以 NA 表示缺失值。在识别数据集中的缺失值后，数据分析人员要对缺失值进行处理。

缺失值的处理方法主要有删除含有缺失值的记录、使用平均值或中位数填充缺失值、使用插值法估计缺失值、外推法、匿名化、真值转换法等。

删除含有缺失值的记录是处理缺失值的常用方法之一，但该做法可能极其危险，因为缺失值的模式可能具有系统性，简单地删除带有缺失值的记录会导致产生有偏差的数据子集，而且只是因为一个字段值的缺失而删除所有其他字段的信息似乎是一种浪费。事实上，有研究表明，在一个包含 30 个变量的数据集中，如果仅有 5% 的数据值丢失，且这些缺失值均匀地遍布在整个数据集中，那么几乎 80% 的记录都将会出现至少一个缺失值。因此，在实际应用这一方法时，数据分析人员要十分慎重。

使用平均值或中位数填充缺失值是一个被广泛接受的方法，在某种程度上相对合理，并在很多情景中有效，但数据分析人员要记住，平均值或中位数是设定值，不是样本的真值。其实，如果很多缺失值被平均值替换，统计推断结果的置信区间会过于乐观，因为散布的度量将会被人为地减小。除了这一方法外，数据分析人员还可以根据变量的商业含义，使用一些指定的常量替换缺失值，例如，对数值变量用"0"代替，对分类变量用"其他"或"不确定"等代替。

插值法也称插补法，指根据其他样本的值估计缺失值。目前，常用的插补法有回归插补法、多重插补法等。回归插补法是指利用回归模型将需要插值补缺的变量作为因变量，其他相关变量作为自变量，通过回归函数预测出因变量的值来对缺失变量进行补充。多重插补法是指从一个包含缺失值的数据集中生成一组完整的数据，如此进行多次，从而产生缺失值的一个随机样本。

外推法是指根据趋势预测缺失值。匿名化是指掩盖或扰乱缺失值，以保持隐私。真值转换法是指承认缺失值的存在，并将数据缺失作为数据分布规律的一部分，将变量的实际值和缺失值作为输入维度参与后续数据处理和模型计算，但变量的实际值可以作为变量值参与模型计算，缺失值通常不能参与计算，因此需要转换缺失值的真实值。

下面在 Excel 2016 中对使用平均值代替缺失值的方法进行说明。

步骤 01 打开某店铺 9 月的销售数据，其中 19 日和 25 日的支付金额和客单价数据缺失。考虑到每天的客单价相对稳定，可以用平均客单价来代替缺失值。选中 D 列，在 Excel 窗口下方的状态栏中可以看到平均值约为 153.16（本书默认依据四舍五入法，取值保留小数点后两位），如图 2-1 所示。

步骤 02 按【Ctrl+G】组合键，打开"定位"对话框，单击"定位条件"按钮，如图 2-2 所示。

微课视频

缺失值处理

图 2-1 选中 D 列

图 2-2 单击"定位条件"按钮

步骤 03 弹出"定位条件"对话框，选中"空值"单选按钮，然后单击"确定"按钮，如图 2-3 所示。

步骤 04 此时即可选中缺失值所在的 D7 和 D13 单元格，如图 2-4 所示。

步骤 05 输入平均值 153.16，然后按【Ctrl+Enter】组合键，即可将平均值填充到空值单元格中，如图 2-5 所示。

步骤 06 选择 B7 单元格，在编辑栏中输入公式"=C7*D7"并按【Enter】键确认，即可得到支付金额数据，如图 2-6 所示，采用同样的方法计算 B13 单元格。

图 2-3　设置定位条件

图 2-4　定位空值单元格

图 2-5　填充数据

图 2-6　计算支付金额数据

（2）异常值处理

异常值是指与其他数据相比明显偏离的数据，它可能是数据采集过程中的错误导致的，或者是因为数据本身存在特殊情况。

常用的异常值检测方法包括以下几种。

- 基于统计模型的方法：首先建立一个数据模型，异常值是那些同模型不能完美拟合的对象；如果模型是簇的集合，则异常值是不显著属于任何簇的对象；在使用回归模型时，异常值是相对远离预测值的对象。

- 基于邻近度的方法：可以在对象之间定义邻近度，异常值是那些远离其他对象的对象。

- 基于密度的方法：仅当一个点的局部密度显著低于它的大部分近邻时，才将其分类为离群点，即异常值。

- 基于聚类的方法：聚类分析用于发现局部强相关的对象组，而异常值检测用于发现不与其他对象强相关的对象，因此，聚类分析可以用于异常值检测。

在发现异常值后，常见的处理方法包括移除、修剪、替换、归纳、转换及修正。

- 移除：移除离群数据点。

- 修剪：只保留指定百分比的数据，丢弃极端值。

- 替换：用更接近其他数据点的指定值替换极端值。

- 归纳：将异常值替换为统计值，如平均值或中位数。
- 转换：转换数据，以减少异常值的影响，如对数变换。
- 修正：利用其他字段进行组合，通过计算得到更合理的值来进行修正。

在大多数数据挖掘或数据分析工作中，异常值会在数据的预处理过程中被认为是"噪声"而被移除，以免对总体数据评估和分析挖掘产生不利影响。但是，在以下这几种情况中，数据分析人员无须对异常值进行移除处理。

① 异常值正常反映业务运营结果

在该场景中，业务部门的特定动作导致数据分布异常，如果抛弃异常值将导致无法正确反映业务运营结果。

例如，某种商品在正常情况下的日销量为 1000 台左右，由于举行优惠促销活动，总销量达到 10000 台，但因为后端库存不足，导致次日销量又下降到 100 台。在这种情况下，10000 台和 100 台都正确地反映了业务运营结果，而非异常值。

② 需要使用异常检测模型

异常检测模型针对整体样本中的异常数据进行分析与挖掘，以便找到其中的异常个案和规律，这种数据应用围绕异常值展开，因此异常值不能被移除。

③ 数据算法和模型包容异常值

如果数据算法和模型对异常值不敏感，那么即使不处理异常值也不会对数据算法和模型本身造成负面影响。例如，在决策树中，异常值本身就可以作为一种分裂节点。

下面介绍如何在 Excel 2016 中对表格中的异常值进行处理。

微课视频

异常值处理

步骤 01 打开员工考核成绩表，每个考核项的分值应为 0～100，表中有些数据超过了 100，需要对超过正常分值范围的数据进行处理，如图 2-7 所示。

步骤 02 选中各单项成绩数据所在的单元格区域，在"开始"选项卡下"样式"组中单击"条件格式"下拉按钮，选择"突出显示单元格规则"|"大于"选项，在弹出的对话框中设置条件为 100，在"设置为"下拉列表框中选择"浅红填充色深红色文本"选项，单击"确定"按钮，如图 2-8 所示。此时即可将异常的数据标记出来，发现异常的数据都错误地在十位取"0"。

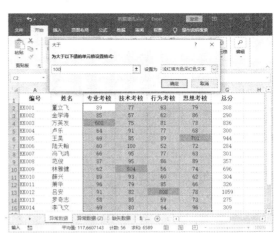

图 2-7 员工考核成绩表　　　　图 2-8 设置条件格式

步骤 03 在 H2 单元格中输入公式 "=VALUE(IF(C2>100,LEFT(C2,1)&RIGHT(C2,1),C2))" 并按【Enter】键确认，如图 2-9 所示。该公式中的 IF 函数用于检查 C2 单元格中是否大于 100，如果大于 100，则取 C2 单元格中数据的左侧第 1 位和右侧第 1 位进行组合，否则保持 C2 的数据不变。IF 函数外的 VALUE 函数用于将结果转换为数字。

步骤 04 拖动 H2 单元格右下角的填充柄，分别向右和向下填充数据，即可得到处理后的数据，如图 2-10 所示。将处理后的数据复制，并粘贴为"值"到原成绩位置即可。

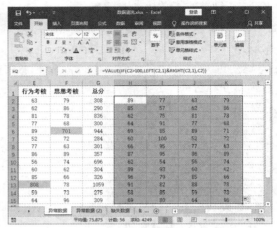

图 2-9　输入公式　　　　　　　　图 2-10　填充数据

（3）重复值处理

重复值是指数据集中重复出现的数据，重复可能是数据输入错误或数据源的不一致造成的。

数据重复问题对数据分析和决策可能造成重大影响。首先，重复值会导致数据分析不准确，使数据分析结果被人为放大或缩小，以致产生偏差；其次，重复值会浪费存储空间，增加数据存储成本，对系统性能和数据处理速度产生不利影响。

鉴定是否为重复值有以下两种方法。

• 相似度计算是指计算记录的个别属性的相似度，然后考虑每个属性的不同权重值，进行加权平均后得到记录的相似度，若两条记录的相似度超过某一个阈值，则认为两条记录重复，否则认为这两条记录指向不同的实体。

• 基于基本近邻排序算法的核心思想是减少记录的比较次数，在按关键字排序后的数据集上移动一个大小固定的窗口，通过检测窗口内的记录来判定它们是否相似，从而确定并处理重复记录。

如果确实是重复值，常见的处理方法包括删除重复值、合并重复值、对重复值进行标记等。

删除重复值可以分为删除所有重复的行，或者保留重复行的首行、删除其余的行，或者保留重复行的末行、删除其余的行，也可以通过自定义来确定保留或删除哪些行。

合并重复值可以通过 Excel 来进行操作，如使用 VLOOKUP 函数，指定某个字段进行数据合并；或者使用 PivotTable 功能，这是 Excel 中强大的数据透视表功能，可以对多个表格中相同字段的数据进行合并；也可以使用 Power Query 插件轻松处理和合并各种数据源，对多个表格中的重复数据进行合并，生成新的数据表格。

对重复值进行标记也可以使用 Excel 来进行操作：选中要标记重复值的列，在"开始"选项卡下单击"条件格式"下拉按钮，选择"突出显示单元格规则"|"重复值"选项，在弹出的对话框中设置单元格格式，单击"确定"按钮，即可对重复的数据进行标记。

但是，在遇到以下情况时，数据分析人员尽量不执行数据去重操作。

① 重复记录用于分析演变规律

以变化维度表为例，在商品类别维度表中，每个商品对应的同一个类别的值应是唯一的，例如，某款智能手机属于个人电子消费品，这样才能将所有商品分配到唯一一类别属性值中，但当所有商品类别的值重构或升级时，原有的商品可能被分配了类别中的不同值，例如，智能手机同时匹配"个人电子消费品"和"手机数码"两条记录，对于这种情况，就要根据具体业务需求进行处理。

变化维度表是数据仓库中的概念。维度表类似于匹配表，用于存储静态的维度、属性等数据，这些数据一般不会改变。但是，变与不变是一个相对的概念，随着企业的不断发展，很多时候维度也会随之发生变化。因此，某个时间段内的维度是不变的，而从整体来看，维度是变化的。

② 重复记录用于样本不均衡处理

在开展分类数据建模工作时，样本不均衡是影响分类模型效果的关键因素之一。解决方法是对少数样本类别做简单采样，通过随机采样，采取简单复制样本的策略来增加少数样本。经过这种处理，数据记录中会产生相同记录的多条数据。此时，数据分析人员不能对其中的重复值执行去重操作。

③ 重复记录用于检测业务规则问题

对于事务型的数据而言，重复值意味着重大运营规则问题，尤其是当这些重复值出现在业务场景中时，如重复的订单、重复的充值、重复的预约项、重复的出库申请等。

这些重复的数据记录通常是数据采集、存储、验证和审核机制的不完善等问题导致的，会直接反映到前台生产和运营系统中。因此，这些问题必须在前期进行数据采集和存储时就通过一定的机制来解决和避免。如果确实产生了此类问题，那么数据分析人员或运营人员可以基于这些重复值来发现规则漏洞，并配合相关部门最大限度地降低运营风险。

下面介绍如何在 Excel 2016 中对重复值进行标记和删除。

微课视频

重复值处理

步骤 01 打开店铺会员信息表，其中包含了多条重复的数据，如图 2-11 所示。

步骤 02 选中"性别"列，按【Ctrl++】组合键在其左侧插入一列，输入标题名称"第几次出现"，然后在 B2 单元格中输入公式"=COUNTIF($A$2:A2,A2)"，该公式用于对"会员编号"进行计数，可统计出相同的"会员编号"是第几次出现。按【Enter】键确认，即可得出结果，凡是大于等于 2 的都是重复数据，如图 2-12 所示。

步骤 03 全选数据区域，单击"条件格式"下拉按钮，选择"新建规则"选项，如图 2-13 所示。

步骤 04 弹出"新建格式规则"对话框，选择"使用公式确定要设置格式的单元格"选项，在文本框中输入公式"=COUNTIF($A$2:A2,$A$2)>1"，单击"格式"按钮，在弹出的对话框中设置浅绿色填充颜色，然后单击"确定"按钮，如图 2-14 所示。

步骤 05 此时即可将重复的数据标记出来，如图 2-15 所示。

步骤 06 在"数据"选项卡下单击"筛选"按钮，表格标题上出现筛选按钮。单击"第几次出现"筛选按钮，在数据列表中取消选择"1"复选框，然后单击"确定"按钮，如图 2-16 所示。

图 2-11 店铺会员信息表

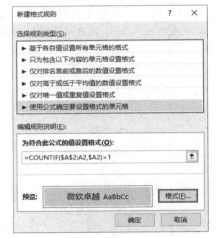

图 2-12 计算第几次出现

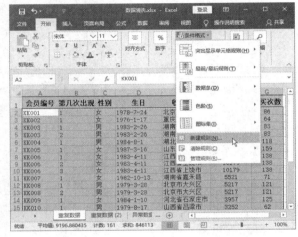

图 2-13 选择"新建规则"选项

图 2-14 "新建格式规则"对话框

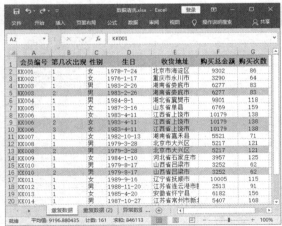

图 2-15 标记重复数据

图 2-16 设置筛选"第几次出现"数据

步骤 07 此时，即可筛选出重复数据。选中所有重复数据行，然后按【Alt+;】组合键选中可见行，如图 2-17 所示。按【Ctrl+-】组合键，删除重复数据行。还可以使用 Excel 提供的

"删除重复值"功能快速删除重复数据，在"数据"选项卡下"数据工具"组中单击"删除重复值"按钮，弹出"删除重复值"对话框，选中包含重复值的列，然后单击"确定"按钮即可，如图 2-18 所示。

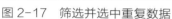
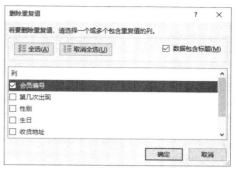

图 2-17　筛选并选中重复数据　　　　图 2-18　"删除重复值"对话框

2. 数据清洗的应用领域

数据清洗主要应用于 3 个领域，即数据仓库领域、数据挖掘领域和数据质量管理领域。

（1）数据仓库领域

在数据仓库领域中，当对多个数据库进行合并时或对多个数据源进行集成时，都需要进行数据清洗。例如，在同一个实体的记录在不同数据源中以不同的格式表示或错误表示的情况下，合并后的数据仓库中就会出现重复的记录，此时就需要识别并消除重复的记录。

（2）数据挖掘领域

在数据挖掘领域中，若要进行数据预处理，首先要做的就是数据清洗。在数据预处理应用中，数据清洗主要是为了提高数据的可用性，去除"噪声"、无关数据和空值等，并考虑数据的动态变化。在字符分类问题中，数据分析人员通过使用机器学习的技术实施数据清洗，即使用特定算法检测数据库，修改缺失和错误的数据。

（3）数据质量管理领域

数据质量管理可以解决信息系统中的数据质量及集成问题。在该领域中，数据清洗从数据质量的角度出发，数据清洗过程和数据生命周期集成在一起，这有利于对数据的正确性进行检查并提高数据质量。

（二）数据变换

数据变换主要是对数据进行规范化处理，将数据转换成适当的形式，但仍保留核心的信息，以适用于后续的分析处理。进行数据变换的原因可能有数据差异性较大、数据内容较为杂乱、数据格式不统一等。

Excel 作为办公数据自动化处理的工具，可以轻松处理常见的办公数据。利用 Excel 进行数据变换的常用方法有以下几种。

1. 数据类型转换

有时数据分析人员对数字进行运算，发现得出的不是正确的结果，这可能是因为数据格式出现了问题。在 Excel 中，数据格式包括文本、数字、逻辑值、错误值等。

逻辑值包含 TRUE 和 FALSE 两个值，判断起来很明显。

文字类数据肯定是文本型数据，而有些数字也可能是文本型数据，要想判断数字是否为文本型数据，可以查看数字所在单元格的左上角是否带有绿色角标，如果有，点开后会提示"以文本形式存储的数字"。

如果数据量较大，想批量判断数据的类型，此时可以借助公式。其中，ISLOGICAL 函数用于判断是否为逻辑值，ISTEXT 函数用于判断是否为文本，ISNUMBER 函数用于判断是否为数字。这样可以筛选出异常的数据进行单独处理。

微课视频

数据类型转换

下面介绍如何在 Excel 2016 中将文本型数据和数字型数据相互转换。

步骤 01 打开 Excel 工作表，表中采集了某店铺竞店分析数据，其中的部分数据为以文本形式存储的数据，这些数据所在单元格的左上角都带有绿色角标，如图 2-19 所示。

步骤 02 在一个空白单元格中输入 1，然后按【Ctrl+C】组合键复制该数据，如图 2-20 所示。

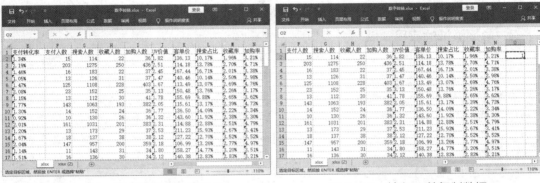

图 2-19　某店铺竞店分析数据　　　　　　图 2-20　输入 1 并复制数据

步骤 03 在表格中选中要转换的数据所在的单元格区域并单击鼠标右键，选择"选择性粘贴"命令，如图 2-21 所示。

步骤 04 弹出"选择性粘贴"对话框，在"粘贴"选项区中选中"数值"单选按钮，在"运算"选项区中选中"乘"单选按钮，然后单击"确定"按钮，如图 2-22 所示。

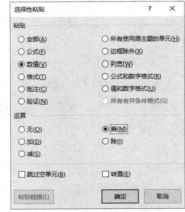

图 2-21　选择"选择性粘贴"命令　　　　图 2-22　"选择性粘贴"对话框

步骤 05 此时即可将文本型数据转换为数字型数据，数据所在单元格左上角的绿色角标消失，如图 2-23 所示。也可以选中文本型数据所在的单元格区域，注意第一个选中的单元格要带有绿色角标，然后单击所选区域左上方的 ⚠ 按钮，选择"转换为数字"选项，即可将文本型数据快速转换为数字型数据，如图 2-24 所示。

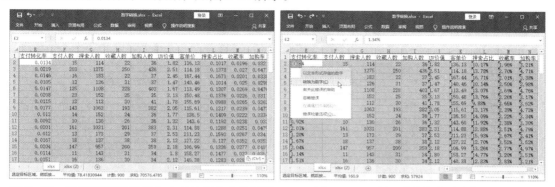

图 2-23　数据所在单元格左上角的绿色角标消失　　图 2-24　选择"转换为数字"选项

用 Excel 导出数据时，有时需要将数据转换为文本型数据，方法如下。

步骤 01 打开 Excel 工作表，表中 A 列为商品 ID 数据，该列没有显示文本型数据标记，这是因为数据前多了空格。双击 A2 单元格，然后在编辑栏中将光标定位到第一个数字前，按 4 次退格键删除空格，如图 2-25 所示。

步骤 02 按【Enter】键确认，可以看到数据变为科学计数形式，如图 2-26 所示。按【Ctrl+Z】组合键撤销删除空格操作，下面使用"分列"功能将数据转换为文本型数据。

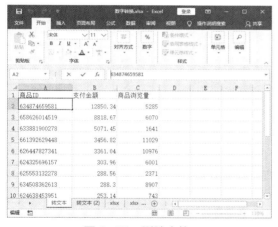

图 2-25　删除空格

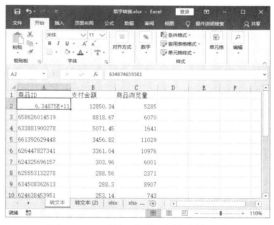

图 2-26　数据变为科学计数形式

步骤 03 选中 A2 单元格，然后按【Ctrl+Shift+↓】组合键选中所有商品 ID 数据，在功能区中选择"数据"选项卡，在"数据工具"组中单击"分列"按钮，如图 2-27 所示。

步骤 04 弹出"文本分列向导"对话框，选中"分隔符号"单选按钮，然后单击"下一步"按钮，如图 2-28 所示。

步骤 05 在打开的界面中选择"Tab 键"和"空格"复选框，在"数据预览"区域中可以看到数据前多出一列空格，单击"下一步"按钮，如图 2-29 所示。

步骤 06 在打开的界面中保持"目标区域"不变，选中第 1 列数据，然后选中"不导入此列（跳过）"单选按钮，如图 2-30 所示。

图 2-27　单击"分列"按钮　　　图 2-28　选中"分隔符号"单选按钮

图 2-29　选择分隔符号

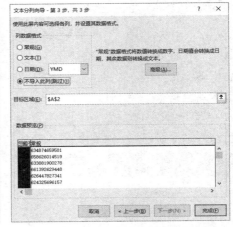

图 2-30　设置不导入第 1 列数据

步骤 07 选中第 2 列数据，然后选中"文本"单选按钮，单击"完成"按钮，如图 2-31 所示。

步骤 08 此时即可将数据转换为文本型数据，可以看到数据单元格左上角出现绿色角标，如图 2-32 所示。

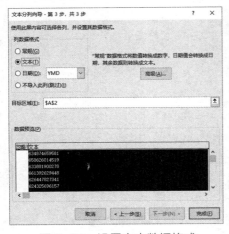

图 2-31　设置文本数据格式

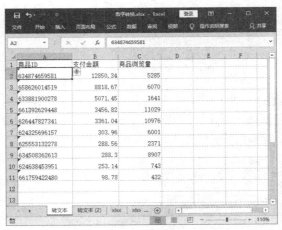

图 2-32　查看数据转换结果

　　使用"分列"功能只能一次转换一列数据，效率较低，通过以下方法可以一次转换多列数据。

步骤 01 选中要转换为文本型数据的单元格区域，在"开始"选项卡下单击"剪贴板"组右下角的扩展按钮，打开"剪贴板"窗格，如图 2-33 所示。

步骤 02 按【Ctrl+C】组合键，将数据复制到剪贴板中，如图 2-34 所示。

图 2-33　打开"剪贴板"窗格

图 2-34　复制数据到剪贴板中

步骤 03 按【Ctrl+1】组合键，打开"设置单元格格式"对话框，在左侧选择"文本"选项，如图 2-35 所示，然后单击"确定"按钮。

步骤 04 此时单元格中的数据变为靠左对齐，在"剪贴板"窗格中单击要粘贴的数据，如图 2-36 所示。

图 2-35　设置文本数据格式

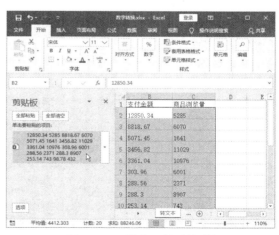

图 2-36　单击要粘贴的数据

步骤 05 粘贴数据后，单击所选数据区域右下方的"粘贴选项"按钮，选择"匹配目标格式"选项，如图 2-37 所示。

步骤 06 此时即可将数字型数据转换为文本型数据，如图 2-38 所示。

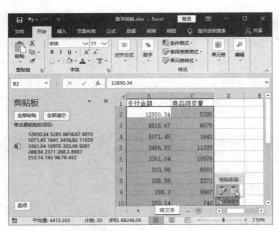

图 2-37 选择"匹配目标格式"选项

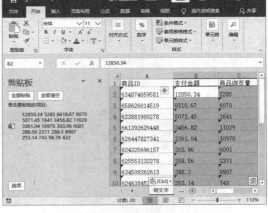

图 2-38 查看数据转换结果

2．分离杂乱信息

有时 Excel 单元格中会存储很多基本信息，信息之间常常用某些符号进行分隔，数据分析人员可以采用以下两种方法来将复合信息单独提取出来。

（1）分列

第一种情况是针对有分隔符号的数据，数据分析人员可以选择"分列"功能中的"分隔符号"文件类型，进而选择 Excel 提供的分隔符号或自定义分隔符号，就可以成功分离出数据。

第二种情况是没有分隔符号，需要对固定位置的数据进行提取。这时数据分析人员可以选择"固定宽度"文件类型，并在示意图中选择分隔的位置，就可以分离出对应位置的数据。

（2）使用公式

数据分析人员可以使用 MID 函数创建公式，实现从任意位置提取指定数目的字符。在 MID 函数中输入列名、提取位置、提取字符数量，就可以轻松实现各种提取的目的。

3．标准化

不同评价指标往往具有不同的量纲，数值间的差别可能很大，不进行处理可能会影响到数据分析的结果。为了消除指标之间的量纲和取值范围差异的影响，需要进行标准化处理，将数据按照比例进行缩放，使其落入一个特定的区域，便于进行综合分析。

标准化的方法有两种：一是 0～1 标准化，通过公式将原始数据缩放到[0，1]内；二是 Z-Score 标准化，通过公式处理使数据符合标准正态分布，即平均值为 0，标准差为 1，其中的参数表示平均值和标准差。Z-Score 标准化是当前用得最多的数据标准化方法，由于平均值和标准差受离群点的影响很大，在遇到这种情况时，可以考虑用中位数取代平均值，用绝对标准差取代标准差来修改公式。

4．数据简化

数据简化是指对数据进行简化或汇总，以减少数据的数量或降低其复杂性，使其更易于管理、分析和可视化的过程。数据简化的目标是保留最重要和最相关的数据，同时消除冗余或不相关的数据，可以通过数据压缩、聚合或降维等技术来实现。减少数据的数量可以缩短处理时间，使大型数据集的处理更加便利。

（三）数据脱敏

在现代社会，数据安全和隐私保护越来越重要，随着大数据的普及和应用，人们对个人隐私泄露的担忧也日益增加，而数据脱敏是一种可以帮助保护个人隐私的技术。

数据脱敏可以对敏感数据进行加密、变形或匿名化处理，使外界无法直接识别个人身份或获取敏感信息。数据脱敏已经在政府、金融、医疗等领域得到广泛应用，因为这些领域中的数据往往涉及大量个人敏感信息，必须采取有效措施进行保护。

1. 数据脱敏方法

目前，常用的数据脱敏方法有以下几种。

（1）全数据脱敏

全数据脱敏是对所有的数据进行脱敏处理，包括用户的姓名、地址、电话号码等。这种方法可以达到较好的数据保护效果，但在某些业务场景中可能会造成不便，例如，在金融业的征信查询中，用户的真实姓名和身份证号码是不可替代的，这时需要进行局部数据脱敏。

（2）替换敏感数据

替换敏感数据就是将敏感数据替换为虚拟数据，例如，将真实姓名替换为假名，将电话号码替换为随机数字，将银行卡号替换为虚拟卡号，等等。

（3）格式保持脱敏

格式保持脱敏是在保持数据格式不变的情况下，对敏感信息进行替换。例如，可以对用户手机号码的中间4位数字进行脱敏处理，将其变成"****"。这种方法可以达到有效的数据保护效果，同时不改变原数据的结构和格式。

（4）删除部分数据

数据分析人员可以删除敏感数据中的某些部分，例如，将电子邮件的域名部分删除，只保留用户名。

（5）加密处理

数据分析人员可以对敏感数据进行加密处理，只有具有相应解密权限的人员才能解密并查看原始数据。加密处理又分为对称加密和非对称加密。但是，使用这种方法时，数据分析人员需要保护密钥安全，若密钥泄露，对原始数据的保护就会形同虚设。

（6）混淆处理

数据分析人员可以对敏感数据进行混淆处理，使其无法被直接识别，例如，对数字进行乱序排列等。

（7）匿名化处理

数据分析人员可以对敏感数据进行匿名化处理，使其无法与特定个人或实体联系起来，例如，对用户 ID 进行哈希处理，即使用哈希算法对需要脱敏的数据进行计算，生成一段固定长度的哈希值来代表原始数据。

（8）切分脱敏

切分脱敏是将一个长的字段切分成多个部分进行脱敏处理。例如，可以把身份证号码中的出生年月日、地区码、顺序码分别处理成可替代的随机字符串，从而保护用户隐私。这种方式的优点是具有很强的保护隐私能力，复杂度较高，防伪性较好。

以上方法可以根据具体的数据类型和保护需求来组合使用，以确保数据在使用和传输过程中得到有效的保护。

尽管数据脱敏是一种常用的隐私保护方法，但在实际应用中仍然存在一些难点与挑战。首先，如何确定脱敏程度是一个值得思考的问题。脱敏程度过低可能起不到保护隐私的作用，而脱敏程度过高可能会破坏数据的可用性。其次，对多个数据源进行脱敏处理时，如何确保数据一致性也是一个需要解决的问题。此外，数据脱敏后可能导致数据价值降低、分析结果失真等问题，这也是需要注意的。

2. 数据脱敏过程

数据脱敏基本包括 5 个过程，分别是元数据识别/设置、脱敏数据识别、定义脱敏方案、脱敏执行及效果比对。

（1）元数据识别/设置

数据脱敏平台将需要脱敏的文本读入，用户可以设置读入数据的行数，默认文件头为格式（txt/csv/xml/python 文本），用户可自行设置间隔符号；同时，若文本文件中默认不包含元数据头文件，用户可自行设置元数据名称与格式。

（2）脱敏数据识别

经过元数据识别/设置后，文本脱敏的敏感数据识别与数据库敏感数据识别是相同的，均按照元数据描述及抽样数据本身的特点，使用系统的敏感数据扫描可以识别出疑似敏感数据。

（3）定义脱敏方案

在疑似敏感数据的基础上，用户根据实际需求对需要脱敏的数据、脱敏规则进行设置，形成文本文件的脱敏方案。

（4）脱敏执行

设置脱敏后数据的目标设置（需支持到文件、到库），一次性完成数据的抽取、处理、装载。

（5）效果对比

用户可以在数据脱敏平台中查看数据脱敏前后的对比情况，对比的内容包括脱敏前数据条数、脱敏后数据条数等。

3. 使用 Excel 进行数据脱敏

数据分析人员可以使用 Excel 及一些常用的数据脱敏公式来解决隐私问题，包括隐藏姓名、隐藏手机号码和隐藏身份证号码。

（1）隐藏姓名

微课视频

使用 Excel 进行数据脱敏

在 Excel 中可以通过 LEFT 函数或 REPLACE 函数结合 REPT 函数来实现姓名脱敏，隐藏姓名中的指定信息。在图 2-39 中，A 列为姓名信息，在 B2 单元格中输入公式"=LEFT(A2,1)&REPT("*",LEN(A2)-1)"并按【Enter】键确认，即可将姓名中的部分信息用"*"代替。该公式中的 LEFT 函数用于返回文本中最左边的几个字符，LEFT(A2,1)表示返回姓名中的第一个字。REPT 函数用于将指定文本重复相应的次数，它包含两个参数，第一个参数表示要重复的文本，第 2 个参数表示重复的次数。LEN 函数用于计算文本字符串的长度。公式中的 REPT("*",LEN(A2)-1)表示"*"重复的次数为姓名的字数减 1 次。

还可以通过 REPLACE 函数实现同样的姓名脱敏效果，在 B2 单元格中输入公式"=REPLACE(A2,2,LEN(A2)-1,REPT("*",LEN(A2)-1))"并按【Enter】键确认即可，如图 2-40 所示。REPLACE 函数用于将部分文本字符串替换为不同的文本字符串，它包含 4 个参数，第一个参数表示要替换的文本，第二个参数表示从第几个字开始替换，第三个参数表示要替换的字数，第四个参数表示要替换为什么内容。

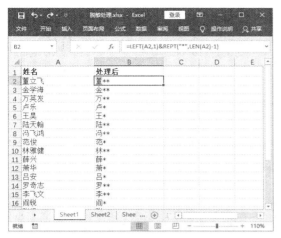

图 2-39　LEFT 函数结合 REPT 函数
实现姓名脱敏

图 2-40　REPLACE 函数结合 REPT 函数
实现姓名脱敏

如果要将姓名中的第一个字隐藏，只需在 B2 单元格中输入公式"=REPLACE(A2,1,1,"*")"并按【Enter】键确认即可，如图 2-41 所示。除了 REPLACE 函数，还可以使用 SUBSTITUTE 函数进行字符串的替换，只需在 B2 单元格中输入公式 "=SUBSTITUTE(A2,LEFT(A2,1),"*")"并按【Enter】键确认即可，如图 2-42 所示。SUBSTITUTE 函数用于在某一文本字符串中替换指定的文本，它包括 4 个参数，第一个参数表示要替换其中字符的文本，第二个参数为要替换的旧文本，第三个参数为用于替换的文本，第四个参数表示用于替换第几次出现的旧文本，若省略则所有的旧文本都将被替换。

图 2-41　使用 REPLACE 函数隐藏姓名中的
第一个字

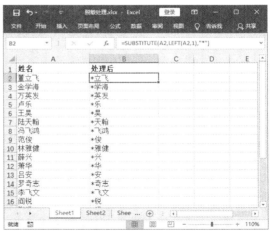

图 2-42　使用 SUBSTITUTE 函数隐藏姓名中的
第一个字

（2）隐藏手机号码

在 Excel 中可以使用"快速填充"功能快速对手机号码进行脱敏处理。A 列为一组手机号码数据，在 B2 单元格中输入 A2 单元格中的手机号，并使用 "*"代替中间的 5 个数字，如图 2-43 所示。双击 B2 单元格右下角的填充柄填充本列数据，单击"自动填充选项"按钮，选择"快速填充"选项，即可将所有手机号码的中间 5 个数字替换为 "*"，如图 2-44 所示。

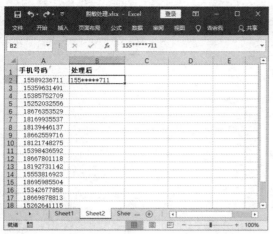

图 2-43　在 B2 单元格输入处理后的数据

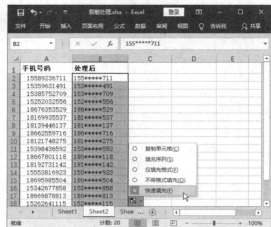

图 2-44　使用快速填充功能填充数据

此外，也可以使用 LEFT、RIGHT、REPLACE 等函数来隐藏手机号码，方法如下。

在 B2 单元格中输入公式"=LEFT(A2,3)&"*****"&RIGHT(A2,3)"并按【Enter】键确认即可，如图 2-45 所示。在该公式中，LEFT(A2,3)用于返回 A2 单元格中最左边的 3 个字符，RIGHT(A2,3)用于返回最右边的 3 个字符，中间的 5 个字符使用"*"代替。还可以使用REPLACE 函数实现同样的手机号码隐藏效果，在 B2 单元格中输入公式"=REPLACE(A2,4,5,"*****")"并按【Enter】键确认即可，如图 2-46 所示。该公式表示从 A2 单元格的第 4 个字符开始替换，将 5 个字符替换为"*"。

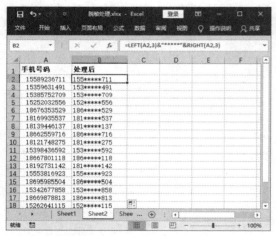

图 2-45　使用 LEFT、RIGHT 函数隐藏手机号码

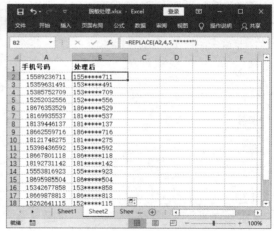

图 2-46　使用 REPLACE 函数隐藏手机号码

（3）隐藏身份证号码

隐藏身份证号码的方法与隐藏手机号码的方法类似，可以使用"快速填充"功能，也可以利用函数进行操作。例如，在 A2 单元格中输入了一个身份证号码，若要隐藏身份证号码的后 6 位，可以在 B2 单元格中输入公式"=LEFT(A2,12)&"******""并按【Enter】键确认，也可以输入公式"=REPLACE(A2,13,6,"******")"并按【Enter】键确认，还可以输入公式"=SUBSTITUTE(A2,RIGHT(A2,6),"******")"并按【Enter】键确认。

（四）数据标签设计

数据标签化是一种将数据分为不同的类别或标签，以便更好地进行数据管理和分析的技术。通过标签化，企业可以对数据进行分类、归纳和标准化，从而使数据更加结构化、易于理解和处理。

1. 数据标签化的步骤

数据标签化的实现主要包括以下步骤。

（1）识别数据类型

对数据进行识别，包括识别数据的类型、来源、格式等。只有了解了数据的基本属性，才能更好地进行标签化。

（2）数据处理

对原始数据进行清洗、去重、格式转换等操作，为后续标签生成做好准备。

（3）确定标签

根据自身业务需求和数据属性制定一套标签体系，这个标签体系可以包括各种不同的标签，如时间、地点、行业等。

（4）使用标签化工具

使用各种标签化工具来进行标签化，这些工具可以实现自动化操作，减少人工标签化的工作量。

（5）数据管理

标签化后的数据需要进行有效的管理和维护，企业应建立一套完善的数据管理体系，确保数据的准确性和完整性。

（6）数据分析

标签化后的数据可以更加方便地进行分析和利用，企业可以利用这些数据进行业务分析、市场研究等，从而更好地满足客户需求。

2. 数据标签的应用

数据标签在企业中的应用十分广泛，可以使企业更好地了解客户需求，增强营销效果并提高客户的满意度。

数据标签在企业中的应用场景主要有以下几类。

（1）客户分析

企业可以通过对客户数据进行标签化，了解客户的基本信息、行为特征、购买偏好等。通过对客户数据进行分析，企业可以更好地了解客户需求，提升客户的满意度和忠诚度。

（2）营销策略

企业可以通过对客户数据进行标签化，制定更加精准的营销策略。例如，根据客户的购买历史和兴趣爱好制定个性化的促销活动，提升促销效果，增加销售额。

（3）客户服务

企业可以通过对客户数据进行标签化，提供更加个性化的客户服务。例如，根据客户的历史购买记录和投诉记录提供更加精准的售后服务，提高客户满意度和忠诚度。

（4）产品设计

企业可以通过对客户数据进行标签化，了解客户的需求和偏好，进行更符合市场需求的产品设计。例如，根据客户的兴趣爱好和购买行为开发出更受欢迎的产品，提高市场竞争力。

（5）数据分析

企业可以通过对客户数据进行标签化，进行更加精准的数据分析。例如，根据客户的标签信息进行数据挖掘和机器学习，预测客户行为和市场趋势，提高业务决策的准确性和效率。

3. 使用 Excel 设计数据标签

在 Excel 中，数据标签是表格中与数据点相关联的文本标签，位于图表中的数据点旁边，用于显示数据点的具体数值。通过数据标签，人们可以直观地了解每个数据点所代表的值，以免在查看数值时产生疑惑和误解。

在 Excel 中添加数据标签时，首先要选择需要添加数据标签的图表，在图表上单击鼠标右键，选择"添加数据标签"命令，Excel 就会自动在每个数据点旁边添加相应的数据标签。如果只需对某个数据系列添加数据标签，可以先选择该数据系列，再进行添加。

数据分析人员可以自定义数据标签的位置，选中数据系列后，在图表上单击鼠标右键，选择"数据标签选项"命令，在弹出的对话框中选择数据标签的位置，如数据点上方、下方、内部等，根据实际需求选择合适的位置即可。

为了使数据标签更加直观和美观，数据分析人员可以进行一些格式设置，如修改数据标签的字体、颜色或大小等。打开"数据标签选项"对话框，就可以找到这些设置选项，通过相关设置，可以使数据标签与整个图表风格统一，提升读者的阅读体验。

数据分析人员还可以进一步设置数据标签的显示方式，例如，在图表中仅显示最大值和最小值的数据标签，隐藏其他数据标签；在数据点值较大时显示数据标签，在数据点值较小时隐藏数据标签。数据分析人员可以根据不同场景中的数据特点灵活调整，以达到更好的数据显示效果。

大量的数据标签可能会使 Excel 表格显得拥挤和混乱，为了避免出现这种情况，数据分析人员可以对数据标签进行分组，或者添加数据点连接线，使大量数据标签更加清晰地显示，让人易于区分和理解。

下面使用 Excel 2016 对某店铺商品销售业绩进行环比分析，并对图表中的数据标签进行设计。

微课视频

使用 Excel 设计数据标签

步骤 01 打开数据表，表中所示为某店铺多款商品 1 月和 2 月的销售额，在 D 列增加"最大值"辅助列，在 D2 单元格中输入公式"=MAX(B2:C2)"并按【Enter】键确认，然后使用填充柄填充本列数据，如图 2-47 所示。

步骤 02 在 E 列增加"环比"数据，在 E2 单元格中输入公式"=(C2−B2)/B2"并按【Enter】键确认，然后使用填充柄填充本列数据，如图 2-48 所示。

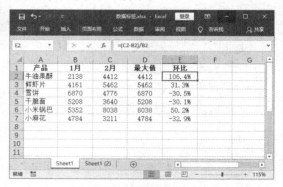

图 2-47 添加"最大值"列　　　　图 2-48 添加"环比"列

步骤 03 在 F 列增加"下降"辅助列，在 F2 单元格中输入公式"=IF(B2<C2,NA(),B2−C2)"并按【Enter】键确认，然后使用填充柄填充本列数据，如图 2-49 所示。

步骤 04 在 G 列增加"上升"辅助列，在 G2 单元格中输入公式"=IF(B2<C2,C2−B2,NA())"并按【Enter】键确认，然后使用填充柄填充本列数据，如图 2-50 所示。

图 2-49 添加"下降"列

图 2-50 添加"上升"列

步骤 05 选中 A1:D7 单元格区域，选择"插入"选项卡，在"图表"组中单击"推荐的图表"按钮，在弹出的对话框左侧选择"组合图"选项，在右侧设置"最大值"系列的图表类型为"散点图"，取消选择"次坐标轴"复选框，然后单击"确定"按钮，如图 2-51 所示。

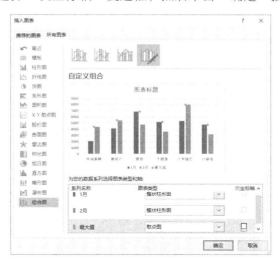

图 2-51 设置插入组合图表

步骤 06 此时，即可插入组合图表。选中图表，单击"图表元素"按钮➕，在弹出的列表中选择"图例"|"顶部"选项，如图 2-52 所示，将图例置于顶部显示，然后在图例中选中"最大值"图例项，按【Delete】键将其删除。

步骤 07 在数据系列上单击鼠标右键，选择"设置数据系列格式"命令，打开"设置数据系列格式"窗格，选择"系列选项"选项卡📊，设置"系列重叠"为 0%，"间隙宽度"为 100%，如图 2-53 所示。

步骤 08 选中系列，选择"填充与线条"选项卡◈，设置"1 月"系列的填充颜色为灰色，"2 月"系列的填充颜色为蓝色，如图 2-54 所示。

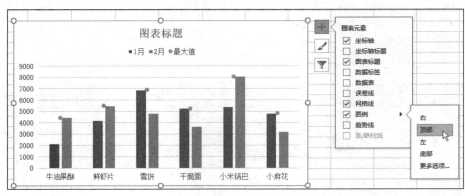

图 2-52　设置图例位置

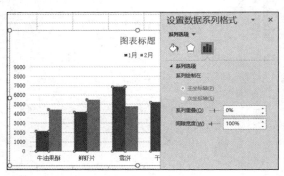

图 2-53　设置系列选项　　　　　　图 2-54　设置系列填充颜色

步骤 09 选中"1 月"系列，单击"图表元素"按钮＋，在弹出的列表中选择"误差线"复选框，为系列添加误差线，如图 2-55 所示。

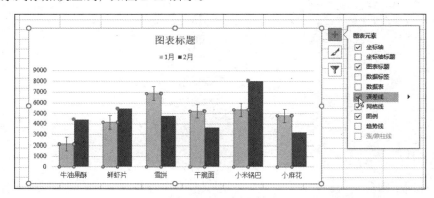

图 2-55　添加误差线

步骤 10 选中误差线，在"设置误差线格式"窗格中选择"误差线选项"选项卡▮，设置误差线的"方向"为"正偏差"，"末端样式"为"无线端"，在"误差量"选项组中选中"自定义"单选按钮，然后单击"指定值"按钮，如图 2-56 所示。

步骤 11 弹出"自定义错误栏"对话框，将光标定位到"正错误值"文本框中，在数据表中选择上升值所在的单元格区域，即 G2:G7 单元格区域，单击"确定"按钮，如图 2-57 所示。

图 2-56　单击"指定值"按钮

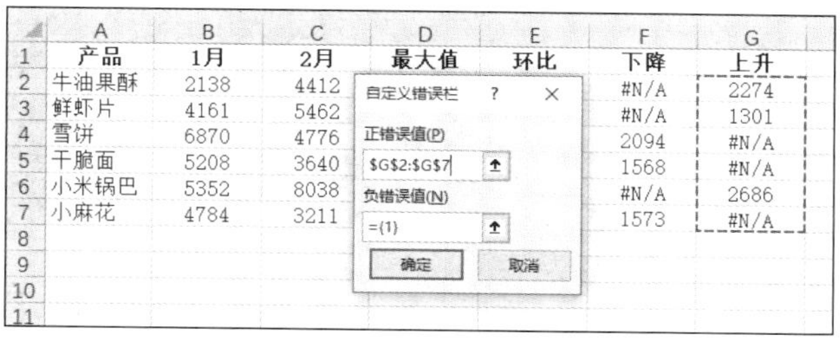

图 2-57　设置正错误值

步骤 12 选择"填充与线条"选项卡 ，设置"颜色"为绿色，"短划线类型"为"方点"，"结尾箭头类型"为"箭头"，如图 2-58 所示。

步骤 13 采用同样的方法为"2 月"系列添加误差线，设置"误差量"的"正错误值"为下降值所在的单元格区域，即 F2:F7 单元格区域。然后设置误差线"颜色"为红色，"短划线类型"为"方点"，"开始箭头类型"为"箭头"，效果如图 2-59 所示。

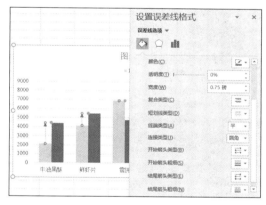

图 2-58　设置误差线格式

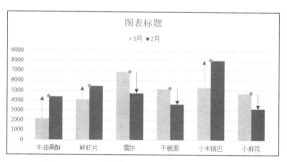

图 2-59　为"2 月"系列添加误差线

步骤 14 在图表中选中"最大值"系列，单击"图表元素"按钮 ，在弹出的列表中选择"误差线"复选框，为系列添加误差线，如图 2-60 所示。

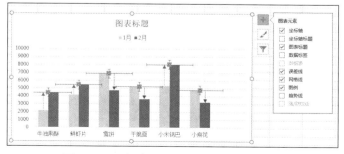

图 2-60　为"最大值"系列添加误差线

步骤⑮ 在误差线中选中垂直误差线，如图 2-61 所示，然后按【Delete】键将其删除。

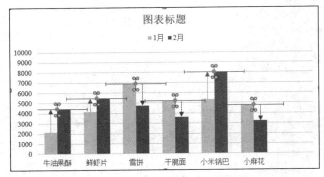

图 2-61　选中并删除垂直误差线

步骤⑯ 在"设置误差线格式"窗格中选择"误差线选项"选项卡██，设置误差线的"方向"为"正负偏差"，"末端样式"为"无线端"，在"误差量"选项组中选中"固定值"单选按钮，根据需要输入固定值大小，在此输入 0.4，如图 2-62 所示。

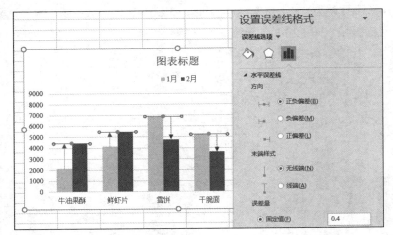

图 2-62　设置误差线选项

步骤⑰ 选中"最大值"系列，单击"图表元素"按钮⊞，在弹出的列表中选择"数据标签"|"上方"选项，添加数据标签，如图 2-63 所示。

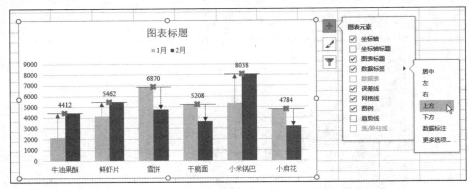

图 2-63　为"最大值"系列添加数据标签

步骤 18 选中数据标签，在"设置数据标签格式"窗格中选择"标签选项"选项卡▮，在"标签包括"选项组中选择"单元格中的值"复选框，如图 2-64 所示。

步骤 19 弹出"数据标签区域"对话框，在数据表中选中环比数据所在的单元格区域，即 E2:E7 单元格区域，然后单击"确定"按钮，如图 2-65 所示。

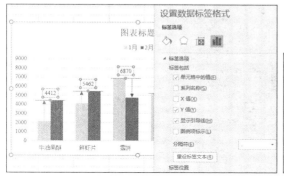

图 2-64　选择"单元格中的值"复选框

图 2-65　选择数据标签区域

步骤 20 在"标签包括"选项组中取消选择"Y 值"复选框，使数据标签中只包括环比数据，如图 2-66 所示。

步骤 21 选中"最大值"系列，在"设置数据系列格式"窗格中选择"填充与线条"选项卡▮，单击"标记"按钮，在"标记选项"组中选中"无"单选按钮，即可在图表中隐藏"最大值"系列，如图 2-67 所示。

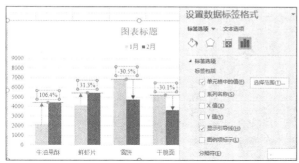

图 2-66　取消选择"Y 值"复选框

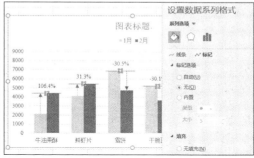

图 2-67　设置无数据标记

步骤 22 在图表中输入图表标题，删除纵坐标轴标签和网格线，为"1 月"和"2 月"系列添加数据标签，设置标签位置为"数据标签内"，并设置数据标签文本颜色，效果如图 2-68 所示。

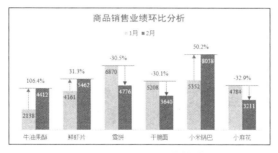

图 2-68　设置图表格式

步骤 23 在 H 列增加"标签文本"列，在 H2 单元格中输入公式"=IF(E3>0,"增长","下降")&""&TEXT(ABS(E2),"0.0%")"并按【Enter】键确认，即可在正数前添加"增长"字符，在负数前添加"下降"字符，如图 2-69 所示。此标签文本效果也可通过设置数字格式来实现，方法为：选中环比数据所在的 E2:E7 单元格区域，按【Ctrl+1】组合键，打开"设置单元格格式"对话框，在左侧选择"自定义"选项，在右侧输入类型代码为"增长 0.0%;下降 0.0%"，如图 2-70 所示，该代码中";"前的格式为正数格式，";"后的格式为负数格式，然后单击"确定"按钮。

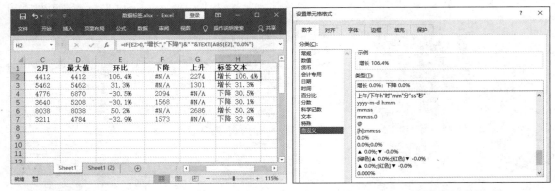

图 2-69　添加"标签文本"列　　　　　　　　图 2-70　自定义数字格式

步骤 24 在图表中重新设置数据标签区域为 H2:H7 单元格区域，查看数据标签效果，如图 2-71 所示。

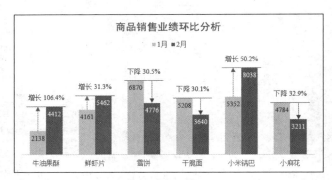

图 2-71　查看数据标签效果

🎓 **课堂讨论**

　　你觉得数据分析人员需要具备什么能力？请和同学讨论，针对自身具备的能力，说一说要想掌握数据处理技能，自己要从哪些方面努力。

任务四　数据应用

　　在经过数据采集、数据处理之后，大部分数据可以被广泛应用到营销过程中，经过数据管理平台的整合，为企业创造价值。

（一）营销业务规划

大数据技术可以利用数据分析方法来帮助企业开展各类营销活动，并进行业务规划，这主要体现在以下几个方面。

1. 数据创意

数据创意是指数据分析人员根据自己的知识和经验，整合现有的和外部可利用的数据资源进行数据变现的方式。数据创意可以帮助企业构建不同的营销场景。

2. 营销策略

大数据技术可以帮助企业进行市场研究，如分析历史业务；也可以帮助企业促进销售，如建立客户清单，实现指标落地；还能为企业制定营销策略提供支撑，如帮助企业制订营销计划。

在营销策划阶段，企业把战略目标分解到市场部，市场部又将其承担的目标分解到主管各细分市场的市场经理，然后需要数据分析人员帮助营销人员进行客户细分，并评估现有的客户数据。

3. 商业智能

在大部分情况下，影响客户购买行为的因素很多，做出购买决策并不是一件特别简单的事情。在大数据营销的实际操作中，CRM 系统通常会收集到众多可能影响客户购买决策的属性数据。因此，数据分析人员可用数据挖掘方法分析 CRM 系统中的数据，确定哪些数据起决定性作用，让业务人员读懂数据及结论，让不同数据分析需求方在同一个数据口径下阅读分析报告。

（二）数据落地应用

收集客户数据，并在数据策略层面明确应该如何运用后，接下来就是进行具体的数据应用，使数据为企业营销创造价值。

1. 数据产品

一个合格的标准化数据产品对实力较弱的中小企业是十分有效的。大数据营销带来更多的基于数据的标准化产品，整合了各种数据源和营销技术，基于某些应用场景将数据变为可用于营销推广、电商引流和营销分析的标准化产品。中小企业只需投入少量人力、财力，就可以开展大数据营销。

2. 营销自动化

对于大型企业来说，营销自动化是一个十分有效的大数据应用方式。通过营销接触点工具或数据管理平台对接实施营销工具，将营销内容发送给客户，营销自动化起到的核心作用包括以下几个方面。

- 营销协同：营销流程中涉及的各责任方可以同时在系统中进行操作，实现资源共享和优势互补，提高合作效率和产生协同效应。
- 个性化营销：个性化营销是企业根据数据收集、分析和使用自动控制向接收者提供个性化内容的策略。如今，营销人员可以利用先进的技术和客户数据来创造定制的端到端旅程，以及有目的的体验和跨渠道的个性化活动。
- 实时营销：通过营销自动化，企业可以设定不同的客户标签或由不同行为触发的营销活动。

- 接触管理：又称接触点管理，是指企业决定在什么时间、什么地点、如何与客户或潜在客户进行接触（包括采取什么接触点、以何种方式接触），并达成与其沟通的目标，是围绕客户接触过程与接触结果处理所展开的管理工作。由于现在市场上的资讯超载、媒体繁多，干扰因素大为增加，因此最重要的是决定如何以及何时与客户接触。营销自动化工具的接触管理功能可以防止因企业市场规模过大而对客户造成过度骚扰，并控制向客户发送的营销内容。

3. 完善互联网广告变现模式

随着大数据营销方式和互联网营销技术的发展，互联网广告的变现模式演变为竞价、实时、场景这 3 种模式。

（1）竞价

由于优质客户数量有限，能提供给优质客户展示广告的机会也十分有限，因此企业需要通过竞价来争夺广告展示机会，这就造成单次客户广告展示成本迅速上升，令企业担忧的是这个价格不再是可预期和可控的，而完全取决于竞争对手的报价。

（2）实时

互联网广告的推送是以"秒"为单位的，广告竞价只能通过机器和程序来完成，这就需要融合统计学、信息技术、心理学等多方面的知识和技术。

（3）场景

同样的一次广告推送，在不同的平台会产生不同的效果，价格也会相差很多。因此，营销人员要找到最有针对性的广告内容和场景。

4. 通过营销接触点连接客户

企业在掌握客户数据和有针对性的营销内容后，会把营销内容传递给客户，其使用的传递媒介统称为营销接触点，如电子邮件、短信、社交媒体平台等。

（1）传统营销

传统营销的接触点主要是短信、电话、电子邮件和户外广告等，传统营销是基于传统客户数据类型的营销接触方式，产生的数据较少，不属于实时营销，付费模式为按时长付费或按展示付费。

（2）数字营销

数字营销的接触点主要有程序化购买、App 推送、展示广告、搜索引擎、论坛、团购、即时通信软件等，数字营销是基于数字数据的在线客户接触方式，包括 PC 端、移动端、从线上到线下（Online to Offine，O2O）等相关模式，产生的数据量一般，属于实时营销，付费模式多种多样。

（3）生态营销

生态营销涉及前面提到的各种接触点，是符合一定条件的不同企业通过连通客户数据或匹配客户画像，整合双方资源进行的营销。由于生态营销是企业间的商业合作模式，所以并没有产生数据多与少、是否为实时营销、付费模式如何等说法。

（4）社交营销

社交营销的接触点包括在社交媒体上的各种营销渠道。在很多归类方法中，社交营销被归为数字营销，但社交媒体同时具备积累客户、产生数据、收集客户等行为，具备营销接触的闭环功能，所以可以单独划分为一类，其产生的数据量巨大，属于实时营销，除了按销售付费以外，其他付费模式都可以实现。

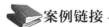案例链接

微博的大数据分析应用

微博作为国内用户规模较大的社交媒体平台，在企业营销过程中起着十分重要的作用。在大数据时代，大数据技术的应用使微博营销效果更强。

微博的大数据分析包括数据收集与整理、用户画像分析、话题与趋势分析、竞品分析。

（1）数据收集与整理

数据收集与整理主要包括数据采集、数据清洗和数据存储。

● 数据采集：通过爬虫技术收集微博平台上的公开信息，包括微博内容、用户互动、评论等数据。

● 数据清洗：去除重复和无效数据，筛选出与目标分析相关的数据，如时间戳、用户信息、内容等。

● 数据存储：将收集到的数据存储在数据库或数据仓库中，以备后续分析使用。

（2）用户画像分析

用户画像分析主要包括用户基本属性分析、用户行为分析、用户兴趣图谱构建等。

● 用户基本属性分析：分析用户的性别、年龄、地域、职业等基本属性。

● 用户行为分析：分析用户在微博上的行为，如关注、转发、评论等，了解用户的兴趣、喜好和社交网络结构。

● 用户兴趣图谱构建：基于用户兴趣和行为，构建用户兴趣图谱，将用户划分为不同的群体，为精准营销提供依据。

（3）话题与趋势分析

话题与趋势分析主要包括话题监测、话题分析和趋势预测。

● 话题监测：通过监测热门话题、关键词，了解当前社会热点和趋势。

● 话题分析：对热门话题进行深入分析，包括话题演变、参与人群、传播路径等，为品牌提供舆情分析与应对策略。

● 趋势预测：基于历史数据和算法模型，预测未来一段时间内的趋势和热点，为决策提供参考。

（4）竞品分析

竞品分析主要包括竞品选择、竞品数据收集和竞品对比分析。

● 竞品选择：选择与自身品牌或产品相关的竞争对手，以进行竞品分析。

● 竞品数据收集：收集竞品在微博上的公开信息，包括微博内容、互动量、粉丝数等数据。

● 竞品对比分析：通过对比竞品的数据表现和营销策略，评估其优劣，为自身品牌或产品的优化提供参考。

在微博营销中，大数据分析技术可以帮助企业更好地了解消费者群体的兴趣爱好、行为习惯等信息，从而制定更加精准的营销策略。

5. 构建用户忠诚度平台

用户忠诚度平台的定位是将销售漏斗中没有立刻产生销售行为，但可能在未来产生销售行为的客户引导到一个互动平台，该平台同时具备收集客户数据、客户互动、客户推荐、引

导销售等功能，并通过积分制度促使客户持续关注。

用户忠诚度平台的 4 个核心功能是营销管理、数据分析、数据报表和客户管理。

（1）营销管理

企业在用户忠诚度平台上可以进行营销内容的导入、管理、策划和目标客户的筛选，也可以收集哪些客户浏览了营销内容等营销反馈数据。另外，用户忠诚度平台也可以通过对接外部第三方的营销资源来开展营销活动。

（2）数据分析

用户忠诚度平台需要连通客户的销售数据，并按照采购额给客户积分，因此企业可以基于客户的采购额和预测的客户潜力进行客户细分。另外，企业还可通过追踪营销活动的效果（如微信公众号的图文点击和转发数量）进行营销结果分析。用户忠诚度平台还会具有积分兑换功能（如兑换优惠券、实物等），或者通过布码记录页面行为，使各种页面行为可追溯，从而使企业了解平台的运营情况，如记录每天的浏览页数等运营指标，对投资回报率等财务指标进行分析。

（3）数据报表

对于个性化的数据分析，运营团队在用户忠诚度平台上还需要标准化的数据报表，主要包括会员统计（各维度的注册客户数据）、营销结果（各维度的营销活动结果数据）、业务支撑（给公司业务层面带来的销售额分析，往往通过优惠券的使用情况来追踪）和财务分析（平台运营的成本和收益计算）等方面。

（4）客户管理

客户管理是用户忠诚度平台的核心功能，主要包括客户视图分析、客户等级管理、客户标签管理、客户积分管理、客户细分管理及客户奖励管理等。对于客户来说，积分制度是吸引他们的因素之一，平台需从财务角度计算积分价值，再依据积分制度设计会员等级、荣誉标签等。

6. 销售渠道

营销的目的之一是给企业直接带来销售额，使其在营销上投入的每一分钱都产生最大的效益。销售渠道就是数据营销最终的落脚点和变现方式。大数据营销在这个节点的主要职责是将通过各种营销手段得到的客户流量或商机引入最能实现销售的渠道。

销售渠道可以分为 4 类。

- 线下渠道：线下渠道往往是传统企业的销售主战场，由固定店面、流动摊位和代理商组成。

- 电销渠道：呼叫中心是数据库营销时代开展数据营销的核心机构，有效利用电话销售人员的每一分钟是帮助企业提高投入产出比的关键。

- 电商渠道：企业无论在自营平台还是第三方电商平台上销售，都要追踪客户行为，实时调整价格，在销量和利润之间找到合适的平衡点。

- 多渠道整合：大数据营销通过 Cookie、优惠券、用户忠诚度平台等媒介追踪客户数据，并引导客户按预设的路径，以企业成本最小、对客户最可控、客户体验最优的方式进行最终消费，建立最佳的客户历程。客户历程是指客户为满足某个需求而与企业间进行的一系列交互。

7. 市场研究

市场研究是大数据营销的主要职责之一。大数据营销对传统市场研究的支撑包括以下 3

个方面。

- 客户数据提供及质量控制：对于 CRM 数据，与市场研究人员相比，大数据营销人员对所提供的客户数据的把控更精准。
- 执行调研：市场研究中涉及的调研可由大数据营销人员执行。
- 客户数据之外的数据支撑：除了与客户相关的调研，还有大量市场研究会用到其他数据，如通过网络爬虫获取自己和竞争对手的电商平台销量等。

8. 数据驱动业务

客户数据除了在营销层面对企业有积极的作用，还可以推动企业业务层面的深度结合。在电信、金融、零售等行业，客户数据已经成为企业的核心资产，利用客户数据帮助企业推进业务是众多企业的共同诉求。

数据驱动业务包括以下 3 点。

（1）销售渠道的扁平化

企业在传统的销售渠道和经营管理模式中会遇到无法了解真实情况、对代理商控制力度不足等问题。在该管理模式中，客户数据可以起到职责划分、资源划分、指标分摊、数据统计口径统一等作用。

（2）产品设计及定价

在某些行业，企业利润中有相当一部分来自价格体系和服务内容的信息不对称，当客户看到复杂的产品和定价介绍后，往往只听取少数卖点后就进行采购。企业为了保持利润，会尽量将产品和定价介绍做得复杂，客户数据能够帮助企业针对不同客户推荐最优的套餐，在客户需求和企业利润之间找到平衡点。

（3）细分市场的整合营销

大企业有很多类型的营销资源，在面对不同细分市场时，其可以客户数据为中心，在时间维度上对这些营销资源进行整合，形成标准化的营销模式，再将在少数细分市场上得到验证的模式和经验迅速推广到大规模市场中。

拓展阅读：Python——数据分析师的首选编程语言

Python 是一种跨平台的计算机编程语言，具有解释性、变异性、交互性和面向对象的特点，并具有以下优势：一是有丰富而强大的库，可以轻松地将其他编程语言，如 C、C++的各种模块和链接联系在一起；二是易于学习和使用，简化了不少不必要的符号，更便于编程人员理解，即使是新手也能轻松上手。

Python 的应用方向包括爬虫、数据分析、Linux 运维和人工智能。其中，Python 在数据分析中的应用十分重要。Python 编程语言，以直观的数据分布图进行数据展示，在工作中发挥着重要的作用。以下是 Python 在数据分析中的实际应用。

（1）数据清洗和准备

清洗和准备数据是数据分析的第一步。通常情况下，需要对数据进行去重、处理缺失值和处理异常值等操作。Pandas 是一个用于数据分析和操作的 Python 库，是执行数据清洗和准备操作的优秀工具。通过 Pandas，数据分析人员可以轻松地完成数据清洗和准备工作。

（2）数据分析

Python 可以处理大数据，并拥有强大的机器学习算法。NumPy、Pandas 和 Scikit-leamn

等库可以帮助数据分析人员进行数据挖掘、预测和建模。

（3）数据可视化

Python 的 Matplotlib 和 Seaborn 库可以创建各种类型的图表来呈现分析结果。这些图表可以帮助数据分析人员和其他业务人员更好地了解数据、识别趋势，并做出更好的决策。

项目实训：婚庆公司精准营销数据采集分析

1. 实训背景

婚庆公司在以往主要依赖线下推广，例如，与酒店、餐厅等行业合作，可以触及的消费群体十分有限，获客量极少，往往处于被动位置，这不利于其提高知名度，扩大经营规模。

面对日益成熟的婚庆市场，某婚庆公司在营销时准备改变传统的获客方法，拓展新的推广方式，使营销推广更为主动。

在这样的背景下，该婚庆公司与获客盟大数据达成合作。在婚庆行业的用户画像方面，获客盟大数据建议该婚庆公司针对高端品牌消费群体的特征，将目标消费者选定为 25～35 岁的单身、高收入女性，并为自身搭配诸多个性化标签。除此之外，对关注婚恋信息的消费群体进行抓取，让筛选更为精准。

该婚庆公司采用获客盟大数据精准的抓取标准，抓取浏览过指定统一资源定位器（Uniform Resource Locator，URL）的访客信息，抓取致电过指定固话/个人手机号的消费者信息（例如，抓取致电过竞品咨询热线的消费者信息），抓取线下门店到访用户的信息。

借助这一行为，该婚庆公司的获客成本降低了 78%，成功转化意向客户达 23%。

2. 实训要求

分析案例中获客盟大数据在为该婚庆公司提供数据服务时采用的数据采集方法，同时在网络上搜索其他类型企业常用哪些数据采集方法，与同学进行讨论。

3. 实训思路

（1）讨论案例中的数据采集方法

请分析案例中获客盟大数据在为婚庆公司提供数据服务时采用的数据采集方法，并与同学讨论为何在与获客盟大数据合作后，该婚庆公司的获客成本大幅度降低。

（2）搜索其他类型企业常用的数据采集方法

除了婚庆行业外，请在网络上搜索其他类型企业常用的数据采集方法，并讨论数据采集方法对营销的推动作用。

思考与练习

1. 简述数据采集的原则。
2. 简述数据清洗的应用领域。
3. 简述用户忠诚度平台的 4 个核心功能。

项目三 大数据驱动的市场分析

知识目标

- ➤ 了解大数据时代市场的类型和功能。
- ➤ 掌握基于大数据的行业分析方法。
- ➤ 掌握基于大数据的产品分析方法。
- ➤ 掌握基于大数据的竞争对手分析方法。
- ➤ 掌握基于大数据的市场细分及定位方法。

技能目标

- ➤ 能够运用 PEST 和"波特五力"模型进行行业分析。
- ➤ 能够根据企业需求进行产品分析和竞争对手分析。
- ➤ 能够进行市场细分和市场定位。

素养目标

- ➤ 制定个性化数字营销策略，使数字经济和谐、有序发展。
- ➤ 不断为用户创造价值，坚持"以人为本"的营销理念。

知识导图

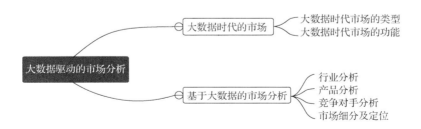

引导案例

在服装行业中，通过对大数据进行深度挖掘和分析，营销人员可以洞察时尚趋势，为服装企业的决策提供有力的支持。

服装企业的大数据洞察主要体现在以下4个方面。

（1）洞察时尚市场消费趋势

大数据分析可以帮助营销人员了解消费者的购买偏好和消费行为，从而准确预测时尚市场消费趋势。通过分析消费者在电商平台上的搜索、点击、购买等行为数据或在社交媒体平台上的互动数据，营销人员可以发现潜在的时尚元素、热门款式或新兴品牌，从而帮助服装企业抓住消费者需求变化的脉搏，推出更符合市场需求的产品。

（2）帮助服装企业进行设计创新

通过分析不同地区、不同消费群体的消费行为与喜好，服装企业可以获得设计灵感和创新方向，同时了解消费者的个性化定制需求。通过收集和挖掘消费者的体型、尺码、喜好等数据，服装企业可以实现针对个体的服装设计与定制生产，满足消费者对个性化服装的需求。

（3）优化供应链和库存管理

通过分析市场需求和消费趋势，服装企业可以预测不同款式、尺码的销售情况，以精确地安排生产计划和供应计划。另外，通过监测与分析供应链各环节的数据，服装企业可以发现潜在的瓶颈和问题，然后及时采取优化措施。

借助大数据技术，服装企业可以实现供应链的高效运作和库存的精确控制，减少因库存积压和供应链断裂导致的损失。

（4）制定营销策略和品牌塑造方案

通过分析消费者的口碑评论和评分数据，服装企业可以了解消费者对产品和品牌的偏好和评价。结合市场调查和消费者画像数据，服装企业可以精确定位目标消费群体，从而制定有针对性的市场推广和品牌宣传活动方案。

总之，大数据分析在帮助服装企业洞察时尚趋势方面发挥着重要的作用。通过对消费趋势、设计创新、供应链优化和营销策略等方面的分析，服装企业可以更加准确地把握时尚市场的变化，做出科学的决策，提高市场竞争力。

任务一　大数据时代的市场

大数据时代的市场是以现代信息技术为依托，以互联网为载体，为信息即时生成、传播与交互提供平台，由人机交互组成的一种互联网交易组织。因此，本项目将大数据时代的市场界定为网络市场，其运用数字信息技术驱动经济社会变革，促使人类逐步迈向平台经济与智能算法社会。

（一）大数据时代市场的类型

从国内市场来看，网络购物已经成为我国居民消费的重要方式。网络消费是数字经济的重要组成部分，可以促进消费、稳定外贸、扩大就业、推动数字化转型，对促进经济稳定增长、高质量发展具有非常重要的作用。如今，全球电子商务的交易额依然保持较高的增长速度，尤其是在我国市场上，电子商务迅速发展，对传统商务造成了巨大的冲击。

根据交易主体的不同，网络市场可以分为 4 种类型。

1. 企业对消费者（Business to Consumer，B2C）

B2C 是企业针对消费者开展电子商务活动的模式，B2C 市场的快速发展有两个驱动因素。一是购物便捷，便利性影响消费者决策，从而推动 B2C 电子商务的增长。消费者通过网络可以随时随地购物，选择自己喜欢的支付方式，并能享受到贴心的物流送货服务。二是产品或服务的范围广，消费者可以通过电子商务从全球众多供应商那里买到多种产品或服务。

B2C 市场已经突破了传统零售行业的边界，成为全球零售业的主要增长引擎之一。随着互联网科技与物流技术的不断发展，B2C 市场的覆盖范围越来越广，快速消费品、电子产品、服装、饰品、家居用品等各类产品或服务都可以在 B2C 市场上找到对应的销售渠道。这种多样性不仅满足了不同消费者的需求，还为商家提供了更多的空间和更大的发展潜力。

如今，大数据成为各类 B2C 电商平台提升精细化运营能力的利器，借助大数据和商业智能，B2C 电商平台可以实现四大核心价值：实现精准营销；辅助产品规划决策；推动客户关系管理和价值挖掘；提高运营效率，降低运营成本，优化供应链和物流体系。

以京东为例，京东大数据已在各类业务上发挥重大价值，如基于消费者多维度画像分析对消费行为进行深度挖掘，以开展精准营销、销量预测、消费者对企业（Consumer to Business，C2B）定制、仓库调拨、库房自动补货、客服智能应答等，同时通过大数据发展金融业务，如京东白条、京保贝，极大地增强了消费者黏性，同时实现了增值收益。

2. 消费者对消费者（Consumer to Consumer，C2C）

C2C 是指消费者之间在电商平台上进行交易的模式，平台作为中介方提供交易场所和服务。C2C 市场涉及广泛的消费者群体，包括卖家和买家。卖家是个体或小型企业，通过在线平台出售二手产品或自己生产的产品，而买家则是寻找特定产品或服务的消费者。

C2C 市场在我国呈现出蓬勃发展的趋势，未来其发展前景依然十分广阔。

首先，我国的人口红利使 C2C 市场具备巨大的发展潜力，大量的互联网用户和移动支付用户构成了 C2C 市场发展的坚实基础，随着我国经济的快速发展和人们消费水平的提高，C2C 市场将会进一步扩大。

其次，电商行业的不断发展为 C2C 市场提供了更多的商业机会。淘宝、拼多多等电商平台将 C2C 作为重要的业务板块进行开发和推广。随着电商行业的不断升级和创新，C2C 市场也会得到更多的关注与投资。

最后，我国物流行业飞速发展，这为 C2C 市场提供了更加便捷、高效的配送服务。很多物流公司投入巨额资金建设智能化的物流中心与配送网络，以提高物流配送效率与服务质量，这有利于提高 C2C 市场的用户体验和交易量。

在移动互联网时代，社交媒体的普及和数字化技术的应用促使 C2C 平台朝着社交化交易的方向发展，强化用户之间的互动和交流。C2C 平台通过数字化技术和内容营销策略提供丰富的产品信息和多样化的内容，以吸引用户的关注和广泛参与。同时，数字化技术的进步使 C2C 平台能够提供智能化服务，如智能客服、智能推荐等，进而能够提高平台运营效率和用户体验。

3. 企业对企业（Business to Business，B2B）

B2B 是指企业与企业之间通过专用网络或互联网进行数据信息的交换、传递，开展交易活动的商业模式。它将企业内部网和企业的产品或服务，通过 B2B 网站或移动客户端与用户紧密结合起来，通过网络的快速反应为用户提供更好的服务，从而促进企业的业务发展。B2B市场上的主要网络平台有阿里巴巴、环球资源、中国制造网等。

在当前这个时代，数字化转型已经成为企业发展的必然趋势，数据已经成为企业的重要资产，而数据的处理和分析能力也成为企业竞争力的重要体现。B2B平台作为企业之间电子商务的主要形式，其发展也要以数字化为基础，以提高平台的运营效率，并为企业提供更准确、更及时的数据支持，使企业可以做出更明智的决策。

供应链协同是B2B平台的重要功能之一，在数字化转型的推动下，供应链协同的能力会持续提升。云计算、物联网等技术的应用有利于实现供应链各环节的实时数据共享和交互，提高供应链的响应速度，增强其灵活性。同时，借助数据分析和预测，企业可以更好地预测市场需求和供应情况，减少库存和物流成本，提高整体竞争力。

互联网技术的发展不断更新B2B平台的交易模式，使企业可以通过在线交易、拍卖等方式进行交易，这提高了交易的效率和便利性，也为企业提供了更多的选择和机会。新型的交易模式也可以通过数据分析与预测来提高交易的准确性和成功率。

金融服务是B2B平台的重要服务之一。在数字化转型的推动下，金融服务将得到进一步的拓展和升级。借助大数据分析和风险评估，B2B平台可以为企业提供更准确、更快速的金融服务。同时，通过互联网技术，B2B平台可以实现金融服务的线上化和移动化，提高金融服务的便利性和效率。

4. 企业对政府（Business to Government，B2G）

B2G是指企业对政府的商业交易方式，即企业向政府机构提供产品或服务的商业模式。B2G对企业和政府机构之间的商务合作有很大的意义，可以为政府采购提供更加便捷和高效的解决方案。

B2G市场的特点是项目标的大、预算投入额大、项目购买决策时间长、交付周期长、回款周期长等。B2G的主要优点之一是降低了商业交易的成本，通过简化政府采购流程，B2G可以帮助企业以更低的成本提供产品或服务，并获得更多的商业机会。此外，B2G还可以帮助政府机构更好地了解市场上的产品或服务，从而寻找到最适合自己的合作伙伴。

B2G市场中主要的电商平台有中国政府采购网、中国电子招标投标公共服务平台、中国供应商，以及各省、区、市的政府采购网等。

B2G市场中的企业要建立以客户为中心的意识，实现由理念到运营实践的转化，具体方法如下。

（1）构建客户画像并进行客户分级

企业要主动打破政企关系的屏障，主动归纳和收集信息，前期通过分析洞察来了解客户属性，分析客户行为和心智，构建客户画像。在这一过程中，企业主要关注客户具有多样性的价值主张，如财政问题、技术方案要求、政策要求等，同时识别关键决策链条及其决策人，以为后续构建具有客户影响力的市场营销体系建立基础。

在收集客户资料后，企业要建立客户信息库，归纳客户群体，对其进行分级及标签管理，从而针对不同客户采取有针对性的营销策略。

（2）建立客户反馈机制

通过建立客户反馈机制，并做定期的客户满意度调查，企业可以了解客户诉求，寻求自身业务优化，从而塑造更好的企业形象。客户反馈机制的构建要注重实现流程的闭环，当客户有诉求时要及时回答，同时关注处理效率，做好处理后的客户满意度调查。

在进行客户满意度调查时，企业要先根据客户特性建立匹配客户旅程的调查框架，并在各个框架阶段识别出客户真正的关注点、影响客户体验感的重要因素，如账单准确性、呼叫回应、投诉解决等，然后针对各个因素设计相应权重和指标，在实施调查并对数据进行处理后，能真正将分析结果应用到业务的调整优化中。

（3）通过多角度、全方位的信息收集与洞察积累线索

B2G 市场的业务竞争激烈，线索来源渠道十分广泛，消息的可验证区间较大，线索转化率往往较低。因此，企业要拓宽线索收集渠道，广泛而全面地获取信息，从而保证业务成交量，具体方法如下。

一是进行行业洞察，充分掌握市场信息。企业要结合客户属性，建设有针对性的信息收集渠道，如关注政策信息、拓展线下活动、与合作伙伴建立生态关系等，并采用主动的信息收集姿态，铺设自上而下的信息汇总渠道，以及自下而上的信息验证路径，进而充分掌握行业信息。

二是重视多渠道生态合作，构建多渠道的生态圈，构建更加紧密的信息网，拓宽线索及信息收集的来源，加快消息传递，增强对线索信息的验证和筛选，从而多方位地为增量市场的拓展提供价值。

三是做好客户洞察，制订有针对性的客户交流、客户拜访计划，发展商务关系，在客户洞察过程中，管理层要协助基层部门制定洞察策略，并注重与客户的交流方式、交流频次，从而增加线索的获取量。

 课堂讨论

> 在以上 4 种市场类型中，你最常接触的是哪种类型？这种市场类型的主流平台是什么？请与同学们讨论，在这种市场类型的主流平台中，大数据营销的具体应用是怎样的。

（二）大数据时代市场的功能

根据社会形态和商品经济的发达程度不同，不同市场在性质、规模和作用等方面存在差异，但其基本功能是一致的，如交换功能、调节功能、反馈功能、引导生产功能、资源配置功能等。大数据时代的市场除了以上基本功能外，还具有以下特殊功能。

1. 即时传播功能

在互联网中，信息的传播是即时的、迅速的，企业只有了解市场信息的生成与流通渠道，才能及时传播相关的市场信息。及时传播的市场信息有助于增强信息的对称性，提高市场效率。

2. 统计分析功能

规范的网络市场在信息统计、查询等方面有很大的应用价值，对企业的市场管理、产品管理等方面有巨大的参考价值。随着我国商务统计分类和指标体系的逐步健全，企业可以更好地应用网络市场的统计分析功能，经过汇总整合后的市场信息对企业产品市场的经营与管理有着巨大的分析价值，可以为企业决策提供参考。

 案例链接

携程旅行用大数据辅助营销

随着旅游行业的快速发展，竞争日益激烈，为了在市场中立于不败之地，携程旅行认

识到大数据分析的重要性。通过深入挖掘用户行为数据，携程旅行能够更好地了解用户需求，优化产品和服务，提高用户的满意度。同时，大数据分析还有助于发现新的市场趋势和商业机会，为携程旅行的战略决策制定提供有力的支持。

携程旅行的大数据分析实践主要体现在以下几个方面。

（1）用户行为分析

携程旅行通过收集和分析用户的搜索、浏览、预订等数据，对用户行为进行深入了解，这样做有利于优化产品和服务，增强营销效果，降低获客成本。例如，通过分析用户搜索关键词，携程旅行可以了解用户感兴趣的旅游产品和服务，进而优化其产品目录和搜索排名。

（2）用户满意度评估

携程旅行通过收集用户对酒店、景点、机票等旅游产品的评价和反馈，来评估用户满意度。通过对这些数据的分析，携程旅行可以找出产品和服务中的不足，及时改进，从而提高用户满意度。

（3）市场趋势预测

通过分析用户行为和市场数据，携程旅行可以预测未来的市场趋势。例如，通过分析历年国庆"黄金周"的旅游数据，携程旅行可以预测未来一周内的旅游热点和需求，为产品研发和营销策略制定提供依据。

3. 实时交易结算功能

网络市场可以保持 24 小时不间断运转，减少很多中间环节。通过使用在线支付方式，企业与客户之间可以实现实时交易、实时结算，这既能节约成本，又能提高交易效率。

4. 市场营销功能

网络平台主要通过发布产品信息、介绍产品特色、品牌推广等方式来提供各种营销服务。因此，网络市场具有良好的市场营销功能，可以为大宗产品贸易的买卖双方提供信息源，实现从线上到线下的营销。

另外，企业运用开放的网络平台来展示产品信息，可以吸引国外买家购买产品，为企业开拓国际市场提供渠道，提高本国产品的国际知名度。

5. 增加市场供应功能

网络市场中包含数量庞大的企业和个人店铺，这使市场上的产品总量相应增加，从而增加了市场供应总量。通过信息平台展销产品，并延长网络店铺的营业时长，可以更好地满足用户的即时需求。

任务二　基于大数据的市场分析

随着数据来源的不断增加，企业需要有更高效的市场分析方法，从而有效地识别当前的市场趋势并预测未来的市场趋势，使自己在激烈的市场竞争中获取商业利益。

在大数据时代，企业要全面、细致和客观地分析市场，以满足不断发展变化的市场需求。这意味着企业要利用各种来源的数据，如公共数据、内部数据、第三方数据和社交媒体数据等，以进行更广泛、更深入的统计分析。

（一）行业分析

大数据技术可以从多个角度、多个维度对行业进行深度分析和研究，从而得出详细的行业分析报告。这些行业分析报告可以为企业提供有关市场需求、竞争对手、价格和营销趋势等方面的信息，并为其在产品设计和营销策略制定方面提供指导和支持。

行业分析一般从行业市场规模、市场成长速度预测、产业集中度、市场细分及行业发展趋势等角度进行。例如，互联网行业比较关注市场的用户规模、营收规模与未来的增长速度。

产业集中度是用于衡量产业竞争性和垄断性的常用指标，也称市场集中度，指市场上某一行业内少数企业在生产量、销量等方面对该行业的支配程度，一般用这些企业的某一指标（大多数情况下用销售额）占行业总量的百分比来表示，该比例越高，市场垄断程度就越高。

企业可以通过基于大数据的网络信息抓取与挖掘方法在网络上抓取行业市场规模、市场成长速度预测信息、产业集中度、市场细分、行业发展趋势等信息。企业可以通过爬虫技术抓取财经类网站中的有用信息，如金融财经网站、证券公司网站、第三方市场研究公司网站、投资机构网站等，以辅助数据分析师进行行业分析。

企业的发展会受到各种力量的影响（见图 3-1），在进行行业分析时，要分析这些力量的影响，因为这些影响都可以作为战略决策的依据。企业所处的最外层的环境受 4 种力量的影响，包括政府政策（Politics）、经济环境（Economics）、社会（Society）和科技（Technology），这构成宏观环境分析的 PEST 模型。企业还受产业的 5 种力量影响，包括同行业竞争者、潜在进入者、替代品、供应商和顾客，这构成产业分析的"波特五力"模型。

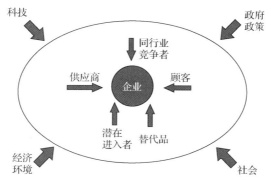

图 3-1　企业发展受到各种力量的影响

1. PEST 模型

以互联网企业为例，PEST 模型的相关影响因素如下。

（1）政府政策因素，包括互联网信息内容管理、网站备案管理、安全网络交易环境维护、电子商务平台服务规范、知识产权维护、个人信息保护等方面的政策。

（2）经济环境因素，包括国内宏观经济运行相关数据、国内金融运行相关数据，以及国际宏观经济运行相关数据等。

（3）社会因素，包括社会环境、人口规模、年龄结构、收入分布、消费结构和水平、人口流动性等，其中人口规模直接影响着一个国家或地区的市场容量，年龄结构则决定着互联网服务的发展方向及推广方式。

（4）科技因素，包括网络技术、云计算技术、安全技术、软件技术、数据库技术、多媒体技术等。近年来，互联网新技术加快创新发展，不断催生新的产品，以移动互联网、云计算、大数据等为代表的互联网技术及应用带动了互联网的创新发展。

在进行 PEST 模型分析时，企业可以从特定类型的网站抓取相关信息，如相关政府机构网站（国务院网站、工业和信息化部网站、文化和旅游部网站、商务部网站、国家新闻出版署网站、国家市场监督管理总局网站等）、相关协会网站（中国互联网协会网站等）、相关研究机构网站（艾瑞网、国家统计局网站等）。

企业要对抓取后的内容进行主题分类，如分为政府政策主题、经济环境主题、社会主题和科技主题，以便数据分析人员或相关决策者进行参考。

2. "波特五力"模型

"波特五力"模型由迈克尔·波特于 1980 年提出，波特认为，企业在一个行业中的盈利能力不仅受同行业竞争者的限制，还受其他 4 种力量的影响，这 5 种力量共同决定了一个行业的竞争强度，影响了行业的吸引力，这就是"五力"名称的由来。

（1）同行业竞争者

行业内部的竞争受诸多因素的影响，首先是同行业竞争者数量的影响。如果行业市场上只有少量竞争者，竞争不会很激烈，因为大家都有各自的生存空间。其次是市场增长的速度，在一个快速增长的市场中，每个企业都有发展空间，竞争就不会激烈，而当市场增长放缓时，竞争将变得十分激烈。例如，2010 年大多数汽车品牌发展得不错，因为我国汽车市场在快速增长，在经过数十年的高速发展后，市场增速明显放缓，于是很多汽车企业被淘汰出局。最后是市场上的供求平衡程度。如果需求多于供应，那么每一家企业都能满足大量需求，竞争将不会太激烈。如果供应多于需求，竞争将会加剧。

（2）潜在进入者

潜在进入者是指行业内的新势力，其对现存企业构成的威胁与进入市场或行业的难易程度有很大的关系，也就是通常所说的技术壁垒或行业壁垒。例如，传统汽油车的制造技术在今天仍然有很高的技术壁垒，因此很多汽车新势力采用电动车技术进行弯道超车，以消除技术壁垒。

另一个障碍是市场销售渠道，许多国家有各种法律法规来保护特定的行业，例如，必须和当地公司成立合资企业才能进入当地市场。

其他的壁垒包括专业人员的稀缺性，为了快速进入市场，一些企业直接从竞争者那里高薪挖人，这是许多大型企业常用的手段。

（3）替代品

即使处于两个不同行业的产品也可能互为替代品，共同抢占消费者的心智，进而影响企业现有的竞争策略。例如，预制菜、速冻食品、半成品等都可能成为外卖食品的替代品。

决定行业竞争强度的替代品因素是其替代的难易程度，消费者对不同企业的忠诚度不同，他们更看重产品的质量和价格，产品或服务越容易被替代，该行业的准入门槛就越低，该行业也就越难保持高利润率。例如，盒马鲜生自诞生以来以为消费者提供良好的体验为发展方向，但很快就有其他商超模仿这种模式，对超市现有的布局进行改造，或者开展前置仓配送业务，导致新零售的赛道很快就变得拥挤。

（4）供应商

从供应链管理的角度来看，供应商的力量是不可小觑的，因为他们是供应链的上游。当供应商比顾客更强大时，供应商就拥有了更强的议价能力，而后者没有多少谈判筹码，很难降低采购价格，以致最终影响利润。

供应商是否强大的影响因素有两点，一是供需关系，二是产品有无替代品。当市场上的供应商数量较少时，他们往往有更高的谈判地位；当企业要购买的材料或服务没有替代品时，供应商就拥有了相对较大的权力。

（5）顾客

顾客在市场中的相对力量是决定一个行业竞争强度的最后一种力量，涉及供应链的下游。当顾客更强大时，顾客会有更大的讨价还价空间，企业要想提高利润就很难。顾客的强大不仅体现在其地位上，其规模和购买量也是重要因素。有些顾客虽然购买量很小，但鉴于他们在行业内的规模，企业也可以将其当作重要客户对待。购买量是很直接的因素，购买量越大，顾客所属的优先级就越高。

"波特五力"模型可以回答以下问题：是否要进入一个新行业？如何与供应商建立合作？如何利用成本优势？采用何种竞争策略？如何降低潜在进入者的威胁？

应用"波特五力"模型的步骤如下。

第一步：组建一个7人左右的跨部门团队，参考"波特五力"模型的框架，团队成员各自进行五大竞争力量分析。

第二步：分别统计同行业竞争者、潜在进入者、替代品、供应商和顾客，并对其竞争力量分析强弱，进行集体投票。

第三步：将统计好的数据导入 FineBI，对其结果进行可视化操作。

在当今信息时代，借助类似 FineBI 的工具，可以让企业加速跟上大数据分析的潮流。

（二）产品分析

当前，产品同质化严重，消费需求复杂多变，市场竞争不断加剧。企业要想提升市场核心竞争力，就必须在产品设计、优化迭代、产品组合策略及产品智能推荐等方面有所突破。大数据是产品管理中的一把利剑，企业可以通过大数据对市场结构、消费者需求趋势及产品市场销量等进行分析与预测，全面指引自己制定产品策略，从而赢得利益，占据市场。

产品分析围绕产品的特性、成本、可用性、质量、外观等方面进行，以确定产品是否能够有效地吸引目标消费群体。

通过产品分析，企业可以提出关于产品的问题，为项目团队提供方案，以描述产品的特性、功能和其他相关内容。产品分析是指对产品从一端到另一端进行分解，从部件、功能、技术、成本、需求到营销材料、网站和销售方法进行对应的分析。例如，产品的功能要与企业宣称的功能一致；分析成本/质量比和可选择的设计和竞争情况，以确定产品是否具有成本效益，以及是否符合消费者的要求。如果企业能够在设计方面做出一些细微的调整，既降低成本又保证产品质量，这将是非常有益的。

如今越来越多的企业，尤其是电子商务企业，开始利用大数据了解消费者如何与不同产品进行交互。这证明严密和科学的产品分析能够帮助企业提高消费者参与度和转化率，最终为企业带来更多的利润。

1. 产品分析的目标

产品分析的目标主要有以下几个。

（1）提高消费者留存率

通过分析消费者查看和购买的内容，企业可以识别出哪些产品是消费者反复购买的、哪些消费者是回头客，也能识别出哪些消费者不购买产品、哪些消费者有流失的风险。分析和理解重复购买的产品和回头客的共同属性可以帮助企业完善消费者留存策略。

（2）识别流行和趋势产品

流行和趋势产品的销售是业务收入增长的主要驱动因素，同时可以为其他产品提供新的销售机会，如进行交叉销售或捆绑销售。企业可以通过产品分析轻松识别和跟踪流行和趋势产品，并利用这些产品制定新的销售策略。

（3）根据消费者和产品的关键属性细分消费者和产品

通过查看消费者的资料和产品数据，企业可以根据消费者和产品的关键属性细分消费者和产品。企业可以根据产品的盈利能力、销量、再订购量、退款数量等方面来划分产品数据。如此进行细分，企业就可以针对目标产品或目标消费群体提出可行的营销方案。

（4）制定具有更高投资回报率的营销策略

产品分析可以用于分析营销策略的投资回报率，通过分析用于推广某些产品的营销费用及销售产品获得的收益，企业可以了解哪些营销策略是有效的，哪些营销策略是无效的，进而制定更有效的营销策略。

2. 电商运营中的产品分析

当消费者在浏览电商平台时，常常发现平台会推送产品，仔细观察后就会进一步发现这些被推荐的产品与自己之前浏览过的产品关联性极强。例如，消费者在电商平台搜索"眼霜"后，页面中间就会出现眼霜产品的推荐。

这些电商平台对产品的优化和推荐是基于消费者喜好的。电商网站就好像是企业的一张名片，一个优质的网站可以吸引消费者的目光，放慢消费者浏览页面的速度，引导消费者完成转化，这对于拉新和留存有着重要的作用。

要想增加产品销量，企业首先要了解消费者需求，知道消费者想要什么，哪些产品是受欢迎的，进而根据这些数据指导产品优化和活动推广。了解消费者的喜好可以帮助营销人员了解以下信息：消费者对哪些产品更感兴趣？消费者感兴趣的原因是什么？哪些产品的浏览量高但销量低？哪些产品的浏览量低但下单率较高？每个产品的生命周期是怎样的？哪些品类更受关注？哪个品牌的产品卖得最好？……

要想掌握以上信息，营销人员就要进行产品分析。在电商网站中，不同的指标反映不同的情况，通过数据指标的变化，营销人员可以发现产品中存在的问题。常见的数据指标及其作用如下：浏览量和用户数反映产品的关注度和用户对产品感兴趣的程度；入篮（入篮是指加入购物车）量、入篮率、入篮独立访客（Unique Vistor，UV）反映用户的实际购买情况，如放进购物车多长时间才实现转化等；收藏量反映用户的喜好程度；产品/品类的热度及浏览量、购买用户数等相关数据的波动曲线可以反映产品生命周期。

电商运营中的产品分析可以在以下几个方面指导产品运营优化。

（1）帮助营销人员掌握电商网站产品的整体销售情况

产品分析可以帮助营销人员了解产品的基础数据，分析产品的浏览量、点击量、订单量、入篮量、购买用户数等，从而掌握产品的整体销售情况，以及不同产品、不同品牌的用户关注度和用户购买力等信息。

（2）帮助营销人员进行精准营销

精准营销可以延伸到两个方面，一是精准的产品推荐，二是关联产品的推荐，如搭售相关的产品。

通过产品分析，营销人员可以了解用户对不同产品的喜好，从而进行精准的产品推荐。通过分析用户，营销人员可以知道哪些用户浏览、收藏、购买了哪些产品，并从这些数据中分析出用户喜欢什么，进而进行产品推荐。

根据与产品浏览相关联的统计数据，营销人员可以根据关联情况提供关联产品推荐和套装推荐，提高单个订单的金额，增加销售机会。例如，某用户浏览了某一品牌的扫地机，那么跟这个品牌有关的产品都可以推荐给该用户。

3. 竞争产品分析

产品分析除了可以针对自己的产品，也可以针对竞争对手的产品。要想在竞争激烈的市场中获得成功，了解自身的方案相对于竞争对手的方案的优势是很重要的，企业必须非常了解竞争对手的产品策略、产品及其特性，收集这类信息的一个有效方式就是做竞争产品分析。

从市场营销的视角来看，竞争产品分析是为了在激烈的竞争环境中帮助利益相关者做出更明智的决定，使企业对自身在市场中的位置有更清晰的认识。竞争产品分析可以给以下利益相关者提供决策支持。

（1）产品团队

从竞争产品分析中提取的数据是非常关键的资源，该数据可以帮助产品团队确定自身产品与竞争对手的差距，激发出新的想法，推动产品改进与创新。另外，产品团队也要不断探索竞争对手产品的缺点，进而在提高产品性能的同时保持自身产品相对于竞争对手的优势。

（2）销售团队

企业的销售团队也要十分了解竞争对手的产品，以便在潜在消费者中更好地定位自己的产品。当潜在消费者指出竞争产品的某个独特功能时，如果销售团队不能指出自己的产品有何不同，不熟悉该功能，就可能失去该潜在消费者。带着对竞争产品细微差别的深刻理解来参加未来的销售面谈或销售会议，可能会在销售讨论中产生重要影响。

（3）营销人员

营销人员要了解所在企业在激烈的市场竞争中如何才能脱颖而出，以及如何与目标消费者建立联系。营销人员要洞察竞争产品，专注于信息、定位和反复出现的趋势，利用来自竞争产品分析的洞察力来开发更强大的沟通语言、营销策略和活动，突出自己的解决方案的优势。

（4）消费者团队

消费者团队从竞争产品分析中收集的信息可以帮助企业提高整体的产品满意度和消费者留存率。例如，若消费者提到他们正在寻找另一家企业，此时消费者团队要做好战略性反应的准备，了解竞争对手的产品变化，从而成功与消费者沟通，保持甚至提高消费者留存率。

（5）管理团队

管理团队可以向企业高管提供一份经过汇编的报告，帮助高管在制定长期规划时更好地确定企业下一步的行动。

（三）竞争对手分析

竞争对手是企业在市场中的直接竞争者，了解竞争对手的行为和战略对企业制定市场营销策略至关重要。通过大数据分析，企业可以获取竞争对手的行为数据、行为和趋势，进而深入了解他们的市场营销策略、产品定价、目标消费群体和市场占有率等关键信息，这可以帮助企业抓住市场机遇，更好地应对竞争压力，提高市场份额。

1. 进行竞争对手分析的途径

有多种途径可用于进行竞争对手分析，常见的途径主要有以下 3 种。

（1）数据采集与分析

营销人员通过使用网络爬虫技术和数据挖掘工具，采集竞争对手的网站数据、社交媒体数据、销售数据等，然后通过数据分析和模型构建，深入挖掘出隐藏在数据背后的信息和规律。

（2）用户口碑分析

通过监测竞争对手的产品或服务在社交媒体等渠道上的用户口碑，营销人员可以知道其产品优势和劣势。这些信息可以为企业改进自身产品或服务、优化市场定位提供重要的参考。

（3）交叉分析与比较

营销人员可以将竞争对手与自身企业的数据进行交叉分析与比较，找出双方的差异。例如，将自己的产品定价和销量与竞争对手的对比，发现竞争对手的战略和市场定位的优势，从而进行一定的调整。

2. 竞争对手分析的应用

竞争对手分析的应用主要体现在以下 3 个方面。

（1）竞争对手分析报告

通过对竞争对手的大数据分析，营销人员可以把分析结果整理成分析报告，内容包括竞争对手的主要产品、市场份额、定价策略、推广渠道等。这些分析报告能够让企业决策者全面了解竞争对手，有助于企业决策者制定相应的竞争策略。

（2）市场趋势预测

通过对大数据的分析，营销人员可以发现竞争对手在市场中的行为趋势，如产品创新趋势、市场拓展趋势、价格调整趋势等，这对企业预测市场发展趋势、调整市场策略有着重要的启示意义。

（3）用户画像和定制营销

通过分析竞争对手的用户数据，了解其目标用户的特征和需求，企业决策者可以实现更准确的定位，制定相应的营销策略，从而提高市场竞争力。

3. 竞争对手分析的内容

竞争对手分析的内容包括产品构成、产品的新功能和新产品的研发情况；产品的价格变动情况、价格策略；竞争对手内部在产品研究、技术研究、专利等方面的情况；组织结构和人力资源的变动情况；生产经营情况，如生产规模与生产成本水平、设施与设备的技术先进性与灵活性、生产能力的扩展、原材料的来源与成本等。

营销人员可以通过大数据技术来辅助抓取和挖掘以上竞争对手的信息。

（1）对于产品构成、产品的新功能和新产品的研发情况，可以通过抓取竞争对手的官方网站、社交媒体等信息来获取。

（2）对于产品的价格变动情况、价格策略，可以通过抓取竞争对手的官方网站、电商网站等信息来获取。

（3）对于竞争对手内部在产品研究、技术研究、专利等方面的情况，可以通过抓取竞争对手官方网站、相关技术网站和论坛、专利查询网站等信息来获取。

（4）对于组织结构和人力资源的变动情况，可以通过抓取竞争对手官方网站、主流招聘网站或针对高端人才的猎聘类网站等信息来获取。

（5）对于竞争对手的生产经营情况，这方面的网上资料可能偏少，如果是上市企业，可以通过抓取财经类网站、上市公司财报等信息来获取。

（四）市场细分及定位

市场细分的概念最早是由营销学家温德尔·史密斯在 1956 年提出的，此后营销学家菲利普·科特勒进一步完善了温德尔·史密斯的理论，并最终形成了成熟的 STP 理论，即市场定位理论。

STP 理论的根本要义在于确定目标消费者或客户。基于 STP 理论，企业进行市场分析的步骤如图 3-2 所示。

（1）细分市场：根据消费者需求上的差异把某个产品或服务的市场划分为一系列细分市场。

（2）确定目标市场：在细分市场的基础上，根据自身优势选择主要服务的消费者群体。

图 3-2 STP 理论

（3）确定产品定位：让产品在消费者心中留下深刻印象，使消费者对产品产生忠诚度。

基于 STP 理论的市场分析的 3 个步骤是环环相扣、层层递进的，精准的市场细分是后续确定目标市场的前提和基础。当目标市场确定后，如何进行精准的产品定位，以获得消费者对产品的认可和保留忠诚消费者是企业面临的另一个问题。

1. 市场细分

为了有效地管理每一组消费者群体并开展差别化的市场营销活动，企业必须对每一组消费者群体进行区分。传统的市场细分变量（如人口、地理和心理因素等）只能为企业提供不太明确的消费者概要信息，所以企业在做营销决策时很难获得科学依据。因为消费者的消费需求和习惯逐步向个性化方向发展，这在一定程度上给市场细分增加了难度。

而在大数据时代，企业利用大数据技术可以快速地从大量非结构化信息中过滤出有价值的信息，并对消费者行为模式和消费者价值进行准确的评估和分析，甚至能够从"每个个体"而不是"目标群体"中得出深刻的分析结论，从而形成商业洞察。

大数据分析利用其技术优势可以实现对海量数据的挖掘与分析，更精准地展现市场细分的情况。企业可以通过大数据分析更精确地了解和掌握消费者在某一时期内购物的频次，消费者的购买频率越高，说明其对品牌的忠诚度越高，其也就越有可能在未来再次购买。此外，大数据分析能够精准地反映消费者的购买金额，企业可以按照消费者的购买频率和购买金额对消费者进行精准的分类。

大数据记录着消费者的基本信息、消费习惯、兴趣爱好，因此企业通过大数据分析可以在社交媒体平台、电商平台、短视频和直播平台等渠道有针对性地对目标消费者展开广告投放，以实现点对点的差异化营销，从而提高营销的效率和成功率。

案例链接

香菜面诞生即为"爆品"，大数据挖掘出市场潜力股

由于人们对香菜口味的喜好度呈现出两个极端，香菜产品一直存在争议，但在2023年5月，白象推出的香菜面成为"爆品"。5月8日—15日，白象与抖音超级品牌日联合推出抖音限定风味香菜面，新品开售当天销售一空，共卖出4万盒，成为不折不扣的全网"爆品"。

白象研发香菜口味产品的灵感来源于抖音上的"爱香菜一族"。白象营销人员通过调研发现，很多香菜类美食视频的评论区中会有"爱香菜一族"与"反香菜一族"的争论。在抖音上，与"香菜"话题有关的视频拥有超过50亿次的播放量，大多数视频的评论区都有"爱香菜一族"出没，这意味着被抖音用户们津津乐道的话题有着尚未被挖掘的巨大市场潜力。

为了进一步分析香菜产品的市场可行性，白象通过抖音电商罗盘进行了专业数据分析，经香菜相关搜索数据以及货品供给数据的双重验证，香菜产品属于"高搜索、低供给"型产品，有着极大的市场潜力。

于是，白象推出香菜面，并把产品命名为"白象超香香香香香香菜面"，突出"香"字，强调产品的主打原材料——香菜，关联味觉感受。在产品包装上，放大的香菜图片处于视觉中心，直接传递了产品信息。

在新品营销预热期，白象在广州东山口打造了一家只有"香菜"的主题快闪店——"超香香香香香香菜面馆"，并设置了六大香菜主题互动环节，打造绝无仅有的香菜体验。该活动成功吸引了大量小红书和抖音达人探店，集中释放了一波香菜爱好者的狂热情绪，引发各平台用户的关注，为新品上市扩大声量。

在新品爆发期，白象联合抖音达人花式"种草"，再加上海量网友自发参与传播，关于白象香菜面的话题从抖音一直发酵到微博、小红书、微信等多个渠道，将香菜面的热度推向高点。

白象先通过内容洞察和数据佐证抓住了"爆品"自身的潜力，再从产品打造开始不断放大其差异化亮点，一出场就引发全网期待，通过一轮又一轮的营销动作，最终在新品开售当天将单品售罄，同时引发抖音、小红书、微博的用户进行口碑宣传。

白象通过推出"话题爆品"香菜面，不仅实现了品牌创新力的自我突破，也推动了品

牌的年轻化，让老品牌持续焕发出年轻活力。

白象的成功反映出依托大数据打造"爆品"的全新方式——"从兴趣中来，到兴趣中去"。从兴趣诞生，火爆全网，又回到兴趣源初地，实现品牌转化。品牌在整个营销过程中收获了海量的声量和实在的收益，真正做到了品效协同增长。

2．市场定位

在大数据背景下，企业要做好消费者终身价值管理，为消费者建立终身制的档案，不断挖掘消费者的潜在需求。例如，企业可以分析消费者的历史消费记录、经济能力、个人偏好、教育背景、职业类型等，了解消费者的消费模式和消费习惯，准确判断消费者的购买能力，以便有针对性地进行产品推广。

在使用大数据进行市场定位时，企业可以采用以下方法。

（1）通过分析消费者数据来定位网络营销市场

企业要使用大数据技术收集大量消费群体的基础数据，建立消费群体数据库，在确定收集范围后，要确保消费者信息整理的全面性。

首先，企业可以综合利用不同形式、结合多种渠道来整合消费群体的网络数据，如论坛、官方网站、电商网站、社交媒体等渠道。其次，企业可以充分利用数据挖掘技术深入分析消费群体的实际年龄、性别、兴趣爱好、历史消费记录等相关数据，明确消费者的基本属性。最后，将产品的特点与消费者属性相匹配，初步定位产品的网络营销市场。

（2）通过消费者消费情况检验定位的精准性

为了提升产品定位的精准性，在使用大数据技术对产品进行初步定位后，还要实际使用初步定位方案，通过消费者的消费情况来检验定位的精准性。如果按照初步定位方案开展营销活动后，可以达到较为满意的效果，就说明企业对网络营销产品的定位比较准确，企业可以继续使用这一方案；如果没有达到预期效果，企业就要调整或重新进行营销产品定位并实施方案。

（3）建立消费者信息反馈平台

建立消费者信息反馈平台可以起到两个作用：一是在营销产品定位符合网络市场验证标准后，企业可以利用消费者信息反馈平台广泛征集消费者对产品营销的一些建议，并根据消费者的建议完善产品营销策略，强化营销产品定位的精准性；二是当营销产品定位不符合市场验证标准时，企业可以通过消费者信息反馈平台总结策略失败的原因，为以后进行营销产品定位提供借鉴。

⬤ 拓展阅读：FineBI——国内领先的 BI 工具

FineBI 是帆软软件有限公司推出的一款商业智能产品。它可以让用户自主分析企业已有的信息化数据，帮助企业发现并解决存在的问题，协助企业及时调整策略，做出更好的决策，增强企业的可持续竞争力。

FineBI 的主要功能如下。

（1）自助服务分析

FineBI 具备直观的可视化界面，非技术用户可以轻松创建和自定义报表和仪表板。用户能够通过简单的拖曳操作来选择数据、图表和指标，以便快速实现数据的探索和分析。

（2）多源数据整合

FineBI 能够无缝地整合多种数据源，如数据库、云存储和在线 API。这意味着企业可以将散乱的数据汇总到一个位置，实现全面的数据分析。

（3）数据可视化

FineBI 提供多种数据可视化选项，可支持用户创建柱形图、折线图、饼图、热力图、地图等。这些选项功能强大，能够让用户更加清晰地理解数据。用户可以根据自己的需求选择合适的数据可视化方式，以使数据呈现最佳的视觉效果。

（4）高级分析与预测

FineBI 具备高级分析与预测功能，用户可以使用这些功能来探索数据中隐藏的模式和趋势，并进行预测分析。

（5）移动应用程序

FineBI 还提供了移动应用程序，使用户能够随时随地访问关键业务数据，这对决策者来说非常方便。

（6）数据安全和权限控制

FineBI 具备强大的数据安全功能，可以根据用户角色和权限设置对数据进行保护。这样可以保证敏感数据不会被未经授权的个人访问。而且对于不同等级的用户，FineBI 可以实现分级的隐私保护，即使是多人协作，FineBI 也支持为每个人设置相应的访问权限。

项目实训：良品铺子在电商运营中的产品分析

1. 实训背景

良品铺子是国内知名的零食连锁品牌，以其独特的产品策划和良好的产品品质迅速崭露头角，成为国内零食市场的领导品牌之一。

在传统零售模式下，良品铺子开设众多实体门店，通过线下销售和渠道合作，迅速增强品牌影响力并增加市场份额，同时引入新零售模式，如无人零售技术和智能设备，将线上和线下相融合，并建立了自己的电商平台和 App，实现线上、线下产品同步销售。

为了更好地服务广大销售者，良品铺子利用大数据技术对消费者的购物行为、偏好、兴趣等信息进行分析和挖掘，通过数据驱动营销策略，向消费者提供个性化的推荐和优惠信息。例如，根据消费者的购买历史和浏览记录，自动推送相关产品及其优惠券。

良品铺子之所以能够成功转型至采用新零售商业模式，除了它及时抓住消费升级和新零售趋势，引入新的零售技术外，大数据技术的应用也是重要推动力之一。良品铺子通过大数据技术实现了精准营销和个性化推荐，使其能够更深入地了解消费者，进而提高销售转化率和用户满意度。

2. 实训要求

请同学们分析案例中良品铺子在电商运营中是如何进行产品分析的，并亲自实践，利用电商数据进行产品分析，以强化对电商运营中的产品分析的理解。

3. 实训思路

（1）讨论案例中的产品分析

请同学们分析案例中良品铺子在电商运营中进行的产品分析是如何指导运营优化的，同时指出该品牌的产品分析实现了哪些目标。

（2）亲自实践

选择某一品牌，使用第三方数据分析工具分析其产品的销售数据，掌握其在某一电商网站的整体销售情况。

思考与练习

1. 在大数据时代，网络市场分为哪些类型？
2. 简述"波特五力"模型的构成。
3. 简述企业基于 STP 理论进行市场分析的步骤。

项目四 大数据驱动的消费者分析

● 知识目标

➤ 了解大数据时代的消费者特征。
➤ 掌握大数据时代的消费者购买决策过程。
➤ 了解基于大数据的消费者洞察的特征。
➤ 掌握基于大数据的消费者洞察的流程与方法。

● 技能目标

➤ 能够按照流程进行基于大数据的消费者洞察。
➤ 能够利用大数据来洞察消费者的各种信息。

● 素养目标

➤ 增强大数据意识，积极探索并善用大数据资源。
➤ 积极投身数字经济建设，促使我国数字经济做强做优做大。
➤ 充分挖掘新消费场景，倡导绿色消费理念。

● 知识导图

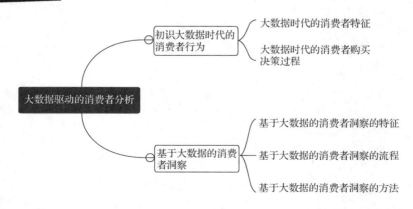

随着我国电商交易额逐年增长，消费电子类产品的线上销售占比不断扩大，消费电子类产品的销售在很大程度上依赖第三方电商平台，因此如何深入了解消费者，适时推出消费者感兴趣的产品，并且准确把握销售时机和渠道成了制胜的关键。但是，主流电商平台之间存在信息壁垒，品牌方有时无法获取某平台的消费者信息，这使后续营销变得十分困难，因此各大品牌方都急于寻找方法改变这一现状。

客户数据平台 Linkflow 便可以打破这一信息壁垒，它能收集消费者在公域平台的行为数据，实现关键节点自动化营销触达，追踪投放渠道数据，并进行报表分析等，这有利于品牌方抓准消费者的核心诉求，实现营销效果的最大化。

（1）打破信息壁垒

Linkflow 通过结合带参二维码（带参二维码是指通过在二维码中添加参数信息，实现不同场景下推广效果的统计和分析）和品牌方提供的售后增值服务，帮助品牌方获取消费者的信息。由于消费者关注品牌的每个渠道来源、活动均不同，市场营销人员一个个手动生成带参二维码是十分困难的。Linkflow 可以帮助品牌方快速、简单地生成分渠道带参二维码，追踪每一行为的来源、活动和关键字等。

品牌方可以将 Linkflow 生成的带参二维码印刷在产品包装上，投放在产品中，或者用在营销活动中。当消费者扫描该二维码时，Linkflow 能了解其购买渠道，并推送相关的留资页面，引导其进行留资操作。同时，为了让消费者更积极地主动扫码，Linkflow 的自动化营销模块会在消费者提交个人信息后推送相关售后增值服务，从而获取更多的消费者信息。

（2）关键节点自动化营销触达

虽然消费电子类产品的复购周期比较长，但这并不代表其没有复购营销的必要。品牌方通常会根据消费者的购买行为、后期浏览行为等对消费者进行增值服务营销或交叉销售营销。Linkflow 可以对接消费者和品牌的各个触点，第一时间获取消费者的各种数据，并根据消费者的浏览行为或下单的产品种类进行综合分析，为消费者打上不同的标签。Linkflow 可以赋能线下和线上门店，实现消费者的留存，为二次触达打好基础。Linkflow 可以在特定时间对特定渠道中的特定人群推送个性化内容，从而对消费者进行有针对性的营销活动。

（3）投放渠道数据追踪

如今企业的营销成本逐渐增加，所以很多企业希望了解自己在各渠道中投入的营销成本的转化效果，进而做出优化调整，而 Linkflow 可以通过不同的带参二维码的设置与对消费者扫码行为的捕捉，帮助企业实时了解消费者购买的产品和对应的购买渠道。在获得这些数据后，企业可以通过 Linkflow 的 BI 报表功能灵活设定各类报表，从而直观地了解消费者的消费渠道偏好和产品偏好，进而对效果更好的渠道加大投放力度，实现营销效果的最大化。

任务一　初识大数据时代的消费者行为

在大数据时代，网络用户是主要的消费群体，同时也是推动大数据时代市场发展的主要动力。深入了解大数据时代消费者的总体特征，探究消费者的购买决策过程，是进行高效、精准的大数据营销的先决条件。

（一）大数据时代的消费者特征

互联网的普及、数字技术的广泛应用，成为消费升级的新动力，在不断创造出更好的数字化生活的同时，也改变了消费者的消费习惯、消费内容、消费模式和消费理念。在大数据时代下，消费者呈现出新的特征。

1. 消费者购买行为更理性

在工业化时代，由于信息技术和网络的不发达，消费者很难获取足够充分的产品信息，这导致消费者与企业之间的信息不对称，消费者很容易受企业广告促销、人员推销等宣传活动的影响，其购买行为呈现出冲动性、非理性等特征。

在大数据时代，消费者可以非常便捷地通过网络查询产品的各种详细信息，并对产品进行对比与遴选，最终做出理性的判断。例如，消费者可以利用互联网提前做好攻略，选择诚信度较高的店铺购物，可以对比不同店铺的信誉等级、产品好评率、服务态度、物流能力等，选择资质全、信用良好、售后服务有保障的店铺。另外，消费者还可以浏览产品对比网站，了解产品的报价、功能、销量、消费者评价和交易时间等信息，掌握产品的综合性价比，从而选择合适的店铺进行购物。

2. 受大众评价的影响更大

传统的消费者一般通过口碑或报纸杂志的推荐来获得对某产品的评价，而在大数据时代，消费者可以直接在社交媒体或购物网站上发表自己的评价，这些评价信息会毫无保留地传达给其他消费者。

消费者在进行网络购物时会十分注重用户评价和使用经验的分享，并以此作为购物的重要参考。一般来说，如果之前购买过某产品的用户一致评价该产品质量好、价格实惠、物流配送及时、售后服务良好，该产品就会受到越来越多消费者的青睐，因为这些评价信息往往会被更广泛地传播。可见，大数据时代下的大众评价的影响更加广泛和深刻，可以对潜在消费者产生直接影响。

3. 逐渐降低品牌依赖度

根据品牌成长的"社会链"（知名度—可信度—美誉度—忠诚度—依赖度）来看，在传统销售时代，品牌的知名度和美誉度在一定程度上取决于产品的质量和口碑。在大数据时代，随着科技的进步和社会的发展，名牌产品与普通产品的质量差异逐渐缩小，而年轻消费者追求个性化的需求越来越强，这就打破了传统的品牌成长的"社会链"，构建了一个以质量为前提，个性化定制为驱动，由消费便捷化促进生产的良性循环。消费者在新一轮的科技变化中，逐渐降低了对品牌的依赖程度。

4. 消费者行为更加个性化

在大数据时代，消费者越来越重视个性化体验，其需求呈现出多样化、个性化的特征。产品不再仅用于满足消费者的物质需求，而是成为消费者的存在方式。消费者不再仅关注产品的产地、质量、品牌形象、价格、售后服务等，而更关注产品能否满足其个性化需求。消费者把消费作为树立个人形象、反映个人精神世界，以及表达个性的方式。借助消费，消费者展现了对品质世界的向往，表达了对自由选择的渴望，流露出对个人憧憬的追求。

长期以来，企业大多只重视产品的质量和性能，但在大数据时代，企业要在坚持"质量第一"的前提下，增加产品外在的元素，强化与消费者的个性化沟通与交流，以满足消费者的个性化需求。

5. 消费需求差异性增强

由于当前网络消费没有地域上的限制，网络消费者来自全球，其所处的地区、消费观念、生活习惯等各不相同，因此其需求也有显著差异。例如，有的地区的消费者普遍喜欢多种款式的产品，注重产品风格、款式、设计、质量和材质，要求环保；有的地区的消费者重视产品颜色，偏好深色物品。因此，企业要想在大数据时代取得成功，就要在产品的设计、制造、包装、运输、销售等过程中关注这些差异，根据消费者的不同特征来制定对应的营销策略。

6. 消费者的主导权更强

在大数据时代，消费者占据着更加主动的地位，在消费层面更加偏好主动选择，而不是被动接受。借助网络，消费者可以突破时间和空间的限制，有更多的选择机会，在不同产品之间转换时成本更低，这对企业营销来说是一个巨大的挑战。

例如，消费者在购买手机之前，会主动查询购买手机的注意事项，提前了解手机的专业知识，如处理器、运存、闪存、相机配置、分辨率等，并主动搜寻各大品牌手机的市场销售情况，了解不同系列、不同型号的手机参数与价格等信息。

7. 消费者的即时需求越来越多

消费者的即时需求越来越多，他们需要快速地获得所需的产品或服务，而传统的产品或服务提供方式已经无法满足消费者的需求。大数据技术可以帮助企业及时监测消费者的需求和反馈，并利用强大的物流配送能力，快速满足消费者的即时需求。

8. 消费者发展出多样化的消费模式

新一代数字技术不断驱动数字消费进阶，使得各种消费方式和消费类型涌现，为满足消费者的消费新需求开拓了想象空间和创新发展空间，促使消费者的消费模式多样化。

（1）从一次性消费到持续消费

一方面，当前的消费正在实现从满足基本需求到满足个性化需求的转变；另一方面，消费者在网络上消费所产生的数据可以被企业用来分析消费者的喜好和行为特征，从而实施精准营销，使消费者的消费行为变成长期、可持续的行为。

（2）从个体消费到群体消费

在数字经济背景下，互联网使消费者集结成网状结构的虚拟社会，由于很多消费者的价值取向、消费习惯和消费模式是一致的，所以群体消费应运而生。

（3）从免费到付费

随着代际性消费群体的成长，年轻一代的网络用户已经习惯为自己喜欢的网络产品或服务付费，线上售卖成为数字文化产业的主导盈利模式。

（二）大数据时代的消费者购买决策过程

市场营销学在研究消费者市场时，主要研究消费者的购买行为。消费者的购买行为是指消费者为获取、使用、处置消费产品或服务所采取的各种行动，包括这些行动的决策过程。消费者在购买产品时都会有一个决策过程，一般要经历引起需求、收集信息、评估方案、购买决策和购后行为等阶段。在大数据时代，消费者的购买决策过程没有发生太大变化，企业可以通过大数据分析更好地理解消费者的购买决策过程，从而制定有针对性的市场营销策略。

1. 引起需求

消费者购买决策过程的起点是引起需求。消费者首先要考虑现有产品是否能够满足自身的需求，当现有产品不能满足自身需求时，消费者才会产生对新产品的购买意愿。消费者的需求一般由两种刺激引起，一是内部刺激，如饥饿感；二是外部刺激，如看到朋友买的新车或在媒体上看到新车广告，从而产生购买新车的欲望。

在传统的传播渠道中，消费者大多是由于身边熟人的刺激而产生了对某些产品的购买欲望，而在大数据时代，互联网使信息的传播速度加快，因此一个局部的潮流可以快速风靡整个社会，使消费者产生更多的需求、更强烈的购买欲望，更能刺激消费者进行消费。

企业在实施大数据营销时，可以从视觉、听觉等方面入手来引起需求，如产品文字的表达、图像和声音的设计，这些都可以成为消费者购买的直接动因。企业要多关注与自身产品相关的真实需求和潜在需求，并通过大数据分析消费者的搜索记录、社交媒体行为和购买历史等信息，了解消费者的潜在需求和消费的心理驱动力。例如，商家可以通过分析用户搜索关键词的频率和趋势，了解用户对某种产品的需求是否增加，以便及时调整产品线和营销策略。

2. 收集信息

当消费者产生购买动机后，便会开始进行与购买动机相关联的活动。如果需求很强烈，且产品很容易买到，消费者会立刻实施购买活动，以满足自身需求。但是，如果产品不容易买到，或者说需求不能马上得到满足，消费者就会暂时把需求搁置，并注意收集与需求密切相关的信息，以便进行决策。

消费者收集信息的来源主要有经验来源、个人来源、公共来源和商业来源。

- 经验来源：通过直接使用产品获取信息。
- 个人来源：由家庭成员、朋友、邻居和其他熟人提供信息。
- 公共来源：从电视、网络等传播媒体或社会组织中获取信息。
- 商业来源：从广告、销售人员、展览会等处获取信息。

从获取信息的多少来看，从多到少依次为商业来源、公共来源、个人来源、经验来源。但是，消费者对信息的信任程度正好相反，对经验来源和个人来源的信任程度最高，其次是公共来源，最后是商业来源。商业来源的信息一般只起到广而告之的作用，而个人来源的信息能起到辅助判断和评价的作用。

在大数据时代，中介、交易、物流成本大幅度降低，这在一定程度上拓宽了消费者收集信息的渠道，使信息收集成本大大降低。

企业可以通过数据分析了解消费者的搜索习惯和偏好，从而更精准地进行定向广告投放和搜索引擎优化。通过分析消费者的点击率、停留时间和转化率等数据，企业可以了解哪些渠道或关键词对消费者更有吸引力，从而优化营销策略。

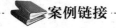案例链接

精准场景投放，携程投资回报率翻倍

携程在针对老用户开展再营销的过程中，与腾讯广告展开合作。腾讯广告为携程定制了精准场景投放广告。在此过程中，腾讯广告从两个层面来考虑：一是通过大数据导出的用户画像掌握用户的长期兴趣，形成对单个用户的兴趣标签；二是根据用户当前场景及行为，把握其瞬时兴趣，洞察其潜在的购买意向。

通过分析某用户的过往数据，腾讯广告识别出该用户收入水平较高，喜欢去欧洲旅游，重视旅游服务等"长期兴趣"；而当该用户身处资讯阅读场景中时，腾讯广告捕捉到其阅

读了爱尔兰的签证和景点等信息，于是为其推送携程的爱尔兰高端定制旅游产品，从而精准把握由用户的瞬时兴趣带来的商机。

另外，用户可以点击广告直接唤醒携程 App，缩短购买路径。正是凭借腾讯广告突破性的数据对接和技术运用，携程 App 的点击通过率和投资回报率都得到了大幅度提高。

3. 评估方案

消费者在获取足够多的信息后，会根据这些信息并使用一定的评价方法对同类产品的不同品牌进行评估，并做出选择。消费者对产品进行的评估主要涉及产品属性、属性权重、品牌信念和效用要求等 4 个方面。

由于消费者在网络平台购物时无法实际接触产品，对产品的了解主要依靠商家的描述，包括文字描述、图片展示、视频展示等，如果商家不能充分、完整地描述自家的产品，就无法吸引消费者浏览及购买。另外，如果商家对产品的描述与实物不符，那么商家可能永远失去消费者。

在实施大数据营销时，企业可以通过数据分析了解消费者的偏好和决策因素。通过分析消费者的评论和评分数据，企业可以了解消费者对产品的满意度和不满意度，进而改进产品，提高服务质量。此外，企业可以分析竞争对手的产品定价和市场份额等数据，以了解市场竞争格局和消费者的价格敏感度，从而制定更有竞争力的定价策略。

4. 购买决策

在购买决策阶段，消费者会根据自己的需求和偏好做出最终的购买决策。但在从产生购买意向到实际购买的过程中，还有一些干扰因素，这主要包括他人态度和意外因素。

（1）他人态度

他人态度的影响力取决于两个因素，一是他人对消费者喜爱品牌所持否定态度的强度，二是他人与消费者的关系密切程度。他人的否定态度越强烈，且他人与消费者的关系越密切，消费者就越容易受到他人态度的影响而改变购买意向。

（2）意外因素

消费者购买意向的形成以一些预期条件为基础，如预期收入、预期价格、预期质量、预期服务等。当这些预期条件受到意外因素的影响而发生变化时，购买意向也很容易发生转变。例如，预期的奖金突然延迟获得，而原定产品价格又上涨，再加上销售人员的服务态度较差，消费者就有可能转变购买意向。

消费者一旦决定达成购买意向，就会快速做出购买决策，选择自己喜欢的产品种类、产品属性、产品品牌，确定购买时间和购买数量，并采用合适的付款方式。

企业通过数据分析可以了解消费者的购买行为和决策路径。通过分析消费者的购买历史和购买频率，企业可以了解消费者的购买习惯和购买动机，从而提供个性化的产品推荐和促销活动。

5. 购后行为

消费者在购买产品后，就进入购后行为阶段。消费者的购后行为包括购后使用和处置、购后评价。

（1）购后使用和处置

消费者在购买产品后，如果产品使用频率很高，说明消费者对产品的满意度较高，该产品有较大的价值，消费者再次购买的周期就会比较短；如果产品使用频率较低，甚至将产品闲置或丢弃，说明消费者觉得产品价值较低，因此对产品的满意度较低。

（2）购后评价

消费者在收到产品后，通过对产品的体验，产生了对产品价值的基本判断，并对自身在购买决策过程中的消费选择进行重新审视与检查。消费者主要判断产品的实际情况与商家描述是否一致，是否达到了自己的预期标准，产品是否满足了自身需求。之后，消费者会在网络上对商家描述的真实性、产品的质量、商家的服务态度等各方面进行综合评价。购后评价往往体现了消费者今后再次购买该产品的意愿。

消费者的购后评价除了取决于产品质量和性能发挥状况外，消费者的心理因素也对其有着很大的影响。与消费者的购后评价行为相关的理论有两种，即预期满意理论和认识差距理论。

预期满意理论认为，消费者购买产品后的满意程度取决于购买产品之前的期望得到实现的程度，即消费者在购买产品后，发现产品的优质程度超过了之前的期望，就会感到非常满意，反之则不满意。

认识差距理论是指消费者在购买和使用产品后，对产品的主观评价与产品的客观实际之间存在差距，可分为正差距和负差距。正差距是指消费者对产品的主观评价高于产品的客观实际以及生产者的预期，有非常高的满意度。负差距是指消费者对产品的主观评价低于产品的客观实际以及生产者的预期，有较强烈的不满意感。消费者对产品的满意程度会直接决定其购后行为，如果感到满意，就很有可能再次购买该产品，甚至带动他人购买该产品。

企业通过大数据分析可以了解消费者的满意度和忠诚度。通过分析消费者的回购率和口碑传播等数据，企业可以了解消费者的品牌认可度，并及时处理消费者的意见，给消费者提供多种排解不满情绪的渠道，同时改进产品，提高服务质量。

综上所述，大数据分析在解读消费者购买决策过程中起着重要的作用。通过深入了解消费者的行为和动机，企业可以制定更有针对性的市场营销策略，从而提升产品或服务的竞争力。

课堂讨论

请同学们回想自己做出某个购买决策的过程，与同学讨论：自己产生需求的场景是什么？为了买到心仪的产品，自己是如何收集信息的？在做出最终决策之前，自己对哪些因素进行了筛选？促使自己决定购买产品的因素是什么？

任务二　基于大数据的消费者洞察

消费者洞察是指正确描述和理解消费者内心的需求、信念或者态度，以引起消费者的共鸣，是一个产品能否打动消费者的关键要素。

在大数据时代，企业可以利用大数据进行消费者洞察，通过打通消费者全链路的大数据，突破传统洞察手段的瓶颈，获取庞大的样本，从而清晰地定义消费者的年龄、性别、消费倾向等各方面特征，形成具体的消费者画像。

除此之外，大数据时代的消费者洞察还可以通过人工智能、知识图谱等智能化大数据工具，将拥有的数据转化为未来可感知市场变化、辅助决策的资源。

（一）基于大数据的消费者洞察的特征

相对于传统的消费者洞察，基于大数据的消费者洞察具有以下几个特征。

1. 采用"全样本"的大数据

传统的消费者洞察通常以市场调研为主，人力消耗大，信息反馈周期长，样本数量小。不管是定性调研还是定量调研，企业要面对数量众多的目标消费者进行抽样调查，通过样本考虑整体，采集样本的方式、问题的设计、信息的筛选都会直接影响结果的偏差程度。传统的消费者洞察高度依赖人的经验和判断力，需要在没有获取数据之前就做出某种假设。

而基于大数据的消费者洞察是基于消费者自身在互联网中产生的庞大的真实数据而开展的，如搜索的关键词、浏览的页面、观看的视频、在社交媒体上发布的内容等，这种消费者洞察方式可以节省大量的人力和费用，缩短信息反馈周期，提升洞察的准确性。

企业利用大数据进行消费者洞察，大幅度减小了统计偏差。尽管市场调研不能做到真正的全样本，但由于基于大数据的消费者洞察采用海量样本进行分析，相比传统的随机抽样能更完整地代表复杂的集体多样性，我们可以将其视为全样本。

全样本分析可以使企业洞察到在原来极为有限的采样情况下无法看到的细节，如小众群体的存在及其行为特征，同时使企业发现那些能激发营销人员想象力的关联性。因此，全样本下的消费者洞察可以让企业发现更多潜在的价值。

2. 消费者洞察实现实时动态更新

传统的市场调研方法是静态的，包括时间上的静态和调研内容上的静态。时间上的静态是指问卷调查是在某一具体时间节点上开展的；调研内容上的静态是指调查问卷的内容、问题顺序、表达方式、作答方式等都已经提前设计好，这限制了调研的范围，同时问卷的设计水平也会影响调研结果。

在大数据时代，消费者呈现出新的特点，其消费更具有个性，品牌依赖度下降，不会单纯相信企业的广告宣传，而会自己主动在网络上搜索相关的评价信息并做出判断，消费者的决策在上一秒和下一秒可能截然不同。

传统的消费者洞察采用的是相对稳定的数据，是基于过去的数据进行的。因此，从完成对消费者的调研到产品上市、产品迭代前的再次调研之间，企业几乎不了解消费者的变化，或者说，在两次调研之间，企业能够感觉到的消费者异常主要基于异常的销售情况。

消费者的特征发生改变，消费者洞察方式也需要做出改变。基于大数据的消费者洞察可以打破时空限制，实现对消费者的分析实时动态更新，从而使企业随时随地了解消费者的当下需求。当销售出现异常情况时，企业不再需要重新进行市场调研，而是可以根据动态的消费者画像体现出的变化来调整营销策略。

3. 进行全面的数据分析

基于大数据的消费者洞察的基本特征之一就是数据获取的全面性。传统的市场调研无法对消费者行为轨迹进行追踪，也无法收集特定时间段的数据。在大数据时代，消费者的各种行为都被记录下来，而且数据的获取没有时间限制和地点限制，企业较容易获得消费者的数据，这使进行消费者洞察的阻碍减少了，企业可以对消费者进行全面分析，使所了解的情况最大限度地接近消费者的实际情况。

案例链接

良品铺子开展数字化转型，实施差异化战略

为满足消费者的个性化需求，降低交易中的缔约成本，良品铺子选择了差异化战略，并通过数字化转型推动差异化战略的实施。

良品铺子通过采集消费者点击、浏览、下单等购物行为数据，精准洞察消费者的行为，并利用大数据监测和统计消费者行为，通过数据反馈来分析消费者的行为偏好及趋势。

此外，良品铺子还在此基础上构建出会员360度用户视图，为全渠道的会员贴上个性化标签，提供差异性的产品和促销方式，更好地贯彻差异化战略。

在数字化转型的深入开展下，为及时研发新产品并及时调整口味，良品铺子上线全网消费者心声系统，从海量数据中获取消费者的反馈和意见，并不断填充内部数据库，更好地挖掘消费者的潜在购买意愿，推动实施差异化战略。

从目前休闲食品行业的大环境来看，传统门店和纯粹的互联网电商都是难以生存的，因此，良品铺子在发展过程中一直十分注重门店的升级，积极拥抱数字化，打造智慧门店，通过改造实体门店来满足消费者的即时需求，从而降低缔约成本。在分析线下门店销售数据的基础上，良品铺子利用大数据技术预测今后不同地区、不同季节将会热销的产品，从而更好地指导产品上架和折扣促销活动开展，增强了门店的数字化能力和盈利能力。

为进一步抢占市场份额，良品铺子实现了从差异化战略到聚焦差异化战略的转变，主要针对某一特定的细分市场，通过一系列措施来向消费者提供差异化产品和服务，以达到提高企业绩效的目的。良品铺子结合休闲食品行业发展现状，提出高端零食战略，不断满足各细分市场和不同购买任务、不同生活场景下的消费者的多样化需求。

而此时良品铺子会员中台的消费者数据资产有助于其提升产品开发能力，贯彻高端零食战略。基于对消费者大数据的分析，良品铺子能够针对不同生活状况、不同场景的消费者需求进行产品的规划与研发，更好地为消费者提供个性化产品，降低缔约成本。

另外，在差异化战略的基础上，良品铺子通过大数据分析，发现消费者需求变得更加多样化，同时消费者喜新厌旧的速度也在不断加快，产品生命周期不断缩短。企业采取"小而快"的创新方式更新迭代产品，不仅可以低成本、高效地获得消费者的反馈，还可以与消费者进行深层次的互动和交流。

因此，良品铺子通过数字化转型，基于平台供应链协同进行产品研发，丰富了推出产品的种类，加快了推出产品的速度。结合全渠道的消费者购买数据，良品铺子可以更低成本地推广产品，并且保持消费者对休闲食品的新鲜感，占据市场优势。

4. 对消费者特征进行客观捕捉

在传统的消费者洞察中，不管是问卷调研、焦点小组调研，都要事先设定好问题，尽管专业的调研者会尽量避免带有主观倾向性地进行访谈，但人是非常复杂的动物，会思考且富有情感，调研者在焦点小组访谈的过程中总会进行人为的组织和引导，而且被访者对调研者的印象与配合度都会受到主观因素的影响。另外，问卷中很多题目是判断题或问答题，消费者在回答问题时一般会经过思考再做出回答，尤其是涉及一些敏感问题时，调研者无法判断消费者的回答是真实的还是虚假的。

基于大数据的消费者洞察则能对消费者各个方面的特征进行客观捕捉，例如，企业可以收集消费者在进行网络购物时留下的数据并进行分析，因为这些数据来自消费者客观、真实的购物行为，所以可以有效避免传统市场调研中主观因素带来的不利影响。

5. 调研观察可以聚焦更细微的层面

在传统的消费者洞察中，采样调研面对多层次的观察时，受到样本量和数据数量的影响，观察的层次越深，调研结果的错误率就越显著上升，结果的可信度也随之降低，而基于大数据的消费者洞察就不会出现这样的困扰。

例如，某企业要对全国市场做一个关于消费者对皮具的需求分析，以制定不同区域的产品策略和营销策略。这个分析需要划分很多层次：第 1 个层次是区域；第 2 个层次是收入，每个区域又将消费者按照年收入细分为 10 万元（不含）～20 万元、20 万元（不含）～30 万元、30 万元（不含）～40 万元等 3 个类别；第 3 个层次是性别；第 4 个层次是皮具细分类别；然后还会有第 5 个、第 6 个层次等。

对于上述案例，传统的采样调研很难一次性满足调研需求。如果全国的采样总数为 5000 个，经过第 1 个层次的划分后，每个区域可能只有 1000 个样本，等划分到第 4 个、第 5 个层次时，每个层次的样本量可能不到 100 个，样本量逐级递减，这时得出的结论的精确度就不会高。然而，基于大数据的消费者洞察拥有足够的样本量，在面对多层次的分析时，样本量也充足，因此可以放大消费者购买行为的细节。

（二）基于大数据的消费者洞察的流程

基于大数据的消费者洞察的流程大致分为 4 个步骤，如图 4-1 所示。

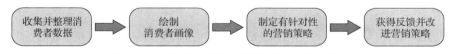

图 4-1 基于大数据的消费者洞察的流程

1. 收集并整理消费者数据

随着互联网和移动设备的普及，企业可以通过在线调研、社交媒体监测、移动应用等渠道获取大量实时数据，包括消费行为、兴趣爱好、人口统计学信息等，然后剔除冗杂无关的数据，进而建立消费者数据库。

在收集完消费者数据后，企业要确定相应的筛选标准、范围和具体对象等，以此来鉴别有效信息和无效信息，从而确定哪些消费者数据是对企业有用的，哪些消费者数据是对企业没用的。在进行实际分析之前，企业要对消费者数据进行清洗与加工。数据清洗包括去除重复数据、处理缺失值和异常值等。数据加工是指对消费者数据进行转换和归一化操作，以确保数据的一致性和可比性。

此外，还可以对消费者数据进行分类、标记和聚类等操作，以便进一步分析消费者的行为模式和偏好。

建立一个有效且完善的消费者数据库是大数据营销获得成功的基础。消费者数据库就像是企业的一个营销宝库。例如，食品行业巨头卡夫公司澳大利亚分公司，通过大数据分析工具对 10 亿条社交网站帖子和 50 万条论坛讨论内容进行抓取分析，发现大家对维吉酱的讨论焦点并不是口味和包装，而是除涂抹烤面包以外的其他吃法。最终，调查人员分析出消费者购买维吉酱的 3 个关注点，即健康、素食主义和食品安全，并发现叶酸对孕妇极其重要。于是，卡夫公司澳大利亚分公司针对这些信息进行营销，打开了孕妇这一消费者市场，大大提高了维吉酱的销售额，创造了该产品的历史最高销售纪录。

2. 绘制消费者画像

在建立消费者数据库的基础上，企业可以利用数据挖掘技术，依据消费者各自的特征对其进行归类，并贴上相应的标签，如"华为粉丝""摄影发烧友""职场新人"等，然后基于这些标签采用不同的、定制化的活动进行定向的精准营销。

通过利用大量的标签，企业可以将消费者细分到非常小的人群范围甚至细分为个体，这更加符合个性化原则。接下来，企业便可以分析每一类消费者的喜好，并绘制出消费者画像。以数据库中标签为"公司职员"的人群为例，企业可以描绘出这样一幅消费者画像：

- 注重品质，爱尝试新鲜事物；
- 爱好旅游、逛街、摄影等；
- 穿着打扮有品位，生活有格调；
- 消费水平中等偏上。

如果某轻奢女包品牌想要进行营销推广，那么数据库中标签为"公司职员"的女性人群便是该品牌的目标消费者。

当然，每个消费者并非只有单一的标签，可以同时有很多标签。标签越多，企业对该消费者的了解就越透彻，从而能达到一种"比消费者更了解自己"的程度。例如，图 4-2 所示的消费者画像包含较多标签，是针对某个特定的消费者的画像，通过掌握该消费者的具体信息，企业可以向其进行更具个性化的产品推荐。

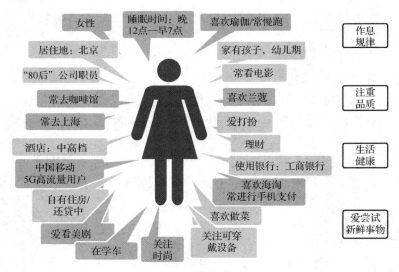

图 4-2　消费者画像

3. 制定有针对性的营销策略

绘制消费者画像后，接下来企业要找到目标消费者，制定个性化的营销策略，并在最合适的时间和地点，采用最合适的方式为消费者提供差异化的产品或服务。

在此仍以前面提到的轻奢女包品牌为例，通过第二步的数据挖掘和绘制消费者画像，企业已经筛选出该品牌的目标消费者，然后就品牌定位、产品包装、广告口号等制定一整套市场营销策划方案，确定针对这一群体的推广时间和营销渠道。

**案例链接**

大数据指导生产销售，"玩觅"定制商品俘获年轻人

2022 年 6 月 17 日晚上 8 点，京东"6·18"迎来消费热潮，在 1 分钟内多家店铺的销售额突破 1 亿元，家电成套购买的成交额同比增长超 4%。

在这一年的"6·18"，品质成为消费者和商家的共同追求。同时以"大"带"小"的现象明显，数字化提升了供应链韧性。

例如，鞋靴品牌玩觅的定制商品陆续在京东平台上线。玩觅品牌的负责人提到："通过大数据洞察消费者需求，引导产品款式、颜色设计，成为俘获年轻消费者的秘诀。"玩觅借助平台柔性供应链能力，精准调节生产数量、返单节奏，有效降低了鞋靴品牌普遍面临的库存风险压力。

4. 获得反馈并改进营销策略

大数据分析可以帮助企业改进产品、服务和营销策略。通过分析消费者对产品的评价与反馈，企业可以了解产品的优点和不足之处，进一步了解消费者需求，从而改进产品或服务，同时进一步完善消费者洞察及营销方案。

（三）基于大数据的消费者洞察的方法

大数据时代下的消费者有着更强的主动性，不再单纯接收信息，而有更多的自主权，这时企业不能再通过强制的方式来获得关注，而要以更具渗透性的方式传播推广，这就要求企业的营销人员能够进行更为透彻的消费者洞察。

总体来说，基于大数据的消费者洞察有以下 6 种方法。

1. 利用 Cookie 数据追踪消费者行为

Cookie 是一种用于在客户端与服务器之间传递信息的小型文本文件，最早出现在 1994 年，其最初的应用目的是解决购物车功能的问题，后来其被广泛应用于网站的用户追踪和个性化服务提供。如今 Cookie 已经成为互联网中不可或缺的一部分，被广泛应用在各个场景中，包括但不限于以下几个方面。

（1）用户认证。Cookie 可以保存用户登录状态，使用户在访问同一网站时无须重复登录。

（2）个性化推荐。通过分析用户的浏览行为和偏好，网站可以根据 Cookie 中的数据提供个性化的推荐。

（3）广告定向投放。广告商可以根据 Cookie 中的数据精准地投放广告，提高广告的点击率和转化率。

（4）数据分析。网站可以利用 Cookie 收集用户行为数据，以便进行数据分析和用户行为研究。

Cookie 一般包含以下几种类型的数据。

（1）用户标识：标识用户身份，通常是一个唯一标识符。

（2）会话信息：保存用户在网站上的会话状态，如购物车中的商品信息。

（3）用户偏好：保存用户的个性化设置，如语言偏好、主题风格等。

（4）浏览行为：记录用户在网站上的点击、浏览和操作行为，可用于个性化推荐与数据分析。

利用 Cookie 数据追踪消费者行为是指通过对获得的每一个 Cookie 数据进行分析，找到消费者的关注点和兴趣点，企业可以此为依据投放广告。

不过，这种方法只适用于进行简单的数据分析，无法深度还原，数据分析结果的准确率受数据量、过期时间、数据覆盖范围等因素的限制而较低，这使企业很难捕捉到消费者在一定时期内的准确需求。而且 Cookie 在提供便利的同时也带来了一些风险，如敏感信息泄露等问题。

2. 利用搜索数据揭示消费者的兴趣

搜索引擎就像是企业和消费者之间的一个信息接口，为企业信息提供一块展板，同时满足了消费者的信息获取需求。搜索平台拥有庞大的消费者行为数据，基于这些数据，企业可以实时洞察消费者需求，集成数据进行结构化分析。

不过，搜索行为数据给出的洞察报告只局限于特定区域，或者局限于某特定搜索引擎，反映的是部分网络消费者的部分行为，无法使企业得知消费者的后续动作是什么，至于哪些人购买了，哪些人没有购买，两者之间有何关联，这类数据也无法体现。

3. 利用社交数据发现消费者的身份

在移动互联网时代，社交媒体早已成为消费者日常生活中不可或缺的一部分，尤其是年轻消费者，他们已经习惯了每天早晨起来"刷"微博、翻看朋友圈，或者"刷"短视频以了解好友动态和网络热点。社交媒体有着广泛的消费者群体，这使其成为对消费者进行洞察时的一个数据宝库。

社交媒体平台产生的数据量十分庞大，包含消费者的发帖内容以及点赞、评论、转发等各种行为数据。由于社交媒体平台的开放性，这些数据可以通过技术手段进行采集和分析，企业可从中获取有价值的信息。

企业可以充分利用社交媒体来收集消费者数据，挖掘消费者的年龄、性别、喜好等信息，根据数据分析的结果开展精准营销。

在社交媒体分析中，企业可以采用不同的方法来洞察消费者的喜好，以下是几种常见的方法。

（1）文本分析。企业可以通过分析消费者在社交媒体上发布的文本内容来了解其情感倾向、兴趣爱好和消费意愿。例如，利用情感分析技术，企业可以判断消费者对某个产品或事件的态度是正面的、负面的，还是中立的。

（2）网络关系分析。社交媒体平台上的消费者之间通过关注、好友关系连接在一起。通过分析消费者之间的网络关系，企业可以了解消费者的社交圈子、信息传播路径等，进而预测消费者的行为趋势。

（3）消费者行为分析。社交媒体平台上的消费者行为数据非常丰富，包括点赞、评论、转发等，企业通过分析消费者的行为数据，可以了解消费者的偏好、消费习惯和活跃时间段，从而为消费者定制个性化的产品或服务。

4. 利用电商数据了解消费者的消费情况

如今，越来越多的消费者倾向于在网上购物，每年的"双十一""6·18"都是网购狂欢节，正因为电商用户如此之多，所以电商数据也成为企业进行大数据分析时不可忽视的一部分。

电商数据的应用场景包括以下4个方面。

（1）个性化推荐。企业可以利用消费者的历史购买记录、行为数据、兴趣爱好等信息构建智能推荐系统，为消费者提供个性化的商品推荐和购物体验。

（2）消费者画像构建。企业可以分析消费者数据，构建精细化的消费者画像，以解析消费者的消费习惯、消费偏好和需求，从而为消费者提供个性化的产品或服务。

（3）精准营销。企业通过分析数据和交叉验证，能够提高营销策略的精准度，减少营销成本，增加销售额。

（4）供应链管理。企业可以利用大数据技术构建完整的供应链体系，优化供应链各个环节的性能，提高物流效率，降低运营成本。

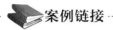案例链接

匹克与知衣科技合作，以数字化打造运动潮流风

2023年，运动潮流兴起，数字化浪潮奔涌而来，为了更深入地洞察消费者需求，继续研发出消费者真正喜爱的好产品，抢占运动潮流市场，匹克与知衣科技达成战略合作，决定通过旗下的"运动专区""得物专区"与"抖衣"产品进一步推进潮流趋势的数字化探索。

在进入一个新渠道或平台前后，品牌至少需要用数据来补足运营管理上的认知漏洞，例如，确定人群消费偏好、内容营销策略、达人合作筛选、渠道定制款服装，或是上架选品时最基础的数量、价格、最小存货单位（Stock Keeping Unit，SKU）等参数决策。

以鞋服行业比较重视的抖音、得物渠道为例，同为近30天的女装T恤排行榜前10位，抖音上的女装T恤款式设计点较多，颜色也更多样，而得物上则普遍为带黑、白、灰的印花图案的女装T恤；或是同为某国外运动品牌的官方店，抖音上的T恤印花图案样式更多，而得物上的T恤则通常只在胸部中间印有大Logo。

同一款T恤，A渠道滞销、B渠道畅销的现象并不少见。可见，一个品牌哪怕有着多年的经验累积，仍然需要对所在市场、所运营渠道或平台的消费者做具体需求点分析。若没有数字化的介入，在新品策划乃至上架选品时仍是"摸着石头过河"，就会暴露出自身在获取确定性指导方面的缺陷。

而有了"抖衣""得物专区"等针对服装行业的数据智能产品的赋能，品牌商家可以轻易地发现抖音、得物上消费人群的具体偏好与痛点，并为他们制定更精准的销售策略，更合理地规划新品研发与运营，从而降低任何主观决策风险。

5. 利用跨屏数据实现全方位洞察

如今消费者已经进入跨屏时代，几乎每一个消费者都是跨屏用户，每个消费者都有多个终端，而且每个消费者的跨屏生活都是不同的。总体而言，主要有4种屏幕占据了消费者大量的工作和娱乐时间，这4种屏幕分别为用作社交互动屏的手机、用作娱乐消遣屏的平板电脑、用作商务办公屏的PC端，以及用作沉浸交互屏的互联网电视。

基于不同的终端消费者会呈现出不同的行为，企业在营销时就要思考如何在不同的场景下向消费者传递匹配场景的营销信息，这时跨屏的视频营销就成为必然选择。

企业要想构建跨屏时代的消费者关系，就要通过更精准化的技术把同一个人在不同屏幕前的行为连接起来，打通跨屏数据。这就需要通过账号绑定、用户名称匹配等技术手段来实现PC端、移动终端和互联网电视终端之间的数据同步。

跨屏数据包括消费者的基本属性（如性别、年龄等），以及消费者全网浏览、搜索及购物的数据，企业可以通过数据挖掘技术对消费者的各项跨屏数据进行连续的追踪和分析，在此基础上为营销提供全方位的洞察数据，从而使营销趋向一体化、系统化。

6. 利用物联网数据探索消费者的生活状态

当前，物联网已经渗透人们生活和工作的方方面面，从智能手机、智能手表、智能音箱等设备，到共享单车、自动售货机等基础设施，再到智能家居、工业智能化等互联生态，都是物联网应用的重要体现。

在物联网时代，企业可以通过传感器技术获取海量的、精确到个体消费者的数据，从而精准体现个人信息。借助物联网数据，企业可以比以往更了解消费者的喜好，更精确地对消费者进行分类。

随着消费者使用更多类型的具有传感器的设备，这些传感器的数据会融合在一起，更深入地反映消费者的行为、习惯和生活状态。例如，记录个人活动的数据可以体现消费者的运动习惯、运动量和运动时间，记录睡眠的数据可以体现消费者的睡眠习惯，有的健康管理应用可以一站式整合消费者的体温、血糖、血压等数据。

拓展阅读：Quick Audience——阿里云的全域用户运营平台

Quick Audience 以消费者为核心，通过丰富的用户洞察模型和便捷的策略配置，完成用户多维洞察分析和多渠道触达，助力企业实现用户增长。

Quick Audience 包含以下几大功能模块：数据源接入及数据集创建、用户洞察（透视分析、AIPL 及流转分析、RFM 分析、受众分析）、受众圈选、受众管理、受众分析和全域营销。

（1）数据源接入

Quick Audience 具有多种数据源及数据集的接入能力，能够完成数据源导入及管理，支持接入 ADS、HybridDB 数据库。

（2）数据集创建

Quick Audience 具有用户画像数据集、AIPL（Awareness，认知；Interest，兴趣；Purchase，购买；Loyalty，忠诚）数据集、RFM 数据集的模型配置能力，针对 AIPL 和 RFM 数据集可以自主配置得分规则和阈值。

（3）用户洞察

Quick Audience 具有人群透视分析、RFM 分析、AIPL 分析及流转分析能力，通过标签透视和显著性分析功能完成对用户的洞察。

（4）受众圈选

Quick Audience 支持用户在人群分析的过程中快速圈选指定数量、指定筛选条件的目标人群。

（5）受众管理

Quick Audience 能够完成对圈选受众的管理，包括受众分析、编辑、下载、更新、推送等。

（6）受众分析

Quick Audience 能够基于圈选出来的受众进行进一步的洞察分析，包括透视分析、受众间的对比分析、显著性分析。

（7）全域营销

Quick Audience 能够将企业的用户数据一键推送至阿里品牌数据银行，建立品牌全域用户数据资产，全面提升品牌全域用户运营能力。

项目实训: 品牌开展大数据营销及消费者洞察的策略分析

1. 实训背景

云南白药牙膏官方旗舰店在淘宝网上开业，为了提高品牌的知名度，使公众得知这个信息，云南白药公司与淘宝网开展了基于大数据技术、名人效应和跨界宣传的开放营销。与其他新开业的线上店铺不同的是，云南白药公司并没有过度注重短期的品牌曝光和引发消费者的消费冲动，而是通过在线营销树立品牌知名度，致力于打造长期市场优势。因此，在与淘宝网的合作中，云南白药公司主要关注品牌形象的创造和传播，以获得长期的品牌效应。

为了实现这一目标，云南白药公司基于品牌特征和产品优势，利用阿里巴巴的生态平台和大数据技术来收集和分析淘宝网用户，包括用户搜索、浏览、点击、购买和共享数据，以此来了解淘宝网用户的消费习惯、偏好，并根据用户年轻化的特征，结合云南白药产品的特点，策划了将名人粉丝转变为店铺粉丝的营销活动。

在短短几天内，该营销活动吸引了大量粉丝积极参与，使该旗舰店迅速"吸粉"30 万，并在短时间内获得很高的评价与品牌知名度。

2. 实训要求

请同学们在网络上搜索各个品牌在大数据营销中进行消费者洞察的案例，分析这些品牌获得成功的原因及方法，并说明基于大数据的消费者洞察在其中发挥了怎样的作用。

3. 实训思路

（1）搜索主流品牌进行大数据营销与消费者洞察的案例

请同学们通过网络搜索目前的主流消费品牌，浏览这些品牌的大数据营销策略与进行消费者洞察的方法。

（2）对比品牌的大数据营销策略

对这些品牌的大数据营销策略进行对比，分析大数据消费者洞察在其中发挥的作用，最后撰写一篇分析报告。

思考与练习

1. 简述大数据时代的消费者特征。
2. 简述基于大数据的消费者洞察的流程。

项目五 大数据驱动的市场发展策略

● 知识目标

➤ 掌握大数据在产品生产中的应用和大数据下新产品开发的流程。
➤ 掌握产品生命周期各阶段特征、阶段判定方法和阶段应对策略。
➤ 掌握个性化定价策略和动态定价策略。
➤ 掌握渠道创新的思维和策略。
➤ 了解大数据对促销的变革及促销组合设计。
➤ 掌握大数据下促销组合实施的流程。

● 技能目标

➤ 能够准确地判定产品生命周期。
➤ 能够基于大数据制定个性化定价策略和动态定价策略。
➤ 能够基于大数据制定渠道创新策略。

● 素养目标

➤ 深入挖掘数据潜能，利用大数据驱动创新发展。
➤ 坚持守正创新，紧跟时代步伐，不断拓展认知的广度与深度。

● 知识导图

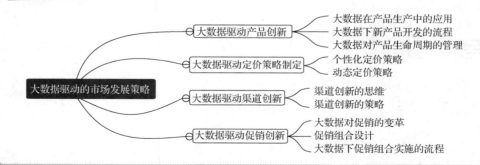

数据是数字化转型的基础，思念食品有限公司（以下简称"思念"）在数字零售渠道的布局为其提供了新的增长点，但其依然面临数据缺乏的难关。因此，思念面对的现实情况：不了解消费者，只是把产品卖给渠道商。为了突破数据困难，思念数字营销团队开始尝试从 0 到 1 搭建私域流量。

首先，思念为促销员搭建微信社群，在卖场分享群二维码，邀请消费者进群，定期在群里分享当期最优惠的产品。消费者只要通过群内任一链接购买产品实现消费，其入群邀请人就能获得分成。促销员在这种激励措施的鼓励下，愿意主动开拓消费者，形成一定程度的裂变效应。

除了发放优惠券外，社群还会提供其他服务，如代客下单、食谱推广等，提高消费者的参与度，增强其黏性，从而实现较高的转化率和客单价。

促销员使用的微信社群与思念的企业微信连接，同时逐步打通平台与思念企业微信的后台，实现远场和近场消费者数据的融合。"思念福利社"小程序则连接了线下大卖场，可提供二批、三批经销商信息。几方数据被打通后，思念终于打造了腾讯平台上的私域流量池。

消费者点击链接购买产品或在社群中对话，平台会将相关销售和消费者行为数据回传至思念的企业微信 CRM 后台。思念通过这种方式直接获取消费者数据，再通过数据清洗等处理手段，对消费者数据进行多维度的标签化分类，从而能提高消费者打标率，这也有利于思念提炼消费者特征，形成消费者画像，然后对其进行分层分群管理，根据不同社群特征进行定位营销，开展一些更有针对性的广告投放或促销活动。

思念社群总体维持着较高的用户稳定率，复购率达到 25%。通过这种方式，思念可以有效地控制提货率、促销次数等，通过控制成本提质增效。

任务一　大数据驱动产品创新

在一个成功的企业中，居于核心地位的是提供给消费者的产品。产品是企业的灵魂，企业要想长久发展，就必须持续提供令消费者满意甚至超出其预期的产品。大数据时代的到来为企业的产品创新提供了新的契机。

（一）大数据在产品生产中的应用

在工业 5.0 概念出现以后，物联网、大数据和云计算迅速成为热点，这反映了制造业对信息支持的需求。制造业迫切需要大数据来进行信息化改革，为制造业带来更精确、更先进的流程和更优质的产品。

大数据在制造业中的关键应用涵盖了产品生命周期的各个阶段，每个阶段都有相应的数据，在整个周期中收集到的数据既多又复杂。在大数据技术的支持下，企业还可以利用传感技术和自动化技术提高产品生产的智能化和网络化水平，将传统制造业与高端服务业融合，进一步提高企业产品的竞争力。大数据可以为制造业提供多方位、精细化的服务。

大数据在产品生产中的应用大致体现在以下 9 个方面。

1. 优化生产流程

生产流程是企业顺利运作的基础，而大数据分析可以为企业揭示流程中的薄弱环节和瓶颈，进而提供优化方案。

首先，通过采集和分析大量的生产数据，企业可以识别生产线上的瓶颈工序，以便进行精细化调整。其次，大数据分析可以对生产过程进行实时监测和管理，及时发现异常情况并采取相应的措施。最后，通过回顾和分析历史数据，企业还能为生产计划提供数据支持，确保产能的合理利用。

2. 设备维护

在企业的生产过程中，企业安装在制造生产线上的传感器可以实时采集设备的振动、声音、变形、位移、裂纹、磨损、温度、压力、流量、电流、转速、转矩、功率等数据，经过加工处理后对用电量、能耗、质量事故等进行分析，基于设备诊断结果进行及时的预测性维护。

3. 动态排产

企业生产部门通过采集和实时上传生产过程中的原材料、中间产品数据，可进一步考虑产能约束、人员技能约束、物料可用约束、工装模具约束等，借助智能的优化算法制订排产计划，并监控计划与现场实际的偏差，动态地调整生产计划。

4. 质量监控

质量是关系产品市场竞争力的重要指标，大数据分析可以帮助企业更好地监控产品的质量，并及时发现质量问题。

首先，通过大数据分析，企业可以实时监测产品的关键指标和性能参数，从而及时发现质量异常；其次，通过对大批量的质量数据进行统计和分析，企业可以识别出质量问题产生的根源，进而采取必要的改进措施；最后，结合大数据分析和人工智能技术，企业还可以构建质量预警机制，预知潜在的质量问题，及时做出改进，从而避免损失的发生。

5. 预测和预警

通过对大量历史数据的分析，企业生产部门可以建立起准确的预测模型，为生产计划、库存管理及市场预测等提供决策支持。同时，大数据分析还可以实现对生产过程中的风险和异常情况的预警。通过对实时数据的监测和分析，企业生产部门可以在问题发生之前进行干预，保证生产的稳定性和可靠性。

案例链接

伊利开启乳业数字化转型大幕，提高全产业链数字化水平

在数字化浪潮中，制造业成为发展数字经济的主战场，以新一代信息技术为基础的数字经济是我国乳业转型升级的重要驱动力。

伊利集团总裁在一次论坛上指出，伊利应用数字技术升级产业链、布局创新链、优化供应链、提升价值链，以数字技术系统、数字资源体系、数字化人才队伍，打造全链条覆盖、全场景渗透、全方位互动、全品类共享的"四全运营体系"，不断引领和提高我国乳业的数字化水平。

由伊利主导的"乳业智能制造标准研究"项目获得国家批准实施，开启了乳业数字化转型大幕。伊利用图像识别、关节识别等技术获取数据，再用 AI 算法实时规范牧场的生产流程；用射频识别系统实现牛奶位置追踪的全程数字化；用自主开发的地理大数据系统，依靠智能建模和人货场大数据，优化终端网点布局，通过对前沿数字技术的应用，不断提升全产业链数字化水平。

数字经济与制造业的深度融合，其核心是在数字技术的支撑下，围绕数据的收集、传输、加工与使用，带动产业链各环节的数字化转型，实现制造业的提质增效。

在产业链上游，伊利建立智慧牧场管理平台，持续优化智慧链，确保奶源品质。该系统对牧场工作流程进行数据化管理，涵盖奶牛管理、库存管理、营养饲喂、牧场设备等各个层面，改变了传统牧场的粗放管理模式，既节省了人力，又促进了效率的提高。

在伊利的牧场中，每一头奶牛都有耳标，这相当于一张"身份证"，不仅能够及时记录奶牛的健康、成长、运动、产奶、产犊等情况，还可以对奶牛进行全程追踪及信息集成，为每一头奶牛建立电子健康档案。通过数据自动化采集、网络化传输、大数据标准化处理，伊利实现了奶牛养殖及牧场管理各环节信息可查询、来源可追溯、去向可跟踪。

在产业链中游，伊利构建人货场全域数据管理平台，升级数据服务方式，通过智能数字化优化质量管理，保障产品品质。生产力执行系统（Manufacturing Execution System，MES）是伊利打造的一款制造执行系统，通过将所有生产设备连接到系统，实现生产过程的准确和实时监控，实现安全稳定生产。利用数字化新技术，MES 可实现线上与线下、实体与虚拟、自动化与智能化交互的无缝融合，成为伊利打造智慧生产的"核心大脑"。

伊利将智能化发展延伸到乳制品生产的全流程环节，并形成相应的产品安全数字化生产与验证平台，为行业建立高质量乳制品生产数字化车间提供技术保障与标准规范。

6. 定制化生产

在以往的生产模式下，标准化作业是企业的安身立命之本。大型企业追求规模上的扩张，以达到规模效应，实现低成本大量生产。但是，随着时代的发展，这种千篇一律的标准化作业越来越难以满足消费者的需求。消费者需求变得越来越精细化和多样化，企业的生产模式应当向定制化生产发展，企业应面向不同的消费者的个性化需求提供定制服务。

企业通过互联网等平台收集消费者对产品颜色、外观、结构、功能等参数的需求，将需求转换为计算机可识别的语言后上传至产品设计平台，设计工程师根据消费者需求形成产品设计图纸、工艺要求、生产要求等，进一步下发至生产车间，并通过柔性制造生产线将消费者的个性化定制需求转换成最终产品，实现消费者需求驱动的定制化生产。

当然，利用大数据，内容生产也可以做到定制化。例如，视频网站根据用户所在地区、登录时间、浏览记录等信息，针对每一个用户的收视兴趣为用户建立模型，有针对性地向其推送内容。在网络媒介内容日益丰富、时间成本越来越高的大数据时代，用户不愿意花费大量时间进行节目搜索，而视频网站实施的优质内容首页推荐战略不仅可以减少用户的时间成本，还能优化观看体验，提高用户对视频网站的满意度，从而为自身带来巨大的效益。

7. 全新化设置企业管理体系

在企业发展过程中，内部的生产设备一直在高速运行，随之产生的数据也在积累和变化，因此企业要建立良好的智能系统，对企业的整个设备生产流程进行实时监控。

企业可以利用大数据技术和智能化系统对企业的整个管理体系进行全新化设置，有效整合制造过程中产生的有效数据，建立企业内部需要的信息处理平台，这不仅能够有效地帮助企业减少内部数据信息流转的成本，还可以避免数据信息不对称现象，防止企业出现资源浪费，进而降低企业的成本和费用，提高经济效益，促进企业长期、健康发展。

8. 供应链管理

大数据可以帮助企业实现供应链的优化和管理。通过对供应链中各个环节的数据进行整合和分析，企业可以实现对供应链的全面可视化和智能化管理。这可以帮助企业实现供需匹配，减少库存和成本，并提高交货的准确性和及时性。

供应链管理主要体现在以下 3 个方面。

（1）供应商选择与评估

在供应链管理中，选择合适的供应商并评估其绩效是至关重要的环节。企业可以通过收集供应商的历史交易数据、合作表现数据及市场评价等，通过大数据分析技术对供应商进行全面评估和排名，从而选出最合适的供应商。此外，大数据还能帮助企业识别潜在的风险和供应链中断点，及时采取措施来应对和减少潜在的供应风险。

（2）运输与物流优化

大数据的应用可以显著提高供应链中的物流运输效率。通过对物流数据的分析，企业能够更好地了解运输网络、交通状况和货物流向等信息，使企业能够优化物流路径和运输计划，减少运输时间和成本，并提供更准确的物流运输服务，提高客户满意度。

（3）库存管理与仓储优化

通过实时监控和分析库存数据，企业可以更加精确地掌握库存水平、产品畅销情况及采购需求等信息，从而合理制定库存策略，减少库存积压，同时确保库存可以满足市场需求。此外，借助大数据分析，企业还可以优化仓储布局和操作流程，提高仓储效率和货物周转率。

📖 **案例链接**

采用数智化供应链提升产品力，茶百道实现全链路数字化转型

作为新茶饮领军品牌，茶百道在 10 年间快速崛起，数千家分店遍布大江南北，其茶道百味，赢得"好喝健康又时尚"的口碑。

茶百道主打鲜奶、鲜果的概念，而且在用户和产品运营上具备互联网思维，在小红书、抖音等社交平台上都拥有不错的流量，在下沉市场也拥有了不错的用户基础。

茶百道投资建立了集订单管理系统（Order Management System，OMS）、仓库管理系统（Warehouse Management System，WMS）和物流运输系统（Transportation Management System，TMS）于一体的物流信息化、自动化技术系统，实现了库存、订单、运输资源、到店服务等全链路数字化转型。同时，该系统能实时监测每一个仓库的温度、湿度等关键指标，还能实时监测所有在途车辆的位置、温区温度等，在提高运送质量的同时做到信息留存可追溯，完善品牌自检自查和监管部门监管渠道，数字化赋能食材的出货、送货、到货全流程。

茶百道的店长只需在手机 App 上下单，新鲜的水果就会迅速通过掌上电脑（Personal Digital Assistant，PDA）智能分拣系统分装，定点、定线、定车、定人、定时当日达或次日达，由配送员直接送货上门。

高效的配送效率能够极大地提高运营效率，这让店员可以把更多的精力放在服务消费者和开拓新用户上。水果供应链的高周转率提高了店面空间利用率和资金利用率，节省了店主决策的时间，这让店主不用预测未来一周的水果用量、需预留的库房空间和货款等。

茶百道利用各个分仓为基点的去中心化配送，通过快速启用城市备仓、切换配送中心、供应商快速响应、AI预测供需模型等方式，在多次临时性管控措施中，保质保量地完成了门店供应任务，保证了品牌在全国的统一上新。

9. 服务个性化

在大数据时代，企业有更多的机会了解消费者需求，海量数据的支持让个性化服务能更好地延伸和创造更大的价值。首先，企业要在庞大的数据中找到含金量最高的数据；其次，把相似的用户分为一类，设计具有针对性的服务。个性化用户的单位可大可小，大到一个有同样需求的客户群体，小到每一位用户个体。

标准化服务的最大弊端在于企业把所有消费者当作一个消费者来对待，而当消费者发现有其他可以满足自己需求的服务时，其就很容易流失，转而去其他平台。个性化服务能够更好地满足消费者个体的独特需求，提高消费者的品牌忠诚度。

（二）大数据下新产品开发的流程

随着大数据时代的到来，越来越多的企业开始意识到大数据的潜力，并将其应用到新产品的开发过程中。大数据分析可以使企业更好地了解消费者需求，优化产品设计，提高市场竞争力。

新产品开发是一个非常复杂、庞大的系统工程，传统的产品开发思维是相对固态、封闭的，主要依赖开发人员的主观判断，但开发人员往往缺乏对消费者潜在需求的关注，其对发展趋势预测的准确性较低，效率也不高，因为市场调研数据是静态的，受访者反映的数据也有较强的主观性或欺骗性，再加上数据量和数据类型的局限性，开发人员就难以从全局来把握未来产品的发展趋势，也就无法通过具体的创新点将其体现出来。

以大数据为基础的新产品开发思维则不同，其具有以下5个特点。

（1）提供更客观的判断依据

基于大数据的新产品开发，其数据来源广泛，数据量庞大，数据获取是在消费者无意识的状态下进行的，避免了消费者刻意隐瞒的情况，数据的真实性更强，所以根据这些数据进行的分析和预测的结论更真实、可靠。

（2）时效性更强，节省时间

使用大数据开发新产品，一方面，企业可以通过大数据的监测功能随时获得消费者需求的变化情况；另一方面，计算机处理和分析信息的速度明显快于人工，这样获得的新产品创意时效性较强。另外，大数据背景下的新产品开发是一个系统工程，公开性较强，彼此沟通流畅，可以极大地节省新产品开发的时间，使企业可以更快地提供新产品。

（3）产品和消费者定位更清晰

基于大数据的处理分析，产品在市场中所处的层次、需求量多少、与同类产品相比较的优势和劣势、潜在的消费群体及其消费特点和行为方式等因素会以智能、动态的方式呈现出来，因此开发人员可以对产品和消费者进行更精准的定位。

（4）有效延长产品生命周期

通过大数据分析，企业可以用较低的成本获取消费者的实时反馈，高效地对产品进行改良创新和升级换代，以紧紧抓住消费者，有效地延长产品生命周期。

（5）具有资源整合式的开发思路

通过大数据提供的海量信息，开发人员可以迅速搜寻到与自身需求相匹配的资源，并迅速将产品开发的上下游连接起来，组成具有针对性、灵活性的开发链条，从而更高效地开展产品开发活动。

用大数据开发新产品的流程一般包括以下 6 个步骤。

1. 需求信息收集与分析

产品开发的第一步是收集和分析消费者需求。开发人员可以通过大数据技术从多个渠道收集消费者的需求信息，如社交媒体、在线调查问卷等，通过对收集到的数据进行挖掘和分析，开发人员就可以得出消费者的潜在需求和痛点，更加客观地对消费者需求及市场趋势进行准确预测，为后续的产品设计提供依据，提升新产品概念的可行性和新产品立项的科学化程度。

数据收集和分析的主要过程如下。

（1）抓取并存储互联网和各式传感器设备产生的数据，形成初步的数据库。

（2）通过限制条件筛选形成目标数据库。

（3）通过进一步筛选生成有效数据库，形成数据平台。

（4）将各类外部数据平台接入企业内部信息系统，即可获得相应的权限访问数据。

（5）通过大数据分析获得消费者标签和消费者画像，如性别、年龄、学历、收入、生活习惯、地域、日常饮食购物习惯等。

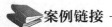 **案例链接**

借助京东大数据分析平台，合作品牌开发出个性化产品

专家表示，电商平台从消费者群体中获得的反馈是最直接、最明确的市场需求。大数据分析结果被用于指导产品开发的前端，可以有效避免产品创新的"错位"，提高消费者的满意度，进而满足社会的消费需求。

京东大数据分析平台将数以亿计的消费者成交数据和评论数据在脱敏的前提下开展大数据分析，获得此前需要进行大量市场调研方可获得的行业研发线索，用于帮助相关行业开展新产品的创新研发。

随着消费提档升级，当前网络消费呈现出新的特点。京东超市相关负责人表示："通过算法平台对消费者问卷调查等数据进行分析，我们发现产品消费趋势的新特点，包括消费品功能化、成分简单化、零食特产化、口味个性化等。这些新特点正是产品创新的着力点，也是消费提档升级的新契机。"

武汉二厂的汽水开发顺应年轻人口味个性化的需求，不仅复原了 20 世纪 50 年代的菠萝味和橘子味，还开发了车厘子味、柠檬海盐味等新口味。为了顺应成分简单化的趋势，新产品减少了食品添加剂，配料更简单。

另一家与京东大数据分析平台合作的企业是浙江来益医药。通过大数据分析，浙江来益医药洞察到消费者对吸收叶黄素的需求及其痛点。"叶黄素的摄入对眼睛有益，但叶黄素是脂溶性的，通过平常的饮食途径较难吸收。"2023 年 10 月 25 日，在京东趋势品分享会上，浙江来益医药的相关负责人表示，为应对消费品功能化的趋势，企业通过科技创新将"叶黄素水溶性粉末及其制备方法"这一专利转化为新产品，以固体饮料的方式让脂溶性的叶黄素更容易被利用和吸收。

2．市场调研和竞争分析

在开发新产品之前，企业有必要进行市场调研和竞争分析。大数据分析可以帮助企业了解当前市场上的产品特点、竞争对手的优劣势，以及消费者对不同产品的偏好等，从而为新产品的定位和设计提供指导，确保新产品的市场竞争力。

3．新产品设计及生产调试

基于前两个步骤的数据分析结果，企业可以开始进行新产品的设计。在新产品设计阶段，企业的开发部门要在合理的组织框架下实时共享进程数据，以免因信息不对称造成设计指标模糊不清。同时，开发部门也要通过大数据实时掌握消费者的最新动态和预期，根据具体情况对开发思路进行调整。

开发部门要使用大数据技术，通过情感分析、语义分析等方式来分析消费者偏好，把握消费者的个性化需求，从而有针对性地制定产品方案和决策。而在生产调试阶段，开发人员可以通过大数据分析更快地找到生产过程中有问题的因素，然后及时进行调整。

4．小规模试销与反馈修改

企业可以通过小规模试销来获取市场反馈，通过大数据技术，企业可以迅速获取消费者的使用反馈信息，在产品大批量投入生产前预判市场反应，以减少不适销产品给企业带来的损失。

企业根据试销反馈信息和大数据综合分析的结果来调整产品生产，可以减少设计返工带来的时间成本，避免产品错过上市的最佳时机。

5．新产品量产上市

经过调整和改进后，企业可以再次进行小规模试销，如果经过大数据再次分析，确定新产品可以被市场上的绝大部分消费者接受，就可以大批量生产新产品并将其适时投放到市场上。

在新产品上市时，企业要做出以下 4 个方面的决策：确定上市时间、确定上市区域、确定新产品的消费者画像、制定相应的营销策略。

传统的新产品上市模式是根据对少量数据的分析得出结论，耗费的时间很长，结论也未必准确。而在大数据背景下，企业可以根据全市场的信息快速做出决策。例如，在确定新产品上市的时间时，企业可以根据市场上消费者的消费状态、竞争对手的市场活动、以往新产品上市时的历史数据、供应商原材料的历史价格变动和未来预期等各种信息，通过计算机模拟人工智能给出相对合理的新产品上市时间，由于该过程是由计算机运行的，因此大大节省了从完成小规模试销测试到新产品上市的时间。

6．产品运营和维护

在新产品上市后，企业需要对新产品的市场效果进行持续的跟踪评估和改进。大数据分析可以帮助企业监测产品的使用情况和消费者反馈，及时发现并解决产品存在的问题。通过分析消费者的行为数据和使用数据，企业可以了解消费者的需求和偏好，为产品的运营和维护提供指导和参考。

 课堂讨论

请同学们讨论新产品开发获得成功的必备要素是什么？与大数据相结合，探讨大数据对新产品开发的重要意义。

（三）大数据对产品生命周期的管理

产品生命周期是指产品从进入市场开始到退出市场为止的周期性变化过程。因为消费者的需求是一直在发生变化的，任何一种产品都有从市场退出的一天。产品生命周期与生产技术、社会环境、市场竞争状态等有着密切联系，尽管企业知道自己的产品不可能永久在市场上销售，但也希望产品有较长的销售生命周期，可以获得足够的利润来弥补开发产品时的成本投入。

1. 产品生命周期的各阶段特征

产品生命周期一般分为 4 个阶段：导入期、成长期、成熟期和衰退期，如图 5-1 所示。各个阶段的具体特征如下。

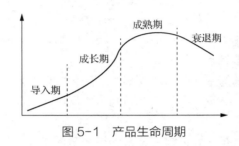

图 5-1　产品生命周期

（1）导入期

导入期是指新产品刚进入市场的时期，产品还未在市场上获得广泛认可和接受。这一阶段的特点包括：产品推广力度大，企业会采取各种方式提高产品的知名度和认知度；成本较高，由于产品推广和竞争压力大，企业要投入大量资源；企业初步市场占有率低，竞争力较弱；利润稀释，销售额低，企业要通过不断投资和市场推广来占据更大的市场份额。因此，导入期又被称为试销期、投入期。

（2）成长期

成长期是指产品市场推广逐渐取得成效后，销售规模逐渐扩大并取得较快增长的阶段。这一阶段的特点包括：销售规模逐步扩大，产品获得越来越多消费者的认可；单位产品成本降低，利润快速增长；市场竞争激烈，竞争对手增多，对企业形成较大威胁；市场份额增加，产品逐渐定型。

（3）成熟期

成熟期是指产品市场增长速度逐渐放缓，市场接受度达到顶峰的阶段。这一阶段的特点包括：产品销售趋于饱和，销量增加缓慢，甚至趋于下降；产品生产成本最低，销售利润达到最大值后开始下降，有竞争品进入市场，企业通过不断提高效率和降低成本来保持稳定的利润增长；市场分割化，由于市场饱和与消费者需求多样化，企业需要通过不断创新和差异化来寻找新的增长点。

（4）衰退期

衰退期是指产品需要退出市场或被替代的阶段，此时产品的市场接受度下降。这一阶段的特点包括：产品销量呈现下降趋势，消费者的兴趣转移到其他新产品上，替代品的市场攻势不断加强；企业利润随着产品销售额的下降而下滑，甚至出现负增长；某些企业将选择撤离市场或转型经营。

2．产品生命周期阶段的判定

为了针对不同的产品生命周期阶段及时调整营销策略，企业要学会判定产品生命周期阶段。进行产品生命周期阶段判定时，可以采用以下3种方法。

（1）类比法

在同类产品市场中，产品生命周期一般是相似的，比照同类产品的生命周期发展状况来预测当下产品的生命周期变化情况尤为必要。

类比法是根据以往市场上类似产品的生命周期变化资料来判断企业自身产品所处的生命周期阶段。例如，要对手机所处的生命周期阶段进行判断，可以借助类似产品如平板电脑的资料做对比分析。

（2）销售增长率分析法

销售增长率分析法是以产品的销售额增减快慢的速度来判定、预测该产品处于生命周期的哪个阶段的方法，销售增长率的计算公式如下。

$$销售增长率＝（当年销售额－上年销售额）/上年销售额×100\%$$

销售增长率小于10%且不稳定时，即为导入期；销售增长率大于等于10%时，即为成长期；销售增长率小于10%且稳定时，即为成熟期；销售增长率小于0%时，即为衰退期。

（3）利用大数据

在大数据背景下，企业可以获得非常全面的市场信息，从而利用多种类型的信息进行产品生命周期阶段的划分，还可以结合内部同类产品相关数据及行业中同类产品相关数据对当下产品进行生命周期阶段的判定。

大数据分析可以通过代入不同变量，如销售额、销售额增长率、成本、市场占有率、现有消费者数量及使用者类型等，形成产品生命周期曲线。通过大数据预测新产品的生命周期及其各个阶段，有利于企业从整体上对新产品上市后的营销策略进行统一规划和对新产品的营销效果进行预测。

例如，在导入期，企业可以利用大数据对以往同类产品上市后采用的营销策略和手段进行类别和效果分析，并结合企业的目标、资源等条件选择一些恰当的策略和手段，随后利用大数据分析平台模拟用户反映，判断这些营销策略和手段是否可以帮助企业实现目标。

3．产品生命周期各阶段的应对策略

产品所处的生命周期阶段不同，企业采用的营销策略也应不同。

（1）导入期

在导入期，企业可以采用以下4种策略。

- 快速撇取策略，即高定价高促销策略。高促销可以引起市场中的消费者注意，使更多人了解该产品，加快产品的渗透速度，此时企业可以运用多种促销手段，如大规模打广告、赠送样品等；高定价可以使企业尽快收回成本，获得高额利润。该策略的使用条件：消费者有强烈的购买欲望而且对产品价格不太在意，市场有较大的潜在需求；企业存在潜在的竞争对手，或者想提高产品的声誉度。

- 缓慢撇取策略，即高定价低促销策略。低促销是为了减少营销成本。该策略的使用条件：市场上的消费者对该产品有所了解，没有疑虑；市场规模不大；潜在竞争者少；高价格能够被市场接受。

- 快速渗透策略，即低定价高促销策略。低定价是为了赢得更多的消费者。该策略的使用条件：市场容量大；消费者对该产品了解不多；潜在竞争对手比较多。

- 缓慢渗透策略，即低定价低促销策略。该策略的使用条件：消费者关注价格；市场庞大；产品的知名度较高；潜在竞争对手多。

在导入期，大数据技术可以帮助企业了解市场反应和消费者反馈，以及推广效果。通过对市场数据和消费者反馈进行分析，企业可以了解产品的市场表现，如销售额、市场份额、消费者满意度等。同时，大数据分析还可以帮助企业确定最佳的市场推广策略，以提高产品的市场知名度和吸引力。

（2）成长期

成长期的产品基本定型，经营成本减少很多，后期企业可以获得较多的利润，但这也会促使竞争对手加快竞争步伐。因此，企业首先要不断提高产品质量，根据市场需求不断开发新产品，以巩固自己的市场地位。其次，企业要加强渠道建设，扩大市场，建立更多的销售网点，以便消费者购买；再次，企业要加强企业和产品形象建设，利用广告宣传手段树立品牌形象，以赢得更多的消费者；最后，企业要选择时机调整价格，吸引消费者，以阻止竞争对手的进入。采用以上策略会提高企业的竞争力，但也会增加企业的营销成本。因此，企业要根据自己的发展目标和长远规划进行选择。

在成长期，大数据技术可以帮助企业了解产品的成长趋势和潜力，以及消费者需求和偏好的变化，通过对消费者行为和市场数据进行分析，企业可以发现潜在的市场机会和消费者需求，以及产品改进的方向。同时，大数据分析还能帮助企业确定最佳的销售策略和市场推广策略，以提高产品的销售额和市场份额。

（3）成熟期

成熟期产品的销量达到最高点，利润达到最大值，同时替代品进入，导致出现价格竞争。因此，企业应采取积极策略，稳定销量，尽量延长该阶段，如改进产品、吸引新的消费者、扩大现有市场，这可以从产品质量、性能、特色、外观等方面考虑。

在成熟期，大数据技术可以帮助企业了解市场竞争和消费者需求的变化，以及产品的市场表现和盈利能力。同时，大数据分析还可以帮助企业确定最佳的市场推广策略和产品定价策略，以保持产品的市场竞争力和盈利能力。

（4）衰退期

在衰退期，产品销量或利润下降很快，价格竞争呈现出十分激烈的态势。这时，企业可以选择4种基本的营销策略：一是集中策略，即收缩战线，将企业资源集中投入到最有竞争力的市场或产品上；二是维持策略，针对市场形势保持一定的产量和销量，同时做好退出市场的准备；三是榨取策略，即降低产品的销售费用、促销费用等，尽量减缓利润下滑速度；四是开发新产品，有计划地使新产品顺利地替代旧产品。

在衰退期，大数据技术可以帮助企业了解产品的市场表现、盈利能力，以及市场上的竞争状况，帮助企业确定最佳的市场退出策略，最大限度地减少损失。

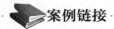 **案例链接**

从经验驱动迈入数据驱动，长城汽车全面拥抱数字化

2023年，长城汽车以智能新能源为引擎，实现品牌、产品、技术和组织的全面跨越式发展。在整车企业全球化的转型过程中，长城汽车将从经验驱动迈入数据驱动，全面拥抱数字化和AI，通过建立全面的数据中台、知识中台、AI中台、业务中台和算力中台，为转型提供坚实的技术底座。

　　在研发设计领域，长城汽车采用产品生命周期管理理念，实现研发全链路的系统互通；在生产智造领域，长城汽车自主研发了 MIoT 平台、产品生命周期管理（Product Lifecycle Management，PLM）系统及 MES，实现了工业设备的大规模连接和多源大数据分析，打通了实验场景与生产场景的数据壁垒；在供应链管理领域，长城汽车开发了 K8M 联盟链系统，实时监控货物交付情况，实现从订单到交付的全流程透明和可信；在智慧营销和智慧服务领域，长城汽车围绕用户看车、买车、用车全流程进行数智化体系搭建，构建了领先的数据驱动的营销及服务体系。

　　当下，长城汽车已正式提出"53211"数字化转型战略，以数据一元化为基石，全面推动"研产供销服"的数字化转型。长城汽车正全面转向"业务看数据、管理看数据、决策看数据"的数据驱动运营模式。

任务二　大数据驱动定价策略制定

　　产品价格是影响产品交易成败的重要因素，也是营销组合中难以确定的要素。企业定价的目标是促进销售，获取利润，这要求企业既要考虑对成本的补偿，又要考虑消费者对价格的接受能力，从而使定价策略具有买卖双方双向决策的特征。

　　在传统的营销学理论中，定价策略一般包括成本导向定价法、需求导向定价法、竞争导向定价法等。

　　成本导向定价法是基于成本定价的方法，主要依据产品的总成本，可以分为成本加成定价法和目标利润定价法；需求导向定价法是以产品的社会需求状态为主要定价依据，综合考虑成本和竞争因素的定价方法；竞争导向定价法是根据同类产品或服务的市场竞争状态为主要依据的定价方法，分为通行价格定价法和竞争价格定价法。

　　不同的企业可以根据自身的实际情况采用对企业发展最有利的定价方法。不过，这些定价方法是基于市场预测提出的，企业并不能获得消费者对产品定价的全部反馈。如果企业可以充分利用从与消费者互动过程中获得的海量数据，得到消费者对产品定价的反馈，就能制定出合理的价格，并获得相应的回报。

　　大数据技术为企业带来了一些新的定价思路与模式，如个性化定价策略和动态定价策略。

（一）个性化定价策略

　　如今，网络购物进入个性化时代，以消费者为中心的个性化定价是未来的一个发展趋势。个性化定价是指在认识到每个消费者均具有个性化需求的前提下，企业以消费者的个体信息为基础，针对消费者的特定需求制定产品价格。

　　利用互联网、信息采集和计算机技术，企业可以及时地将消费者的信息导入数据库，展开数据分析，从中发现消费者的购买行为模式，然后为其制定个性化的营销方案。由于消费者在品牌忠诚度、价格敏感性等方面并不相同，在面对相同产品时感受到的价值也不一样，愿意支付的金额也不一样。因此，企业若能识别每类消费者群体的支付意愿，就可以针对不同消费者群体制定个性化的价格。

1. 个性化定价的优势

　　个性化定价主要具有以下优势。

（1）提高市场竞争力

个性化定价可以充分满足消费者需求，使产品的吸引力大大增加，从而提升产品的市场竞争力。

（2）增加收益

通过提高产品价格、提供附加服务等方式，个性化定价策略可以为企业增加收益。而且由于个性化定价策略可以满足消费者需求，消费者满意度提高，所以企业的产品销量也随之增加。

（3）促进市场稳定

个性化定价策略可以优化供需关系，使市场发展更加稳定。个性化定价策略把每位消费者看成一个细分市场，真正实现了一对一营销，因此，接受个性化价格的消费者会感受到企业对他的关注、对他个性的尊重，从中获得极强的满足感。

2. 实施个性化定价策略的步骤

企业实施个性化定价策略，首先要注重公平，不能因为采用个性化定价策略而使消费觉得不公平，从而引起消费者的不满和反对。在注重公平的基础上，企业可以通过以下步骤来实施个性化定价策略。

（1）了解消费者的支付意愿

企业要在产品成本的基础上研究消费者的支付意愿，提前了解消费者愿意为该产品付出的最高价格，只有当企业的定价低于消费者愿意支付的最高价格时，交易才有可能达成。

（2）确定目标消费者

企业要在了解消费者支付意愿的基础上确定目标消费者，以获取最大利润。企业可以利用信息技术收集消费者的信息，在电商环境下，企业可以获得消费者浏览产品的次数、成交记录、评价等数据，而消费者在某电商平台注册账户时，也会上传其年龄、所在地区等信息，企业可以据此分析消费者的消费能力。

（3）制定个性化定价策略

在以上两步的基础上，企业可以进行差别定价，对不同的消费者提供不同的价格或优惠。

（4）分割产品价值

企业需要分割产品价值，使支付不同价格的消费者享受不同的服务，获得不同的产品价值。例如，企业可以根据地域、消费偏好、消费次数、消费力度等信息，将消费者划分为不同的类别，并根据类别向其推送有针对性的促销产品或服务，以实现企业利润的最大化。

例如，两个消费者同时购买一个定制产品，A 消费者为价格敏感型消费者，B 消费者为非价格敏感型消费者。平台通过历史数据了解到，A 消费者的支付意愿为 40 元，而 B 消费者的支付意愿为 60 元，平台可以将收到产品的时间和产品本身的价值分割开，B 消费者在购买定制产品后支付 60 元，只需等待两天就可以收到快件；而 A 消费者支付 40 元，需要等一周才能收到快件。这样一来，消费者就不会觉得不公平，同时商家或平台也扩展了消费群体，实现了利润最大化。

（二）动态定价策略

动态定价是指根据消费者在不同时间和不同地点购买产品的情况，灵活地调整产品的价格，或者根据竞争对手的价格变化采取跟进措施而动态调整自身产品的价格。

1. 不同时间的定价

企业可以根据消费者在不同的消费时间的支付意愿和对价格的敏感度，针对同一产品制定不同的价格。例如，某些消费者在节假日或者周末会更愿意购买产品，此时就可以适当调高价格；而在消费者购买意愿较低的时间，企业便可以适当调低价格来吸引消费者的注意。另外，超前型购买者对新款时装、计算机、手机等产品趋之若鹜，愿意为此支付较高的价格。

高峰负荷定价和清理定价是两种最为常见的时间定价策略。高峰负荷定价适合供应缺乏弹性的产品，供应商完全可以预测需求的增长，所以可以进行系统化的价格上调。清理定价则适合需求状况不确定和容易贬值的产品，如产品过时或生命周期较短的易腐败产品和季节性产品等，针对这种情况，企业必须降低价格，及时清理多余库存，以应对不同的需求。

2. 不同地区的定价

不同地区的消费者有不同的消费习惯和购买能力。例如，在人口密度高、经济发展水平高的城市，消费者对产品的选择更加多样化，花费也更大，而农村地区的消费水平就相对较低。因此，在不同地区推行不同的定价策略是非常必要的。大数据技术可以帮助企业对不同地区的消费者进行分类，然后采取不同的营销策略和定价策略。

在互联网时代，地区的隔阂早已不构成商业发展的阻碍，但这并不意味着电子商务消除了地区差异带来的定价差异。现在的电商 App 都带有定位功能，可以更好地细分每个消费者，根据地区划分细分市场，以便管理该细分市场的产品定价。

例如，京东、天猫等平台都有生鲜超市，将消费者通过地区归类后，可以为消费者运送最近仓库的生鲜产品，降低运输成本，提高边际收益，但不同地区的邮费不一样，造成不同地区的价格有所差别。

3. 竞争对手的价格变化

电商发展起来后，企业可以通过浏览竞争对手的网站来调整价格，而大数据时代的到来也为大规模快速调整价格提供了可能。利用大数据技术，企业在发现价格差异后可以很快做出调整。例如，自身产品的价格比竞争对手高 5%，这时可以调低自身产品的价格；如果自身产品的价格比竞争对手低很多，也可以提高价格，以和市场价格水平保持一致。

除此之外，排名机制也对动态定价起到一定的推动作用。电商平台鼓励平台上的零售商之间展开激烈的竞争，争夺搜索结果的榜首位置。对于那些在电商平台上销售产品的店主来说，制定更低的售价是跻身购物推荐榜的快捷方法之一，而在搜索排名中处于比较靠前位置的产品有 95%的机会被消费者选择购买。因此，很多商家为了保住在电商平台搜索排名中的靠前位置，每隔一段时间就调整一下部分产品的价格。

任务三 大数据驱动渠道创新

渠道是产品的流通路线，可以让企业生产的产品通过中间商卖向不同的区域，以达到销售目的。大数据为企业的渠道创新优化提供了新的思路。

企业通过大数据分析可以发现渠道规划的特征与趋势、问题与短板，从而有针对性地进行整体布局和优化，达到提高企业销售业绩的目的。

（一）渠道创新的思维

大数据时代的一个重要特征是营销渠道丰富，而这也是营销数据的重要来源。相比传统渠道，大数据营销渠道具有以下特征：一是直接，企业可以与消费者直接对话，这样做更高效，也更为便利；二是地域和时间限制少，缩短了企业营销人员与消费者的距离，更有利于维系两者之间的关系；三是易控，企业可以很容易进行消费者教育，营销效果易于监控。

在大数据时代，企业在开展营销渠道的优化与创新时应当具备以下思维。

1. 产品即渠道

传统营销组合中，人们将产品和渠道作为主要的研究方向，在大数据背景下，产品数据的挖掘和产品的进一步利用改变了人们的消费方式，也改变了传统营销组合，产品被纳入营销渠道，成为营销的手段。也就是说，产品可以充当销售渠道。

随着社会科技的发展，越来越多的产品将会变得意想不到的智能，通过各种传感器、设备工具，智能产品可以不断对家中的各项日常用品的状态进行收集和分析，在消费者还没有意识到的时候自行下单，将消费者需要的产品送到消费者手中。在未来，品牌可能不再需要一个所谓的电商平台售卖产品，产品本身就具有销售界面，可成为重要的销售渠道。

例如，京东提出了多场景、多终端、智能商业的战略，建立了 Alpha 智能服务平台，而京东智能冰箱就基于此平台实现了战略的落地。京东智能冰箱是对冰箱的重新定义，让"冷库"变身为"智库"，致力于成为未来家庭的食品健康与服务中心。京东智能冰箱不仅是储存食材的载体，也是一个"智能+服务"平台。京东智能冰箱就像机器人一样，可以智能识别家里的肉类和蔬菜等情况，自动补给食材，在消费者还没意识到缺少牛奶时，牛奶可能已经送到家中。

2. 智慧物流

随着电子商务的发展，物流作为渠道中的一员，其重要性越发凸显。随着大数据分析技术的进步，智慧物流成为营销渠道中重要的一部分。

智慧物流是一种全新的物流模式，它利用物联网、云计算、大数据等技术手段对物流系统进行全面优化，实现物流信息化、数字化、智能化，其目的在于提高物流效率，降低物流成本，同时提升物流服务品质，满足消费者的个性化需求。

通过物联网，智慧物流可以实现对物流过程的实时监控和追踪，实现对货物信息的精确掌握；利用云计算，物流企业可以将大量数据存储在云端，以便对数据进行管理和分析；通过大数据，智慧物流可以对海量数据进行挖掘和分析，从而预测未来的物流发展趋势和需求，帮助物流企业实现精准决策。

案例链接

借助数字化物流，安踏在"双十一"发货超千万单

直面消费者（Direct To Consumer，DTC）模式是指通过直面消费者，以消费者为中心，实现对"人、货、场"的重塑，从而形成从产品开发、运营到营销的良性闭环，推动品牌升级。

采用 DTC 模式要注意两个关键点：一是通过重构全渠道模式，更精准地定义内容和场景，加强与消费者在线上线下的连接和互动，增强品牌黏性和提升消费者体验；二是以消费者大数据驱动产品运营，逐步实现产品全价值链从自动化到智能化的进阶，提高产品销售效率。

安踏集团在转型为 DTC 模式的过程中，通过优化配送过程、提升零售直配能力来对"货"进行重塑。2021 年"双十一"期间，安踏依托覆盖全国的物流网络和基于物流数字化的精准分析和配送，以及自动化技术等智能化设备的运用，发货超千万单，其中绝大多数在 48 小时之内完成配送，这极大地提升了消费体验。

2021 年，安踏投资兴建的整合自动化存储、分拣、配送及大数据中心的一体化物流园发挥了作用，实现由总仓向门店直配铺货、补货及调拨，推动线上线下业务无缝衔接。通过数字化，安踏实现销售排单效率、发货过账效率、盘点效率与订单处理效率等关键指标的提高，大幅度提高系统效率，同时利用从电商平台和门店获取的大数据来指导产品设计和研发。

3. 供应链管理精准化

供应链是由供应商、制造商、仓库、配送中心和渠道商等构成的物流网络，供应链管理的目的是使供应链运作达到最优化，以最少的成本完成从采购到满足最终消费者需求的所有过程。

为了满足企业信息流、物流、资金流的精细化及一体化运营的需求，进行供应链的精细化管理，企业可以进行全渠道供应链升级，一站式满足以下诉求。

（1）多渠道快速接入

消费品牌由于触及的消费群体十分广泛，往往会涉及新渠道拓展的场景，而每个新渠道都需要打通企业内部从产品设计、生产制造、仓储备货到后端物流配送、财务结算的整个支撑流程。

独立系统逐渐无法覆盖新渠道的订单业务场景，数字系统配合 Excel 的形式导致大量订单处理低效，业务效率也被拉低。而全渠道供应链升级后，可以实现多渠道快速接入，让品牌快速开拓渠道业务，赢在起跑线上。

（2）业务运营效率提高

企业规模增长使运营团队的规模随之扩大，如果 IT 系统缺少自动化处理策略，人力成本就会不断增加，并阻碍沟通协作，再加上手工处理得不及时，业务运营效率会很低。只有将重复、冗杂的运营任务借助数字化手段进行处理，才能将人力资源释放到更有价值的业务中。

（3）避免库存割裂

对多渠道、多产品的品牌来说，多套 IT 系统运作的模式容易造成库存数据缺乏交易与履约的协同，在企业内部无法有效进行库存实时共享与管理，且系统之间存在着库存计算逻辑的区别。数据割裂不仅会造成工作配合上的低效率，还会降低供应链管理的效率，而全渠道供应链升级就可以很好地规避这种情况。

（4）业务与财务一体化

传统产品型系统或标准 SaaS 平台只注重解决核心场景问题与提供基础解决方案，与品牌后端的财务系统不兼容，无法形成数据闭环，再加上数据不互通，因此无法与供应链计划体系、物流体系实现深度连接和有效协同。只有以费用在线化为基础的财务系统才能在数字时代发挥出最大价值。

为了在具体的经营场景中都能实现差异化履约和结算协同，就需要打通全渠道，引入以数字化产品为核心的智能供应链管理系统。数据统一、费用在线后，各渠道库存割裂的问题也会得以解决。搭建全渠道数字化供应链，有利于实现全渠道"一盘货"及业务与财务数据的闭环管理。

（二）渠道创新的策略

大数据技术对营销渠道的影响力与控制力不断增强。在大数据时代，企业进行渠道创新主要体现在以下几个方面。

1. 推动营销渠道多元化

营销渠道的多元化可以从横向和纵向两个维度来看，横向维度拓宽了营销渠道种类，纵向维度延展了营销渠道的级别。

（1）横向维度

目前，企业可以采用的基于大数据的营销渠道有四大类，如表5-1所示。

表5-1　基于大数据的营销渠道类型

营销渠道类型	说明
电商平台	以淘宝、京东、拼多多为代表的电商平台借用其高知名度吸引众多消费者，并根据消费者的消费习惯进行有针对性的产品推送。这是大数据背景下的主流营销渠道
社交媒体平台	基于微信、微博、抖音、小红书等平台的社交媒体营销是根据消费者的浏览数据和购买数据来为其提供有针对性的销售服务的
社区或论坛	企业建立在线社区或论坛，与消费者讨论与产品或品牌有关的话题，可增进社区成员之间的亲密感，增强企业与消费者之间的联系
位置服务	企业利用消费者的位置数据信息结合消费者端的浏览记录数据，为其提供周边一定范围内的产品销售信息，可以使消费者快速发现隐藏在内街小巷的"宝藏"商铺

（2）纵向维度

根据中间商介入的层次，分销渠道可以按级数进行划分，包括0级渠道、1级渠道、2级渠道、3级渠道等。0级渠道是指生产者对接消费者进行直销，没有中间商；1级渠道是指生产者与消费者之间有零售商；2级渠道是指生产者与消费者之间有批发商和零售商；3级渠道是指生产者与消费者之间有代理商、批发商和零售商。

一般来说，渠道越长、越多，企业的产品市场就越有可能获得扩展，但企业对产品销售的控制力度和信息反馈的清晰度就会越低。

渠道设计的好坏可以直接影响企业的收益与发展。企业在进行网络商务活动时通过电子手段，结合线上和线下营销渠道，可弥补传统营销渠道的弊端和不足。无论是直接的网络直销，还是经过多级经销商的间接渠道营销，企业都要首先考虑产品的特点和自身的条件基础，并分析产品的供需关系等市场信息，在试验的基础上找到最优渠道级别设置。

2. 实现渠道结构扁平化

通过收集数据，针对产品或服务的特性、定期的销量、区域销售情况进行分析，企业可以对渠道结构进行优化，实现渠道结构扁平化。

渠道结构扁平化就是通过缩减分销渠道中不增值的环节或者增值很少的环节，以降低渠道成本，实现生产商与最终消费者的近距离接触，实现企业利润最大化，并有效地回避渠道风险，从而实现企业的良性发展。

当前渠道结构扁平化发展的趋势包括传统渠道层级的压缩，商场与专卖渠道的加入，直销渠道尤其是网络分销渠道的迅速发展。

3. 提高营销渠道控制的有效性

渠道控制是指一个渠道成员对另一个渠道成员的行为与决策变量成功施加影响的过程。有效性渠道控制主要是指企业在渠道设计、规划、安排、建设、维护和协调的过程中，根据控制力的大小进行运作并取得相应结果的过程。

大数据背景下的营销渠道控制主要体现在以下两个方面。

（1）渠道控制力水平

渠道控制力主要指渠道供应链的整体控制水平和渠道消费者的忠诚度。

一方面，渠道控制力借助大数据影响期望，这种期望来自渠道供应链中各个利益相关者通过合作获得的利益，以及对未来合作前景的期望。企业利用大数据可以对渠道规划、安排、建设、维护和协调等环节进行整体把控，并共享大数据分析结果。由此，渠道成员的权责愈发清晰，其期望就更易达到，进而能使渠道合作利益最大化。

另一方面，大数据技术的应用可以使不同层次渠道的消费者及时获取产品或服务的信息，消费者很容易被企业的积极关注打动，进而提高忠诚度，由此渠道控制力不断上升。

（2）渠道控制效率

渠道供应链各环节的协同分工是提高渠道控制效率的关键。同一企业内部对使用不同类型、覆盖相应细分市场的渠道进行合理分配，渠道供应链中各环节成员之间进行优势互补和资源共享，能够有效地提高系统协同效率。因此，协同分工可以提高分销效能，降低渠道运营费用。

协同分工的具体应用体现在以下 3 个方面。

① 生产企业：利用管理经验、市场能力、大数据技术服务等营销资源优势，承担品牌运作、促销策划、促销支持、市场维护等管理职能。

② 核心经销商：利用网络收集大数据、地缘、资金、配送等资源优势，承担物流、结算、配合实施促销、前期进行大数据推广等分销职能。

③ 各个零售终端：利用地理优势、影响力、基于大数据的个性化服务等优势，承担现场展示、与消费者沟通、客户服务和信息反馈等销售职能。

4. 加强对营销渠道的管理

加强对营销渠道的管理可以实现营销资源的合理配置，提高营销质量与效率。因此，企业要建立有效的渠道管理制度，包括对渠道的培训、激励、监督和维护等方面。

5. 制定并执行渠道策略

企业可以通过数据分析预测目标消费者的购物渠道，进而制定渠道策略。渠道的选择要考虑到目标市场的特点和其他营销组合变量的一致性。例如，高质量的产品除了要有与之一致的价格，还要安排分销质量、形象较好的中间商进行分销。

在大数据的支持下，企业可以监测营销渠道上的商务活动，使企业的整个营销过程都处于管控之下，将现代管理体系与数据挖掘技术结合，从而实现对营销渠道的科学管理。

6. 渠道跨界

移动互联网时代最大的特点是渠道碎片化和内容个性化。渠道碎片化是指消费者可选择的购物渠道越来越多，消费者随时随地都能方便地买到自己想要的产品。内容个性化要求营销人员了解消费者的特点，并使用个性化的语言与他们沟通，这样才能引起消费者的兴趣与关注。

在移动互联网时代，消费者对产品购买便利性的需求越来越强，无论企业采取线上销售还是线下销售，如何满足消费者的这个需求才是使消费者满意的关键。因此，企业要离消费者更近一点，比消费者还要了解他们自己，不再以消费者对产品的需求和行业特点来设计营销渠道，而是基于消费者的购买习惯，整合渠道资源，缩短产品从供应商到达消费者的链条，提高企业与消费者沟通的效率。

渠道跨界是整合渠道资源的一个重要方式。渠道跨界是指两个合作品牌基于渠道共享进行合作，在对方的销售渠道中植入自己的产品，或者通过自身品牌的文化特征与对方的销售场景相联系，借助其中的共通点强化用户对产品的认知与认同。例如，在服装店可以购买其他品牌的眼镜，在家具店可以购买其他品牌的灯具，在酒店销售床上用品等。

🎓 **课堂讨论**

> 你是否见到过通过单一渠道获得成功的企业或产品？如果有，它们有何特征？在大数据时代，渠道多元化特征明显，请与同学探讨你见过的进行多渠道营销的品牌。

任务四　大数据驱动促销创新

促销是营销活动中的关键组成部分，是向消费者传递产品或服务的信息，刺激和吸引消费者更多、更快地购买特定产品或服务，以扩大销量或清理库存的一种活动。在网络时代和大数据背景下，企业和消费者之间的信息越来越对称，信息传播的速度更快，信息量也越来越大，信息也越来越真伪难辨，因此促销组合的合理制定显得更为重要。

（一）大数据对促销的变革

传统的促销手段主要是价格促销，如降价、发放优惠券、特价销售和满赠等，但长期进行价格促销容易降低产品在消费者心中的价值。为了实现促销对销售的长期拉动，企业应实施新型促销策略，即建立消费者特许权。

消费者特许权是建立在对消费者消费行为和消费偏好的甄别上的，而大数据正好可以提供甄别之道。在大数据时代，企业可以通过收集消费者数据，分析消费者偏好，针对不同的消费者实行不同的促销策略。

大数据技术为促销带来了变革，改变了促销活动中的调研方式、定价方式和信息传播方式。

1. 调研方式

在开展促销之前，企业营销人员应对促销目标、促销工具、消费者需求等方面进行调研，以使促销活动具有针对性，进而获得更好的销售业绩。

传统的促销调研通常只能根据已有的销售记录来进行，获得的调研结果也不准确。运用大数据技术，企业营销人员不仅可以准确了解消费者的购买记录、购买偏好，并据此分析出消费者的购买能力，还可以通过分析关联数据预测消费者的购买需求，从而为促销活动找到精准的目标消费群体，然后根据目标消费群体的偏好制订更有针对性的促销计划。

2. 定价方式

价格是调整购买能力与购买意愿的重要杠杆，在大数据时代，企业越来越倾向于采用以消费者为导向的促销定价与差异化定价。

以消费者为导向的促销定价强调将消费群体细分，充分了解潜在消费者，并采取不同的促销方案来锁定目标消费者；差异化定价强调面对不同消费阶段的消费者采取更灵活的定价，为每个需求找到最佳的解决方案。

大数据在这些方面可以得到很好的应用，它能帮助企业分析消费者行为，快速总结规律，并结合消费者的消费能力实现精准的促销定价。

3. 信息传播方式

企业的促销是从信息传播开始的。从信息传播的角度来看，促销可以理解为企业在了解消费者需求的基础上，为了促进产品销售，将特定的信息在特定的时间和特定的地点，以特定的方式传递给特定的消费者。

由此可以看出，信息传播基本上是单向的，而目前更多的人认为信息应该在企业、中间商和消费者三者之间进行双向传递，而这三者之间的沟通关系复杂度会随着中间商、消费者数量的增加而呈指数级增加，这就对信息处理和信息挖掘手段提出了更高的要求。大数据技术正好可以解决这一问题。

企业营销人员通过使用大数据技术，对消费者的网站浏览记录、购买记录等数据进行追踪，可以分析出该消费者是否为目标消费者，然后通过程序化购买，让促销信息在合适的时间出现在合适的消费者眼前，而且在这一过程中，企业可以获取消费者的反馈信息，据此及时调整促销方案，从而节约促销成本，增强促销效果。

（二）促销组合设计

促销组合是指企业根据促销的需要，对广告、人员推销、公共关系、营业推广等多种狭义促销方式进行的适当选择和综合编配。现代企业管理的是一个复杂的市场营销沟通系统，企业可以利用广告、人员推销、公共关系和营业推广等的组合来接触和影响中间商、消费者及其他公众，而中间商也可以运用促销组合来接触和影响消费者及其他公众，而且消费者彼此之间、消费者和其他公众之间也能够进行口头传播，各群体也可以对其他群体进行沟通和反馈。

在促销组合中，不同促销方式的作用与效果有显著差异，企业在制定促销组合时必须发挥不同促销方式的协同效用，避免它们之间的冲突。因此，企业营销人员必须了解不同促销方式的含义与优缺点，如表5-2所示。

表5-2　不同促销方式的含义与优缺点

促销方式	含义	优点	缺点
广告	由明确的广告主在付费的基础上采取非人际传播的方式，对产品或服务进行宣传和介绍的活动	传播面广泛、传播及时、媒介选择比较灵活	消费者的购买行为滞后，信息量有限，说服性较差

（续表）

促销方式	含义	优点	缺点
人员推销	表现为推销人员与一个或多个可能的购买者交谈，是为实现销售而进行的口头陈述活动	面对面、沟通方便、容易成交	成本高、对从业人员素质要求高
公共关系	企业为了刺激消费者对产品或服务的需求并改善企业与公众的关系而采取的一种手段	可以获得公众信任，提升企业形象，提高企业信誉度	见效慢，需要长时间地工作
营业推广	也称销售促进，是指能鼓励购买或促进产品或服务销售的种种短期诱因	刺激力度大、吸引力大，可以改变消费者的购买习惯	属于短期刺激，使用不当会使消费者产生顾虑和不信任

进行促销组合设计时不仅要考虑使用哪些促销方式，还要研究如何把这些促销方式的作用发挥到极致。因此，企业营销人员要明确促销方式发挥作用的影响因素，从而更好地进行促销组合设计。

1. 促销目标

在实现促销目标时，不同的促销组合会带来不同的成本效益。广告、营业推广等促销方式与人员推销相比，能够更好地促使消费者了解产品效果，而人员推销、公共关系和营业推广在促成实际购买行为方面要比广告的作用大。

2. 产品的性质和特点

消费者对不同性质的产品具有不同的购买动机和购买行为，所以企业要采取不同的促销组合策略。

一般来说，对于大多数日用消费品，由于购买人数多，而购买量较少，采用人员推销的效果就相对较差；对于产业用品来说，由于消费者更注重产品性能和特点，购买过程比较复杂，采用人员推销的效果就要好得多。

当然，人员推销在消费品市场上的作用也不容忽视，这主要作用体现在两个方面：推销人员通过说服使经销商增加库存，或者提供更多更好的货架与货位；推销人员利用自己的亲和力增强经销商对企业产品的信赖和热情，让更多的经销商经销企业产品。

营业推广和公共关系在促销活动上主要起辅助作用，包括对日用消费品和产业用品的促销活动。

广告的作用也是至关重要的，很多潜在消费者不了解企业产品，也没有意愿与推销人员展开交谈，即使交谈也不会持续很长时间，而通过广告宣传产品就可以省去推销人员的很多工作。消费者通过广告了解到产品的特色，而具有反馈功能的广告可以为推销人员提供推销的线索，推销人员可以利用广告证明企业及产品的优势。另外，广告还可以向消费者展示产品的使用方法，并引导消费者重复购买。

3. 产品生命周期的不同阶段

在产品生命周期的不同阶段，促销组合也要有所不同。

（1）导入期

在导入期，企业营销人员的促销重点是提高消费者对产品的认知度。由于产品刚投入市场，消费者对产品的了解不深，此时宣传性强的广告可以更好地引起消费者注意。另外，由于消费者缺少对产品的使用经验，营业推广中的免费试用、7 天无理由退款等促销措施都可以增强消费者的购买信心。

（2）成长期

在成长期，消费者对产品已经有了一定程度的了解，此时企业营销人员就要调整营销诉求，将导入期的提高认知度改为引起消费者的兴趣。这时，人员推销的作用会加大。

（3）成熟期

在成熟期，消费者已经对企业和竞争对手的产品十分熟悉，这时的促销重点应放在宣传产品的差异性上，增加消费者对自家产品的偏爱度。企业营销人员可以通过公共关系建立良好的企业形象，保持与公众的良好关系，同时采用营业推广对消费者形成短期刺激，以增强企业产品的差异性。

（4）衰退期

在衰退期，旧产品几乎已经被新产品替代，这时广告和人员推销的作用微乎其微，通过营业推广来保持消费者对产品的兴趣是更合理的做法，这可以刺激消费者的购买欲望，最大限度地增加产品收益。

4．消费者特点

在不同的细分市场上，消费者存在着巨大的差异，所以同样的促销组合会达到不同的效果。性别、收入、生活方式、消费习惯、媒体偏好等的不同，都可能导致不同消费者对同一种促销组合有完全不同的反应，使同一种促销组合产生不一样的营销效果。例如，电视广告更适用于家庭成员，而不太适用于学生群体；网络促销更适用于上班族和大学生群体，但对老年人和体力工作者的适用性就相对差得多。

5．竞争对手的促销组合方式

企业在制定促销组合时，要参照竞争对手的促销组合方式。如果竞争对手占据相对优势，企业制定与之类似的促销组合就无法达到与之相同的营销效果，因此企业要加大促销力度，并在促销组合方式上呈现出差异。

6．宏观环境

企业的营销行为会受到环境的影响，促销活动也是如此。例如，促销活动的设计要遵守法律法规；促销组合以流畅的网络技术作为保障才具备可行性；总体经济情况的景气度也会影响促销力度和促销频次，以及核心促销手段的选择；社会因素也会影响促销组合，不同的民族、国家会存在文化和价值观上的差异，所以促销方式不能一概而论。

（三）大数据下促销组合实施的流程

传统促销组合有很大的局限性，例如，不能充分地展示企业的营销活动，企业无法有效展开公共关系，因此耗费的成本巨大，效果却相对较差。而在大数据背景下，企业可以借助大数据技术有效地收集和筛选信息，实现数据可视化，为制定促销组合提供依据，使促销决策由经验决策转变为科学决策，最终提升促销效果。

在大数据背景下，企业实施促销组合的流程如图5-2所示。

1．确定促销信息的目标受众

传统促销组合在实施过程中通常针对性较弱，只能对目标受众进行大概的描述，并不能确定具体的消费者。因此，在目标受众中会存在一些明显不属于企业目标消费者的群体，促销成本就会相应增加。

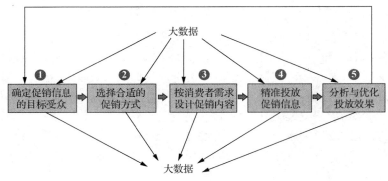

图 5-2　促销组合的实施流程

大数据技术可以帮助企业从各个终端获得大量数据，充分掌握消费者的各项信息，如性别、年龄、学历、收入、生活习惯、地域、日常饮食和消费习惯等，进而形成消费者画像，最终精准定位消费群体。

2. 选择合适的促销方式

企业在确定促销信息的目标受众以后，就要选择合适的促销方式。在传统营销模式中，由于公共关系不能直接促进销售，所以其使用频率不如广告、营业推广和人员推销高，而且传统上一般是通过销量来分析促销方式的效果。然而，在大数据背景下，依托互联网技术的公共关系是可以得到大范围使用的。

例如，有些企业经常在微博和微信公众平台进行一些蹭热点的营销活动，以此来提高企业产品在消费者心中的认知度，但无法直接促进销量增加，即使销量增加了也很难量化统计。而在大数据背景下，企业可以通过分析微博、微信公众平台信息的转发量、点赞量、点击量、转化率等数据来量化活动效果，并且可以利用大数据进行企业形象调查，增强促销活动对企业美誉度的影响。

3. 按消费者需求设计促销内容

随着消费者知识的丰富，很多常规的促销方式很难用于满足消费者的预期，也无法用于实现企业的营销目标。如今，企业在促销时要将销售意图隐藏，增强促销活动的美感，因此企业要对促销内容进行系统的优化设计，而大数据技术提供了充足的需求分析和预测模型。

企业可以利用大数据技术来分析消费者的信息收集渠道、交易行为、情感与态度、购买偏好等方面的内容，预测目标消费群体的喜好，以便对促销内容进行个性化设计。

企业可以借助大数据生成的消费者画像和用户标签进行分析，明确消费者喜欢的故事类型、生活方式等，据此预测消费者心理，然后找到最佳的企业形象代言人，投放目标消费群体喜欢的广告，并为其提供满意的优惠措施。

另外，企业可以根据消费者的个性化信息，为其匹配特定类型的销售人员，以更好地建立客户关系，促成最终的交易。

4. 精准投放促销信息

在传统的促销组合实施过程中，由于没有大数据、互联网和移动终端技术的支撑，企业很难精准地找到目标消费者的接触点，往往只能通过大范围地投放广告和促销信息进行覆盖，最终使目标受众分析变得毫无意义。

在大数据背景下，企业可依托互联网技术、移动终端技术和大数据技术，对目标消费者的接触点进行精准的分析和确定。

企业通过分析消费者的网络使用行为、手机使用行为等信息，可以轻松查看到消费者浏览过的网页、经常使用的 App 以及对推送广告的反应等信息，并利用相关途径来传播促销信息。例如，企业可以利用电子邮件、短信、微博、微信公众平台、短视频等多种渠道向消费者传递促销信息。

基于互联网和移动终端技术的大数据促销组合打破了传统营销模式下地理位置和区域的限制，促销活动可以在任何时间、任意地点展开，消费者的手机可以在任何时间、任意地点接收企业推送的促销信息，而且每个消费者收到的广告也是不同的，在这种背景下，企业要随时调整自己的促销策略。

另外，大数据还可以用于分析、预测促销信息投放的频率，以及单一促销信息的有效时间。

5. 分析与优化投放效果

以往企业在分析促销组合的实施效果时滞后性十分明显，而且有很多促销效果无法用量化数据进行统计分析。在大数据背景下，企业可以通过促销信息的投放数据和目标消费者的实时反馈数据持续追踪与分析促销信息的投放效果，并以此为依据来不断优化促销信息的投放。

例如，企业在向目标消费者的 App 投放促销信息后，可以根据消费者的点击行为、信息页面停留时间、购买行为和分享行为来分析消费者对促销信息的反应，在后期投放促销信息时，应剔除那些从不做出点击促销信息的行为、页面停留时间过短的消费者，而对积极做出分享行为和购买行为的消费者增加投放。

大数据下促销组合实施的流程是一个不断循环的过程，随着获取消费者的信息越来越多，企业需要不断重新定位目标消费者，不断重复上述步骤。

拓展阅读：神策数据——赋能企业实现数据驱动运营

神策网络科技（北京）有限公司（简称"神策数据"），是国内专业的数字化客户经营软件提供商。神策数据立足大数据分析及营销科技的技术与实践前沿，围绕"客户旅程编排"的产品理念，构建了三大核心引擎——客户数据引擎、客户旅程分析引擎、客户旅程优化引擎，赋能企业的数字化客户经营。

（1）客户数据引擎：通过整合多源数据、关联全域 ID、扩展多实体的数据模型、构建客户分群和标签，同时结合强大的数据加工方式和数据输出能力，支撑企业丰富的数据应用，激发数据的真实价值。

（2）客户旅程分析引擎：助力企业深入分析及洞察用户从认知、购买、到忠诚度建立的全生命周期过程，从全链路的旅程视角挖掘增长关键，提升企业核心业务价值。

（3）客户旅程优化引擎：具备高度的开放性，提供面向企业和合作伙伴的开放接口，具备四大服务能力，结合一系列营销应用，能覆盖营销全流程的关键要素，实现用户全生命周期的交互体验管理。

除此之外，神策数据还拥有以下应用。

• 神策数界平台：企业级客户数据平台，可解决数据孤岛问题，建立统一的用户、客户、产品档案，帮助企业实现数字化转型。

- 神策分析：实现从用户到经营的全链路、全场景分析，提供全面、有效的市场信息和经营策略，帮助企业更好地了解用户，掌握市场动向，提升竞争力。
- 神策智能运营：打通全域数据、连接全场景的自动化营销平台，可帮助企业打造自动、实时、智能的全场景营销闭环，提升关键指标和运营效率。
- 神策广告分析：全域深链路广告投放分析系统，结合多维度报表及分析模型，满足用户洞察、广告渠道归因分析、品牌资产沉淀等需求。
- 神策 A/B 测试：在分析业务全流程的基础上，有效降低行动成本与风险，帮助产品、运营与营销人员通过测试择优选取策略，实现业绩增长。

目前，众多企业通过与神策数据的深入合作，借助神策数据的客户旅程分析引擎，在广告投放、运营活动等各个环节实现了数据驱动，以及大数据资产的充分和完整运营，全面提高广告变现的效率。

通过神策数据的客户旅程分析引擎，企业可以更好地理解和满足用户需求，并能实现产品设计的进一步优化。一方面，企业的运营团队基于神策数据提供的支持，可以轻松实现广告投放策略的优化和迭代，并大幅缩短推广链路。另一方面，企业的推广团队也可凭借神策数据提供的产品和服务，实现数据辅助决策的目标。同时，借助神策数据的全域数据分析能力，企业能够高效完成对广告位、代码位和人群的进一步分析，持续优化商业广告变现策略，实现业绩最大化增长。

神策数据的产品和解决方案，可以帮助企业大大降低人工跑数的时间成本，并帮助企业根据不同广告位、广告类型、时间、季节以及消费群体的差异，制定具有针对性的广告策略，持续提高转化效率。

项目实训：青岛红领利用大数据驱动产品生产

1. 实训背景

服装品牌青岛红领把"工业化"和"定制"完美结合，用规模化工业生产满足顾客的个性化需求，在一天内生产数千件西装和衬衫，而且在众多的生产线上找不到两件完全相同的服装。

青岛红领采用的是顾客对工厂模式（Customer to Manufactory，C2M），首先给顾客丈量身体，记录各项尺码数据，包括 19 个部位的 22 个数据，然后用大数据系统替代手工打板，在所有细节上实现个性化定制，最后基于数据化和自动化完成服装生产。

所有青岛红领的顾客在一周之内就能拿到定制的服装，而在传统模式下需要 20～50 个工作日。整个定制生产系统被称为青岛红领西服个性化定制系统，包括 20 多个子系统，全部以数据驱动运营。

这套系统是在对青岛红领过去十几年 200 多万名定制服装的顾客数据进行深入分析后研发设计的，每一项数据的变化都会驱动近万个数据同步变化。该模式充分发挥了智能制造的效率，实现了大规模的个性化、工业化生产，增强了企业的市场竞争力。

2. 实训要求

请同学们指出案例中青岛红领是如何使用大数据指导产品生产的，然后在网络上收集其他企业使用大数据指导生产的资料，总结企业使用大数据进行生产的方法。

3. 实训思路

（1）分析案例

请同学们指出案例中青岛红领是如何使用大数据指导产品生产的，其方法体现了大数据在产品生产中的哪种应用？

（2）收集资料并总结企业运营规律

在网络上收集其他企业使用大数据指导生产的资料，总结企业使用大数据进行生产的方法，归纳提炼出其运营规律。

思考与练习

1. 简述产品生命周期各阶段的特征。
2. 大数据背景下，营销渠道控制主要体现在哪两个方面？
3. 简述不同促销方式的优缺点。

项目六 大数据驱动的营销策略

知识目标

- ➤ 掌握精准营销的核心思维与构成要素。
- ➤ 掌握个性化营销的核心与实施。
- ➤ 掌握关联营销的触点、模式与实施。
- ➤ 掌握大数据搜索引擎营销的流程与策略。
- ➤ 掌握新媒体营销的模式。

技能目标

- ➤ 能够根据企业实际情况选择恰当的大数据营销策略。
- ➤ 能够收集数据并将其应用到不同的营销策略中。

素养目标

- ➤ 提升数据分析能力，能够对数据进行精准分析，制定有效的营销策略。
- ➤ 培养创新思维能力，勇于开拓新的商业机会和营销渠道。

知识导图

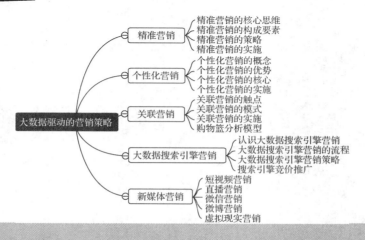

引导案例

九阳是我国家喻户晓的小家电品牌，专注于健康饮食电器的研发、生产和销售，从豆浆机发展到多品类小家电，如破壁料理机、电饭煲、电压力煲、电炖锅、电水壶等，实现了从1到N的延伸，并连续十几年荣获我国家用电器研究院颁发的"最具影响力小家电品牌"称号。

随着数字化经济的蓬勃发展，作为小家电领导品牌之一的九阳，秉承健康理念，创新营销玩法，持续推进品牌数智化转型升级。在九阳决策者看来，数智化是业务发展的必然趋势，使用数智化方式不仅可以降低成本、控制风险，还可以大幅度提高业务运营和经营管理的效率。

随着时代的变化和社会的发展，消费者有了新的购买触点和触媒习惯。面对年轻消费群体，九阳需要快速了解他们对产品的需求和痛点，以及他们对产品设计的独特喜好；同时，针对年轻消费者广泛使用的新型内容渠道进行品牌营销覆盖，并且不断开拓更多的线上渠道，以及新型社区团购渠道等。

九阳在数智化转型升级过程中提出"一点两面三端四化"的战略规划。"一点"是以客户运营为中心点，涉及需求与供应两个方面，在"人、货、场"三端实现用户群体的社交化、裂变化、会员化和私域化。九阳依托数据应用触达目标客户，实现精准营销。

（1）全面触达并感知客户

九阳的触点主要包含线上电商触点（如天猫商城等）、线下触点（如门店、柜台）、商业触点（如营销广告）、社交触点（如社交网络平台）。这些触点组合形成多面、多角度的触点网络，构建了企业、渠道和消费者之间的桥梁。

同时，九阳在线上和线下都有各种活跃的会员运营活动，能引流到店，通过门店会员中台及各种数字化工具，完成消费者在店内的消费转化，同时信息会回流，以实现会员状态的更新，这能进一步完善消费者画像，从而为推动"人货"匹配、形成精准的营销闭环打下基础。

（2）全渠道会员管理升级

九阳在解决"人、货、场"的运营协同和管理协同问题时，通过建立数据中台将线上和线下分离的业务状态打通。会员是企业的核心资源之一，但网络时代的会员是一个更加泛化的概念，不仅包含忠诚用户，还包含兴趣人群、购买人群等。

九阳上线的数据中台会员中心实现了对这些全渠道会员信息的打通，也统一了之前分散的积分规则和等级设定，会员权益也得到了保障。通过数据中台对会员进行运营管理与需求洞察，九阳发现与非会员相比，会员的购买单价和购买频率更高，因此会员具有更高的价值。

（3）基于数据开展精准营销

在这个流量化的时代，竞争已经从争夺增量客户转化为对存量客户的精细化运营。客户数据蕴含着丰富的价值，建设数据中台显得尤为迫切与重要。九阳对20多年来积累的客户数据进行整合，以盘活这些沉睡的数据资产，挖掘出数据价值，数据中台成为九阳掌握各种数据、实现数据化运营的重要工具。阿里云为九阳打造的数据中台融合了九阳线上线下的全域消费者数据，通过OneID技术统一识别和整合，构建了消费者数据的标准和规范。

九阳通过数据中台的核心产品之一 Quick Audience，对品牌近年来的自有信息进行分析、运营和管理，同时根据类目活跃度、消费行为特征等筛选逻辑，描绘出更为精准的消费人群画像，从而使整个营销链路、数据闭环更加完整。

九阳结合消费群体渠道和消费属性，为全域消费者定制了差异化精准营销策略，例如，提高品牌认知人群（A）的广告覆盖率，实现高频触达，针对品牌兴趣人群（I）中的折扣敏感型、高价值人群推出不同的营销策略，提高其线上的点击率和线下的进店率，让其转化为品牌购买人群（P），从而在减少营销成本的同时实现成交转化率的提高，如图 6-1 所示。

图 6-1 九阳针对不同消费群体制定差异化精准营销策略

借助数据中台，九阳能提高营销触达效率，沿着消费者的体验旅程和关键场景设计实施精准营销策略，增强营销效果。将来，九阳还可以基于数据中台建立标签与进行营销效果的动态迭代，依托数据中台灵活且高扩展性的标签组合能力，不断构建针对不同产品组合的精准营销策略。

任务一　精准营销

精准营销是指在精准定位的基础上，依托现代信息技术手段，通过定量和定性相结合的方法对目标市场的不同消费者进行细致分析，根据消费者不同的消费心理和行为特征，采用有针对性的现代营销技术、方法和指向明确的策略，实现对目标市场不同消费群体强有效、低成本、高回报的营销目标。

精准营销包含 3 层含义：一是通过现代信息技术手段实现个性化营销；二是定量和定性相结合的与消费者个性化沟通的技术（大数据分析和信息推送方式）；三是降低营销的成本，提高营销的投资回报率。

精准营销是一种基于数据分析和消费者个性化需求的营销方式，可以帮助企业更好地满足消费者的需求，进而提高销售额和市场占有率。精准营销的核心是依据消费者的个性化需求来提供产品和服务，其中大数据技术是满足消费者需求的工具。

（一）精准营销的核心思维

精准营销的核心思维是以消费者为中心，依托强大的数据库资源，通过数据的分析和整合，对消费者进行准确的分析和定位，实现在合适的时间与地点制定能被消费者接受的价格，通过独特的营销渠道为目标消费者提供心仪的产品，最大限度地实现企业的利益。

具体来说，精准营销的核心思维包括以下 3 个方面。

1. 以消费者为导向

无论是传统营销，还是精准营销，营销的落脚点始终是消费者。大数据营销基于多平台的大量数据，其数据来源多样化，能够帮助企业描绘消费者画像，更加精准、全面地分析并确定消费者的特征，进而利用标签挖掘出潜在的消费需求。营销人员可以根据大数据分析结果更好地了解消费者的消费习惯，以及年龄、兴趣、收入、消费水平等情况，以便针对不同的消费者制定不同的营销策略。

2. 深度洞察消费者

深度洞察消费者是指营销人员在消费者画像的基础上，结合自身业务知识思考并深度挖掘消费者的潜在需求。例如，大数据分析技术检测到某消费者近期频繁购买奶粉，依此推测该消费者可能有孩子或者负责照顾孩子，在后续的营销中就可以推出适龄的尿不湿、辅食、玩具、早教类产品，进行针对性营销。

3. 精准跟进消费者

精准营销能够使企业与消费者随时随地保持密切沟通，由此企业可以与消费者长期维系关系，建立稳定的忠实消费群体，实现消费者链式反应增值，从而实现企业长期、稳定、高速发展的目标。

在大数据时代，营销观念出现了重大变革，实践也验证了大数据的商业价值。因此，企业必须重视大数据，重视精准营销。

（二）精准营销的构成要素

精准营销模式的基本构成要素包括准确的市场定位、完整的销售体系、个性化产品和增值服务体系。

1. 准确的市场定位

当今社会，准确的市场定位是企业实施精准营销的前提。经过客户分析后会发现，不同类型的客户所产生的消费行为差异很大。企业要以市场为导向进行营销，其关键在于针对不同的客户群的不同特征，对目标客户进行更加细致的市场划分，并对产品的市场价值及使用做出清晰的定位。这样既可以为目标客户提供个性化产品，又可以通过市场的不断细分和定位来确定企业品牌和市场，从而在激烈的市场竞争中获得更大的优势，促进企业的持续发展。

2. 完整的销售体系

企业要经历交流互动、物流配送、总结核算等多个环节，才能形成一套完整的营销活动。对企业来说，任一环节的行为与客户的意图不符，都会对产品的实际销量产生影响。如今网络信息技术飞速发展，带动了一整套销售体系的出现和大规模应用。

实施精准营销时，企业要把客户的购买过程与集成销售体系连接起来，这既可降低购买流程的烦琐程度，又可满足客户对产品整体采购的期望和需求。在此背景下，企业不但可以为客户提供更加全面、完善的销售服务，而且可以增强客户的信任感，提升企业在市场上的影响力。

3. 个性化产品

随着经济的发展，人们的生活水平与文化素质普遍提高。企业既要考虑到产品的功能和使用要求，又要考虑到外观、使用价值、应用场景等因素，只有个性化的产品才能更好地满足客户的心理预期。

一方面，为了使客户满意，企业必须运用大数据技术，对客户的需求进行细致的分析，然后运用精确的市场营销模型，为客户提供更有针对性的产品；另一方面，在为客户提供个性化的产品与服务的过程中，运用精准营销方式增强企业对市场环境的适应能力，降低企业因市场环境的改变所承受的风险与损失，从而使企业的利润最大化。

4. 增值服务体系

增值服务是在客户购买产品或服务后，企业通过提供优质的售后服务来提高客户的满意度，同时企业可以利用客户口碑来拓展更多业务。在实施精准营销的过程中，企业要构建一个完善的服务体系，不仅要有严格、规范的售后服务程序，还要对服务人员进行专业的培训，提高服务人员的服务意识，让客户在享受售后服务的同时，能够提高对产品、企业的满意度，进而达到企业的营销目的。

随着社会的发展，售后服务对整个市场的影响越来越大，客户逐渐把售后服务当成衡量一个企业产品质量和服务水平的标准。因此，在实施精准营销的过程中，企业要注重构建完善的增值服务体系，以适应当前客户的需要。

（三）精准营销的策略

大数据为企业开展个性化、差异化的精准营销提供了充足的条件。企业如果能有效利用大数据资源，在精准定位和数据分析的基础上挖掘出新的市场价值，就能实现对自身营销的优化。

精准营销策略包括以下5种。

1. 差异化产品策略

在现代消费市场中，个性化消费趋势逐渐凸显。企业需要通过差异化产品策略来满足消费者的个性化需求，提高产品的竞争力和市场占有率。企业要根据消费者需求设计个性化产品，通过产品的特点与优势制定差异化产品策略，包括产品包装策略、定价策略、促销策略等。

企业生产制造逐渐向生产"智"造方向转变，依据数据分析结果，企业应对消费者和产品进行有机串联，从消费者的反馈和市场的变化中发现问题和机会，不断调整和优化产品策略，提高产品的适应性和竞争力。

2. 广告投放策略

在大数据营销思维的指导下，企业已经改变了传统的广告投放策略，转而利用大数据的采集与分析功能定位消费者，将广告精准地投放给目标消费者。企业通过数据分析掌握目标消费者的消费需求与心理，根据其浏览、消费习惯投放线上或线下广告。

特别是线上广告，企业可以通过信息监测与追踪技术来了解广告投放的效果，优化广告投放策略，例如，谁看了广告、看了多少次、通过什么渠道观看，以及对广告内容的反应和反馈等，这能促进企业不断调整广告投放策略，提高营销转化率。

3. 精准推广策略

精准推广策略可以帮助企业有效地将其产品或服务推荐给特定的消费群体，以提高其品牌认知度和销售额。精准推广策略包括网络推广、社交媒体推广、电子邮件推广等多种形式。

定位目标消费者是精准推广的第一步，是指通过调查数据分析潜在消费者的行为与喜好，确定消费者的类型与需求，并基于此进行推广。根据不同类型的消费者需求，企业可以制订有针对性的推广计划，并建立合适的推广渠道，如社交媒体、搜索引擎、电商平台等，将产品或服务推荐给最有可能购买的消费群体。企业还可以通过数据分析提取有效数据，不断优化推广策略，提升推广效果。

4. 产品定价策略

为了收集不同类型的数据，如不同的消费者需求、不同渠道的数据，企业要基于大数据技术构建跨越多种不同系统的大数据营销平台，以帮助企业快速、全面、精准地收集消费者的海量数据，洞察、分析和预测消费者的偏好，以及消费者对不同价格段产品的反应。

产品价格通常是影响交易成败的重要因素，同时也是产品营销中难以确定的因素。价格不仅是对产品价值的衡量，还关系着产品的定位。企业既要考虑对成本的补偿，又要考虑消费者对价格的接受能力，从而使定价策略具有买卖双方双向决策的特征。

企业可以利用大数据了解消费者行为和反馈，深刻理解消费者的需求，关注消费者行为，进而高效分析消费者的各项信息并做出预测，不断调整产品的功能方向，验证产品的商业价值，制定科学的价格策略。

5. 客户维系策略

客户维系即客户关系管理，对企业来说，做好客户关系管理至关重要。客户关系管理是指企业为提高核心竞争力，利用相应的信息技术及互联网技术协调企业与客户在销售、营销和服务上的交互，从而优化其管理方式，向客户提供个性化的交互和服务的过程。企业要想在竞争日趋激烈的市场环境中获得竞争优势，做好客户维系是关键。

在大数据时代，企业要想与客户建立良好的关系，需要收集和洞察客户的动态数据。由于客户信息繁杂，如果将其按照地域、行业、购买能力等因素划分，则相关信息无法精确反映客户的不同需求，这就需要企业进一步挖掘和分析自身掌握的销售数据，将影响大的因素（如购买方式、消费习惯等）作为划分标准，实现更精细的类别划分。针对不同类别，企业可以制定不同的营销策略，维护和管理好客户关系。

 **案例链接**

大数据分析，亚马逊客户关系管理的"利器"

亚马逊是全球较为出众的电子商务公司之一，其客户关系管理做得非常成功，得到了广泛的认可。亚马逊运用大数据分析技术，对客户需求进行深入挖掘，有效提高了服务效率和客户满意度，其成功的客户关系管理体现在以下3个方面。

（1）个性化推荐系统

亚马逊在自己的官网上构建了个性化推荐系统。这个系统以每一位客户的购买历史、搜索历史、点击记录等为依据，通过大数据分析技术进行深入挖掘，找出客户的兴趣爱好、购买习惯，从而生成针对客户的个性化产品推荐。例如，客户经常购买宠物用品，亚马逊就会根据客户的购买历史和搜索历史，分析出此客户的兴趣，从而针对性地向其推荐相关的宠物用品。

（2）社交媒体营销

亚马逊还注重与客户的沟通，在社交媒体平台上，客户可以分享购买体验和意见，而亚马逊会对这些反馈进行分析，推断出客户的需求和偏好，然后根据客户的需求开展产品设计、生产和营销等工作。例如，有很多客户在社交媒体上抱怨某个产品的质量或者接受的服务不好时，亚马逊就会快速做出反应，及时改进，从而获得更多客户的信任与支持。

（3）完善的售后服务

亚马逊良好的售后服务也是其成功的客户关系管理的重要体现。亚马逊的客服团队以客户满意度为导向，为客户提供 24 小时在线服务、7 天无理由退货服务，通过大数据分析技术，不断提高售后服务效率和质量。客户购买产品后出现任何问题，随时可向客服咨询，客服会积极受理并解决客户的问题，同时对客户的服务体验进行记录分析，以优化后续服务。

亚马逊成功的客户关系管理告诉我们，大数据分析技术是实现良好客户关系管理的关键。只有不断通过大数据技术提高服务效率和精准度，才能满足客户的需求，保持客户忠诚度，进而增加产品销售额，提升企业效益。

（四）精准营销的实施

在大数据时代，实施精准营销既是时代的需要，也是企业发展的必然要求。精准营销的实施过程分为确定目标、收集数据、分析建模、制定策略及效果评估。

1. 确定目标

企业要想实现精准营销，首先要确定目标，只有明确产品或服务面向的目标客户群体，才能准确地分析客户的行为习惯，确定客户的购买倾向。明确目标客户群体是实施精准营销的关键。企业要立足互联网现状，建立客户信息库，在寻找潜在客户、激活老客户、发展新客户的流程中找到企业产品的目标客户群体。

2. 收集数据

数据对精准营销而言至关重要，因为数据可以帮助企业获得客户洞察力，有了客户洞察力，企业就能增强自身与客户之间的关联性，进而提高客户的忠诚度。确定目标后，企业要针对目标客户采集和整合各种数据源的数据，包括网站访问记录、社交媒体数据、消费记录等。企业要使用各种工具和技术，如网站分析工具、社交媒体监测工具等，将这些数据集中存储，并建立一套完整的数据分析系统。

企业收集客户信息主要有两种途径。

（1）通过直接渠道获得内部数据

企业可以通过与客户的直接接触获取所需的客户信息，主要包括通过与客户直接交谈、组织营销活动、为客户提供售后服务或通过网站及移动终端收集客户信息等。例如，客户通过企业网站了解或订购产品时填写的相关信息。

（2）通过间接渠道获得外部数据

在移动互联网时代，人们的生活、行为与消费习惯发生了巨大变化。越来越多的企业需要借助互联网上传或下载各种数据、更新软件、进行交易或提供客户支持，这就意味着即使客户离开线上商店或网站，企业仍能收集到客户的数据。例如，利用搜索关键词了解客户，通过社交媒体了解客户，从第三方数据服务供应商处了解客户，等等。

3. 分析建模

企业需要对收集到的数据进行分析，通过信息聚合制作客户档案，形成不同的识别标签。在大数据时代，客户数据丰富多样，来源广泛，数量庞大，精准营销对数据存储、分析及可视化的要求较高，对数据处理方法的高效性和可用性极为看重。分析建模又分为数据分析与数据建模。

（1）数据分析

企业可以通过数据抽样和数据预处理对客户信息进行分析处理。

① 数据抽样。数据抽样是指利用抽样技术从全部数据中选取部分数据进行分析，以挖掘大规模客户数据集中有用的信息。在精准营销的过程中，为了获取客户对企业产品或服务的需求信息，企业可以利用大数据、人工智能等技术和相关算法对海量、多维度的客户数据进行抽样，得到具有代表性的客户样本，快速挖掘有效的客户特征。

② 数据预处理。数据预处理是指在数据分析之前对数据进行一些必要的处理，以获得可供分析的数据。企业收集的数据往往是混杂的，企业需要对其进行清洗、整合与提炼，剔除无用数据，挖掘有效信息，才能为营销决策的制定提供支撑。

企业可以依据最终目的，采用恰当的数据分析方法，如客户画像、关联分析、聚类分析、回归分析或分类预测等对数据进行深层次的洞察。例如，企业想要依据客户的消费特征对其进行细分，则可以结合客户画像与聚类算法得到具有不同消费行为特征的消费子群。

（2）数据建模

数据建模是指通过挖掘和分析客户信息，精准地划分出客户群体，并为客户贴上标签，以便为其提供差异化服务。基于原始客户数据，企业可以运用各种数据分析方法提取客户的具体标签，在此过程中，一般会产生 3 类标签，如图 6-2 所示。

图 6-2 数据建模过程中产生的 3 类标签

① 事实标签。这类标签是从数据库中直接获取或者通过简单的统计得到的。例如，经过统计分析客户的注册数据、消费数据及访问记录，得到客户性别、年龄、地理位置、购物频次等信息。

② 模型标签。这类标签涉及确定的规则、机器学习、自然语言处理技术等，如客户活跃度、产品偏好、行业兴趣等。例如，企业可以根据客户活跃度对其购买的产品或服务种类进行分析，运用关联分析找到同质或互补的产品，进而开展个性化推荐。

③ 高级标签。这类标签以事实标签和模型标签为基础，通过特征融合、建模分析等方法进行构建，以满足实际的业务需求。

通过对数据的分析，企业可以对客户进行有效细分，将客户分为不同的群体，并基于客户特征和行为数据构建客户画像。例如，某银行通过精准营销系统打通银行内外部数据，并利用人工智能技术对数据进行深度挖掘，预测客户的需求和价值，从而细分客户群体，构建客户画像，进而打造个性化的理财推荐系统。

4．制定策略

经过以上 3 个步骤，营销人员对客户已经有所了解，接下来就该进行客户洞察力设计，拟订营销计划了。基于客户细分和客户画像构建，营销人员可以制定针对不同消费群体的个性化营销策略。基于客户行为数据，营销人员可以分析客户的行为与偏好，然后选择合适的营销渠道，如社交媒体、搜索引擎等。

在制定策略阶段，企业应对收集的数据进行更深入的挖掘、分析建模，从而确定潜在的客户群体及其反应倾向。缜密的分析建模是制定营销策略的必要前提。企业数据分析过程包括将大量数据转换成有用的信息，获得客户洞察力，从而实现新的目标、找到新的机会或解决业务问题。以数据为导向的客户洞察力可以帮助企业在更深层次上了解客户的真实价值与购买倾向，同时反过来影响策略的制定及营销过程、传播渠道、战略战术与营销内容的决定。

5．效果评估

在进行精准营销时，企业要不断进行测试和优化，营销活动结束后还应对营销活动执行过程中收集到的各种数据进行综合分析，对营销活动的执行及渠道、产品和广告的有效性进行评估，总结经验和教训，寻找需要改进和优化的关键点，为下一阶段的营销活动开展打下良好的基础。简而言之，效果评估是营销活动的终点，也是下一轮营销活动的起点。

任务二　个性化营销

随着信息技术的发展，企业与客户之间实现了实时互动，于是个性化营销成为当前非常有竞争力的一种营销方式。个性化营销作为互联网经济下诞生的新商业模式，快速成为企业获得有利市场地位的有效途径，同时市场也向着个性化方向发展。

（一）个性化营销的概念

个性化营销，也称定制化营销，是一种为客户量身定制合适的产品或服务的新型营销方式。从广义上理解，个性化营销是指企业从产品的设计、生产、销售乃至服务的所有环节均给予客户充分的个性化关注；从狭义上理解，个性化营销是指企业仅关注在已有产品的基础上实现对客户个性化需求的满足。前者将重心放在对客户个性化需求的满足上，通过提高客户价值来实现自身价值增长；后者则是将重心置于产品上，满足客户个性化需求只是为了销售当前的产品，两者既有区别又有联系。

如今，大数据、云计算、人工智能等科学技术快速发展，为企业实施个性化营销打下了坚实的基础。企业应用现代信息技术，采用灵活战略并适时调整营销策略，以生产者与客户之间的协调合作来提高市场竞争力。现在的个性化营销减少了营销活动的中间环节，注重产品的设计创新、服务管理，降低了销售成本，提高了经营效率，其重要性日益凸显。

个性化营销与精准营销有所不同。精准营销倾向于进行市场细分，即消费群体的精准分类与营销信息的精准传达。而个性化营销是指企业通过收集、分析相关数据了解客户，获取客户偏好，将个性化定制内容推送给目标客户，从而实现"一对一"的沟通。

显然，精准营销涉及个性化定制内容，如果缺乏此内容，即使对客户进行了精准定位与广告投放，产品或服务也可能根本无法吸引目标客户。由此可见，个性化定制内容很重要，企业需要通过数据整理分析获取客户偏好，为其进行个性化内容的定制与推送，使客户对个性化定制内容产生"贴心"的感觉，从而对企业品牌产生好感，并形成长期关注的习惯。

精准营销和个性化营销的区别在于定位的目标不一样。精准营销追求的是受众的精确定位，个性化营销讲究的是个性化内容的定位，但是两者又相互依存，相互联系。

（二）个性化营销的优势

与传统营销方式相比，个性化营销表现出特有的竞争优势，主要体现在以下 4 个方面。

1. 增强客户体验

个性化营销体现了"以客户为中心"的营销理念。基于客户需求，企业提供一对一营销服务，与每位客户建立良好的关系并为其开展定制化服务，最大限度地满足客户的个性化需求。企业根据客户的需求和偏好提供有针对性的内容信息和营销推广活动，从而增强客户体验，促使客户购买企业的产品或服务。

2. 提高营销效率

传统的大规模生产容易导致产品滞销和积压，造成资源的闲置和浪费。个性化营销可以帮助企业更有效地吸引和保留客户，实现按需生产，企业几乎没有库存积压，可以减少营销资源的浪费，降低成本。企业可以通过更精细的营销策略和定向的推广活动来获得更高的投资回报率。

3. 塑造品牌形象

企业通过提供更贴近客户需求的产品或服务，能够树立更好的品牌形象。企业通过提供个性化服务，与客户建立更深入的关系，能够提高客户的忠诚度与信任度。个性化营销可以让企业在激烈的市场竞争中脱颖而出，提高客户对品牌的认知度和好感度，有助于企业塑造品牌形象。

4. 促进企业发展

个性化营销可以提高客户转化率，当客户感到企业真正关心他们的需求和偏好时，他们更有可能购买企业的产品或服务，从而增加产品销量。另外，根据客户的个性化需求，企业更有创新的动力，这有利于促进企业不断发展壮大并保持活力。

（三）个性化营销的核心

个性化营销要求营销人员能够识别、追踪、记录客户的个性化需求，与客户保持长期的互动关系，提供个性化的产品或服务，并运用相应的营销策略组合满足客户的需求。个性化营销的核心主要体现在以下几方面。

1. 建立目标客户数据库

掌握目标客户的详细资料对企业来说非常关键。实施个性化营销的第一步就是能够挖掘出一定数量且具有较高价值的目标客户，建立目标客户数据库，并与目标客户建立良好的关系，最大限度地提高每个潜在客户的价值。

企业必须掌握包括客户习惯、客户偏好在内的尽可能多的信息资料，才能保证目标客户数据库的建立具有营销战略意义。企业可以安排营销人员记录下每次与目标客户接触的过程，或者通过大数据技术在网络上抓取消费行为数据，如购买的数量、价格、采购的条件、特定的需要等。个性化营销要求企业必须从每一个接触层面、每一条沟通渠道、每一个活动场所中来认识和了解目标客户，尽可能多地掌握其信息。

2. 注重消费群体差异化

个性化营销较传统营销而言，已由注重产品差异化转向注重消费群体差异化。从广义上理解消费群体差异化，其主要体现在两个方面：一是不同的消费群体代表不同的价值水平，二是不同的消费群体有不同的需求。因此，个性化营销的实施体现为企业在充分掌握目标客户的信息资料并考虑其价值的前提下，合理区分消费群体之间的差异。

消费群体差异化对企业开展个性化营销有着重要的作用，这主要体现在消费群体差异化使企业的个性化营销更加有的放矢，企业能集中有限资源从最有价值的消费群体中获得最大的收益；消费群体差异化使企业根据现有的客户信息重新设计生产行为，从而对客户价值与需求做出及时的反馈与跟进；企业对现有的目标客户数据库进行一定程度的差异化处理，有助于企业在特定的经营环境下制定合适的经营战略。

3. 与目标客户沟通互动

个性化营销要求企业寻找、开发、利用新的沟通手段。互联网技术的高速发展为企业与客户提供了越来越多的"一对一"沟通选择，例如，有些企业通过官方网站、社交媒体、消息推送等向目标客户传递最新的产品信息，这与传统客户拜访的方式相比大大节约了成本。当然，传统的面对面沟通方式仍不能被忽视。

4. 重视个性化定制服务

个性化营销最终实现的目标是为客户定制实体产品或提供定制服务。企业为了实现此目标需要重新剖析生产过程，划分出相对独立的子过程后进行重新组合，设计各种组件或程序，以较低的成本生产出各式各样的产品，以满足客户的个性化需求。

（四）个性化营销的实施

个性化营销的实施过程如下。

1. 应用大数据技术满足客户个性化需求

企业实施个性化营销的目标是为目标客户提供个性化服务，满足其需求。个性化营销的实施需要以企业对客户信息管理模式的转型和升级为前提，这就要求企业通过转变客户关系管理理念来建立动态化的客户信息管理系统。

要实现这种转变，企业需要通过现代化信息技术来增强企业与客户之间的沟通交流能力，将客户的实时消费信息反馈给企业的营销部门。然后，营销部门通过深入分析客户的海量消费数据，厘清客户的真实消费需求，并从中找出客户想要及时解决的问题，由此制定具有针对性的个性化营销方案及售后服务方案。

2. 依据大数据制定差异化消费群体方案

客户的个性化偏好是客户的生理需求和心理需求协同激化的产物，主要表现为消费冲动。大数据时代的营销模式是在不同消费群体的基础上制定差异化方案。制定差异化消费群体方案的根源在于，互联网时代信息交互技术的发展为客户提供了方便、快捷的信息交互工具，客户与企业可以通过网络交互工具来实现信息沟通，以确保上游供应商及时获取终端市场反馈的消费信息，在均衡分析成本与收益的基础上合理控制企业的消费群体规模。

差异化消费群体方案有助于吸引更多具有个性化消费需求的客户对企业产品的青睐，这部分客户可以称为企业的高价值客户。高价值客户愿为企业的个性化产品与服务支付更高价格，从而给企业带来更加丰厚的利润。

因此，企业要客观分析规模化营销收益和个性化营销增值收益之间的关系，从中选择更合适的消费群体方案，使企业兼顾规模化营销收益和个性化营销增值收益，实现整体营销收益最大化的目标。

3. 基于大数据精准推送企业营销信息

企业通过分析展现消费者个性化消费需求可确定企业营销信息的精准推送策略。企业个性化营销策略的实施，需要以便捷、高效、精准的营销信息推送为基础和前提。这就需要企业建构良好的营销行为模式，以确保营销信息能够高效触达目标消费群体。

为此，企业应基于互联网技术，深入剖析目标消费群体对企业产品或服务的关注焦点和痛点所在，并据此确定信息推送内容及推送目标。由于目标客户在性别、收入、消费行为习惯等方面各具特性，企业需要基于其历史消费行为来确定其消费特征，从而对其进行分类管理。通常企业可以将目标消费群体分为沉默消费群体、活跃消费群体和待观察消费群体等类别，并有针对性地实施个性化营销策略。

4. 基于消费群体特征合理设计个性化服务

企业在设计个性化服务时，需要注意以下两点。

一是由于现实条件的局限性，企业营销无法满足所有客户的个性化需求，这就要求企业抓住客户需求的共同点，并基于此执行相应的营销策略。

二是避免盲目根据客户的个性化需求进行营销服务，否则会在很大程度上增加企业营销的服务成本。因此，企业必须详细分析目标客户数据，为目标客户设计个性化产品和服务，这既能满足客户的不同需求，又能减少成本负担。

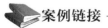 **案例链接**

兴长信达，个性化营销加速品牌流量变现

兴长信达是一家科技公司，致力于在我国电子商务行业进行开拓与实践。进入数字化时代，为了更好地将大数据与会员营销相结合，兴长信达创建了专业的数据营销平台，不仅打通了微信及视频号、百度 App 和 PC 端等多平台的流量入口，让品牌快速触达多方流量池，还利用自身擅长的大数据、云计算为每位会员绘制独有的画像，进而对会员进行标签化管理，实现对精准客户的数据采集，为吸引新客户奠定基础。

如今，"90 后""95 后"成为主流消费群体，与其他消费群体相比，他们不仅分散在互联网的各个平台，如微信、抖音、快手、哔哩哔哩、小红书等，还更加注重消费体验。因此，要想吸引他们加入，不仅要以大数据为载体，还要通过个性化的营销内容提升他们的购买感知和产品体验。

兴长信达为了更好地助力品牌商实现"千人千面"的个性化营销，一方面通过全渠道整合的方式，在全网建立客户标签和内容标签体系；另一方面，通过短视频、图文、直播等多种形式，将品牌与营销融合到一起，为客户推送他们最感兴趣的内容，以实现流量的快速变现。

在此过程中，为了实现会员的精细化运营，兴长信达还根据会员的消费行为进行分层管理，针对不同层次的会员进行分类营销，提供个性化服务，如生日优惠、会员专享折扣、

周年庆活动、新人推荐礼、积分兑礼等，进而通过消费习惯的养成和品牌信任度的提高，拓宽客户的消费品类，最终让客户找到自我归属感，更有效地实现会员的增长与裂变。

在大数据时代，会员个性化营销已成为流量变现、新客户拉新、老客户留存的一剂良药。兴长信达帮助品牌商针对不同品牌特性设计富有品牌特色的个性化会员体系，让会员与品牌之间建立起亲密关系。兴长信达通过个性化的营销方案，将流量变成实实在在的销量，助力品牌业绩稳步增长。

🎓 课堂讨论

请同学们回忆平时发生在自己身上或身边的一些营销事件，哪些营销事件是依托大数据实施的精准营销和个性化营销？这些营销事件的优势以及不足之处是什么？品牌或商家应如何改善营销策略？

任务三 关联营销

关联营销，又称关联销售，指在产品、品牌、品类等需要营销的对象中找出它们的相关性，然后在交叉营销的基础上实现深层次的多面引导的营销策略。关联营销是一种建立在多方互利基础上的关联销售手段，常用于电商领域。它是一种既简单又高效的营销方式，不仅成本低，还能最大限度地提高店铺的流量转化率。关联营销的目的是通过一种产品的销售影响更多产品的销售，扩大销售范围。

（一）关联营销的触点

在互联网时代，人们的生活方式与消费习惯发生了巨大的变化。网上购物给人们带来了很多的便捷，越来越多的消费者开始选择这种购物方式。对企业或商家来说，在网络平台上采用关联营销具有天然优势，它们可以引导消费者在购买目标产品时购买更多的其他相关产品。

为了提高关联营销的效率，营销人员要了解关联营销的三大触点，如图6-3所示。

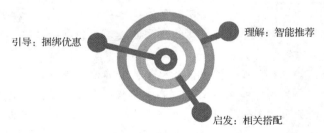

图6-3 关联营销的三大触点

1. 引导：捆绑优惠

捆绑优惠是指商家通过制定一定的规则，引导消费者购买两件或两件以上产品，从而使其享受到更大的优惠。引导消费者享受优惠，就是关联营销的一大触点。例如，当消费者在电商平台浏览相机时，打开某品牌相机的详情页，就会在"随心配"模块发现一系列的捆绑优惠政策。消费者只要同时购买相机与套餐中的其他产品，就能享受一定的价格折扣。捆绑优惠在淘宝、京东等购物网站上十分常见。

捆绑优惠的使用不限于互联网，在很多线下实体店也很常见。例如，超市将牙膏与牙刷放在一起，组成套装进行打折销售。但是，网络平台上的捆绑优惠能够发挥更大的优势，这主要体现在以下几个方面。

（1）直观

购物网站的某一页面可以展示全面而具体的内容，例如，产品的细节、折扣力度、最终价格，消费者一眼就可以看明白。

（2）灵活

购物网站运用捆绑优惠可以为同一件产品搭配不同的产品，形成多种套餐，这样消费者就可以根据自己的需求选择合适的套餐，而线下渠道的捆绑优惠形式通常比较单一。

（3）快捷

商家在互联网上创建捆绑优惠套餐非常快捷，将其置于合适的位置，消费者就能立即发现，并且购买操作简单方便，消费者能够获得很好的购物体验。如果在线下实体店，商家不仅要对产品销售进行系统设置，还要对营销人员进行培训，做足促销展示工作，这相对来说更费时费力。

2. 启发：相关搭配

相关搭配是一种启发消费者产生更多需求的营销手段。认清一件产品的自然特性，理解其与其他产品之间的联系，并通过这种联系将该产品与其他产品搭配在一起，能够启发消费者购买更多的产品。

产品搭配对商家的认知与审美有一定的要求。搭配应以产品之间的自然联系为基础，不能过于死板，这样才能促进成交率的提高。京东商城有一个"推荐配件"的模块，如果消费者看中了某一款手机，京东商城将在"推荐配件"中推荐相关屏幕保护膜、手机壳、蓝牙耳机、移动电源、车载配件等其他种类产品，这些与当前手机型号符合的配件很容易获得消费者的青睐。

从引导和启发两个触点入手，对产品进行关联销售，即以捆绑优惠吸引消费者的眼球，以相关搭配引发消费者的潜在需要，可以获得更好的效果，很容易促使消费者产生购买行为。

3. 理解：智能推荐

智能推荐是依托大数据进行的。系统通过分析整理消费者的网络行为数据，概括消费者的行为特征，从而预测消费者的需求，智能地为消费者推荐产品。例如，亚马逊首页上的信息不是宣传促销信息，而是为每一位消费者"量身定做"的个性化推荐信息，是系统根据每一位消费者的历史访问记录与购买记录来预测的。

智能推荐通过人性化的做法让消费者获得被关注的感觉，而智能推荐的产品常常能满足消费者的心理需求，使消费者无须从海量产品中挑选，就能快捷地获得自己需要的商品，这为消费者带来了很大的便利。

（二）关联营销的模式

关联营销的实质就是引导消费者购买推荐产品，让消费者对购买计划之外的产品产生兴趣，进而产生购买行为。关联营销的模式有很多种，常见的主要有以下几种。

1. 基于产品功能和应用场景的关联营销

有很多产品的功能、风格等属性是互补的，如茶具和茶叶、奶粉和奶瓶等。商家也可以基于不同的应用场景来开展关联营销，例如，男士购买西服时需要搭配衬衫，女士购买礼服时需要搭配首饰，等等。这类关联营销被称为互补型关联营销，以促成消费者同时或者先后购买两种或两种以上的产品为目标。

2. 基于相似产品的关联营销

将功能、用途相似的产品放在一起展示给消费者，让消费者了解多个相似产品之间的区别，从而做出购买决定，这是基于相似产品的关联营销。商家采用此类关联营销模式，可以有效降低消费者在当前产品页面的跳失率，还会引导消费者同时购买多件产品，如板型不同的牛仔裤、阔腿裤、直筒裤、小脚裤、微喇裤等。

基于相似产品的关联营销被称为替代型关联营销，指主推产品和关联产品可以完全替代。例如，主推产品为圆领 T 恤，那么关联产品可以是 V 型领 T 恤。

3. 基于同类产品的关联营销

商家将规格、含量、价位等不同的同类产品摆放在一起，给消费者提供多种选择，使消费者可以按需购买，这样可以有效避免消费者流失。另外，商家可以利用大数据为消费者推荐"爆款"。大多数人都有从众心理，他们会觉得"大家都在买"，那么这件产品一定很好，因此产生关联购买。例如，商家将规格不同、价位不同的洁面乳摆放在一起，让消费者按自己的需求进行选择。

（三）关联营销的实施

关联营销对于电商来说非常重要，既可以提高店铺商品的曝光率，又可以提高流量的转化率，从而增加店铺的整体销售额。例如，客户因为产品 A 点进来，但是不喜欢 A，由于关联营销，他可能对 B 产生兴趣，于是购买了 B，这样就降低了店铺跳失率。

对企业或商家来说，关联营销并不是随意设置的，在实施过程中需要注意以下几点。

1. 控制关联产品的数量

关联产品并不是越多越好，也不是越少越好，而应按照商家类目的选择、款式的多少、销量的多少等多重因素来决定。例如，服饰类商品本身就很讲究搭配方式和款式，如果想做全身搭配套餐的活动，主推产品是上衣，可以关联裙子、裤子等。如果店铺商品类目较多，还可以搭配鞋子、帽子等。网页上的关联产品一般占 2～3 行，每行的产品最好是 3～4 个，关联产品的数量在 9 个以内比较合适。

如果毫无节制地做关联，大量挤占产品描述的空间，在一定程度上会影响消费者对产品的了解，降低他们的体验感，甚至引起他们的反感，导致其放弃购买。因此，在做关联时要结合店铺的实际经营情况与消费者的体验感，适当控制关联产品的数量。

2. 掌握关联产品的价格

关联产品的价格与主推产品的价格不宜相差太大。如果选择价格相差太大的产品，可能会让消费者产生落差感甚至反感，从而放弃购买。对于关联产品，企业可以采用促销套餐或捆绑搭配的形式，但要考虑消费群体的消费能力与消费心理，让消费者感觉这样购买产品既优惠又实用，能够满足其需求，从而促使其产生购买行为。

3. 确定关联产品的位置

关联产品的位置摆放也非常关键。关联产品一般放在产品详情页中比较显眼的位置，包括页首、页中和页尾。页首一般关联店铺内的促销款、主推款，这是产品详情页中最显眼的位置，能够被消费者第一眼看到，但要商家控制好关联数量。页首一般不关联替代性产品，除非是跳失率特别高的产品，即商家的主要目的不是销售此产品时，则可以关联此产品。

页中可以放置互补性产品及一些搭配套餐的产品，当消费者看到页中时，其对主推产品已经有了初步的了解，看到互补性产品或套餐，由于需要或价格合适，就会点击查看，进而购买，即使没有购买，也会提高关联产品的曝光率。

页尾一般放置替代性产品或相似产品。消费者看到页尾说明其对主推产品很感兴趣，这时放上关联产品，可以达到事半功倍、相辅相成的效果。

商家放上关联产品是为了带动滞销款或新款产品的销售，或者为主推产品增加更多的流量，但无论出于什么目的，最终都是为了促成交易。而且无论是自然搜索流量，还是付费推广流量，都是有限的，如果可以通过店铺内一个商品为另一个或更多产品带来流量，实现转化，对店铺销售来说就非常有益。

（四）购物篮分析模型

人们在逛超市时，一般会拿一个购物篮，然后将想要买的产品放进去，最后去收银台结账。购物篮中有这次购买的所有产品，就是所购买产品的集合。如今人们喜欢网上购物，例如，在淘宝上将喜欢的商品放入购物车，然后统一结算，那么这个购物车也可以叫作购物篮。

购物篮分析的本质其实就是产品间的关联分析。因为一开始被广泛用在超市里，反映的是购物篮里产品之间的关系，所以这种分析被称为购物篮分析。购物篮分析模型是商场常用的一种分析模型，它基于已有数据，旨在挖掘数据内在结构特征或变量之间的关联性，找到事物之间的简单关联关系或序列关联关系，研究客户购买行为，找出隐藏在客户购买习惯背后的一些规律，并利用这些规律为客户提供想要的套餐，从而辅助企业制定营销策略，提高企业收益。

1. 应用优势

购物篮分析模型应用非常广泛，涉及电商、保险、电信等多个领域。在电商领域，关联分析可以帮助营销人员发现客户的消费偏好，定位客户消费需求，制定合理的交叉销售方案，实现商品的精准推荐；在保险领域中，关联分析可以帮助企业分析保险索赔的原因，及时甄别欺诈行为；在电信行业，关联分析可以帮助企业发现不同增值业务间的关联性及对客户流失的影响等。

在电商领域，购物篮分析模型给实际销售带来的好处如下。

* 优化产品配置：厘清哪些产品便于客户一起购买，优化陈列方式，便于商家更好地进行产品促销。

* 了解客户需求：分析出客户的购买习惯，包括购买产品的时间、地点等，例如，部分客户喜欢晚上购买打折蔬菜及乳品等。

* 分析销售趋势：利用数据仓库对品种和库存的变化趋势进行分析，选定需要补充的产品，研究客户购买趋势，分析季节性购买模式，确定降价产品。

2. 核心指标

购物篮分析模型的核心指标包括支持度、置信度、提升度，营销人员可以通过这 3 个指标判断产品之间的关联程度，如表 6-1 所示。

表 6-1　购物篮分析模型的核心指标

指标	定义	计算公式	举例
支持度	支持度是指 A 产品和 B 产品同时被购买的概率，支持度越大，产品间的关联性越强	支持度=同时购买 A 和 B 的订单数÷总购买订单数×100%	今天共有 10 笔订单，其中同时购买牛奶和面包的订单数是 6 笔，那么"牛奶+面包"组合的支持度就是 6÷10×100%=60%
置信度	置信度是指购买 A 之后又购买 B 的条件概率，反映买了 A 后再买 B 的订单占所有买了 A 的订单的比例	置信度=买了 A 后再买 B 的订单数÷购买 A 的订单数×100%	今天共有 10 笔订单，其中购买面包的订单数是 6 笔，购买面包后再购买牛奶的订单数是 4 笔，则其置信度是 4÷6×100%≈67%
提升度	提升度反映先购买 A 对购买 B 的提升作用，用来判断商品组合是否具有实际价值，大于 1 说明该产品组合有实际价值，小于 1 则说明无实际价值	提升度=支持度÷[(购买 A 的次数÷总购买订单数)×(购买 B 的次数÷总购买订单数)]	今天共有 10 笔订单，购买面包的订单数是 8 笔，购买牛奶的订单数是 6 笔，购买"牛奶+面包"的订单数是 6 笔，那么提升度是 0.6÷(0.8×0.6)>1，因此"牛奶+面包"的组合是有实际价值的

3. 建立模型

购物篮分析是一种基于机器学习的数据挖掘算法，旨在利用关联规则算法探索产品之间的关联关系，建立产品零售购物篮关联规则模型，得出产品关联规则，并结合实际，利用关联规则增加产品销量。

关联规则算法有很多种，其中 Apriori 算法是应用最广泛的关联规则算法之一，也是最为经典的在大数据集上可行的提取关联规则的算法。在此主要阐述使用 Apriori 算法进行分析的方法。关联规则算法主要用于寻找数据中项集之间的关联关系，它揭示了数据项间的未知关系，基于样本的统计规律，进行关联规则分析。

根据所分析的关联关系，数据人员可以从一个特征的信息推断出另一个特征的信息。当信息置信度达到某一阈值时，就可以认为规则成立。Apriori 算法包含两个过程：根据最小支持度阈值找出事务数据库中所有的频繁项集；由频繁项集和最小支持度产生强关联规则，最后根据算法结果输出关联规则。

构建购物篮分析模型的流程如图 6-4 所示。

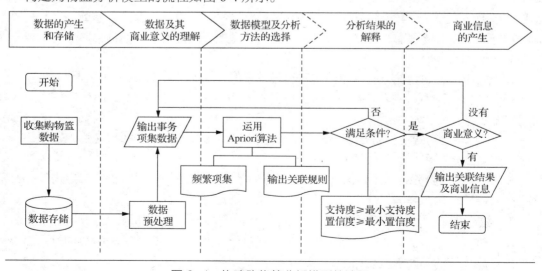

图 6-4　构建购物篮分析模型的流程

购物篮分析模型在零售业有着举足轻重、不可或缺的地位，以购物篮分析为基础的经典零售案例数不胜数。购物篮分析与其他分析方法的联系并不紧密，它既不需要其他分析方法为其做数据预处理，也不能为其他分析方法分担数据清洗等工作。购物篮分析是一个独立的算法，它有完善的理论基础，能够独立解决某种特定类型的问题。

购物篮分析能够精细刻画产品之间的关系，从而帮助企业找到增加销售额的途径。零售业中有关客户购物偏好的问题都可以通过购物篮分析来寻找答案。

购物篮分析和关联分析都用于寻找事物之间的关联，但购物篮分析没有过多的假设条件，且能够分析离散型数据，所以购物篮分析的应用范围比关联分析更加广泛。但是，只有数据量足够大时，购物篮分析的结果才足够准确。

购物篮分析要求营销人员对业务十分熟悉，这是因为购物篮分析只能揭示关联关系，不能揭示因果关系，但购物篮分析又总是被用于处理因果关系较为紧密的问题。这就对营销人员熟悉业务的能力提出了要求，营销人员只有熟悉存在数据挖掘问题的业务场景，才能筛选出有用的频繁项集，并洞察分析结果背后的客户心理，从而制定正确的销售策略。

任务四　大数据搜索引擎营销

搜索引擎营销是基于搜索引擎的网络营销，利用人们对搜索引擎的依赖和使用习惯，在人们检索信息时将营销信息传递给目标用户。搜索引擎营销的基本思想是让用户发现营销信息，并通过点击进入网页，进一步了解所需要的营销信息。企业通过搜索引擎付费推广或软文推广，可以让用户直接与企业客服进行交流，从而以最小的投入在搜索引擎中获得最大的访问量，并产生商业价值。

（一）认识大数据搜索引擎营销

大数据搜索引擎营销是在大数据技术支持下的搜索引擎营销。在大数据时代，大数据已成为搜索引擎优化的关键。利用大数据技术为搜索引擎营销赋能，可以使企业获得更多精准的流量。

1. 大数据搜索引擎营销的特点

大数据搜索引擎营销具有以下特点。

（1）受众广泛且精准度高

随着移动互联网的发展，搜索引擎得到了广泛的应用，积累了巨大的用户群。此外，用户采用搜索引擎搜索的内容是对其客观愿望和需求的真实表达，与传统营销相比，通过大数据搜索引擎营销将用户转化为消费者的概率更大。随着大数据、云计算、人工智能等技术的发展，搜索引擎服务提供商不仅可以实时分析关键词，还可以分析用户的习惯、兴趣爱好和需求，准确地向用户推送广告，从而大大增强营销的精准性。

（2）方便快捷且灵活性强

大数据搜索引擎营销方便快捷，企业只需编辑相关广告内容，选择并购买所需的关键词，或者在流量较多的页面上添加带有广告信息的网页链接。这种营销模式具有很强的灵活性，而在传统的营销模式下，企业是很难及时改变广告内容的。大数据搜索引擎营销可以根据社会热点、用户的搜索习惯和兴趣及时改变关键词和广告内容，从而快速适应市场变化。

（3）成本低且投资回报率高

使用关键词广告时，企业根据点击次数进行付费。每次点击的成本取决于企业为关键词设定的价格，通常为每次 0.15～3 元，价格较低。企业付出的成本是根据实际的点击行为计算的，因此这种支付方式具有较高的投资回报率。

（4）可控性较强

大数据搜索引擎营销的可控性主要体现在以下 3 个方面。

- 广告商可以完全控制广告内容，并有权根据不同情形灵活修改和优化广告内容。
- 广告商可以选择最合适的时间投放广告。
- 广告成本控制主要采用点击付费的形式，即网站被点击的次数决定了营销的成本。

2. 大数据搜索引擎营销的发展方向

随着社会的发展，人们生活水平的提高，人们的搜索需求也发生了改变，又因为大数据技术的逐步成熟，大数据搜索引擎营销向着互动式搜索、个性化搜索和社交圈搜索等方向发展。

（1）互动式搜索

互动式搜索是一种让每位用户参与并能干预搜索结果的方式。传统的搜索结果及排名完全是由搜索引擎决定的，企业为了宣传自己的产品或服务往往需要竞价排名，这没有考虑到用户的参与权。互动式搜索会让用户参与其中，用户能影响搜索结果的排序，这能充分发挥广大用户的力量，有效改善和提升用户的搜索体验。

（2）个性化搜索

个性化搜索就是针对用户定制搜索结果，即根据每位用户不同的搜索需求，结合用户的特点，给出最合适的搜索结果。为了满足不同用户的个性化需求，搜索引擎也日渐多样化。企业要想最大化地实现大数据搜索引擎营销的效果，就必须了解用户心理，为用户提供个性化的服务，基于用户行为和用户画像，制定合适的营销策略，提高用户的忠诚度。

（3）社交圈搜索

社交圈搜索是应用于不同的社交平台，通过组织社交平台产生的数据为用户提供搜索结果的方式。社交网络和社交工具的发展使具有相同兴趣的用户得以在网络空间聚集，企业可以在指定类别的网络社交圈轻松获取一批目标用户。这些网络社交圈中每天都会产生海量的碎片化数据，但这些碎片化数据不是传统搜索工具所能掌控的，所以必然会出现一种新型的搜索工具来组织网络社交圈中的数据。

（二）大数据搜索引擎营销的流程

大数据搜索引擎营销的基本流程为：企业首先构造出包含营销信息的网页，并发布到互联网上；随后等待搜索引擎的蜘蛛机器人爬取该网页，并将营销信息存储至自身的信息索引数据库；一旦用户使用与企业产品或服务相关的关键词在搜索引擎上进行搜索，搜索引擎就会将相关的营销信息返回给用户；经过筛选，用户主动点击进入包含营销信息的网页，营销流程完成，如图 6-5 所示。

搜索引擎营销的 5 个基本要素是信息源、搜索引擎信息索引数据库、用户的搜索行为和搜索结果、用户对搜索结果的分析判断、用户对选中的搜索结果进行点击查看。

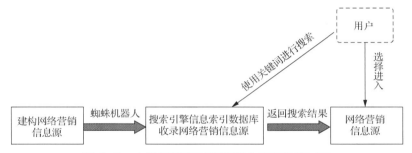

图 6-5　大数据搜索引擎营销中信息传递过程

根据这 5 个基本要素，企业实施大数据搜索引擎营销的流程如下。

1. 创造网页被搜索引擎收录的机会

大数据搜索引擎营销的基础就是搜索引擎对信息源的收集。企业最初构建的网页必须保证被搜索引擎收录，这样该网页才能被用户搜索到，从而完成后续的营销流程。如果网页不能被收录，网页设计得再完美也无济于事。因此，尽可能创造机会使网页被搜索引擎收录是大数据搜索引擎营销的首要任务之一。

2. 使营销信息在搜索结果中的排名靠前

网页被搜索引擎收录后，并不代表它会出现在搜索结果的顶端。搜索引擎信息索引数据库通常包含大量信息，当用户输入关键词进行搜索时，搜索引擎会反馈大量结果。用户往往没有耐心看完所有的搜索结果，只会关注排名靠前的一些搜索结果。如果网页的位置非常靠后，被用户发现的概率就会很低，营销效果也就无法保证。因此，企业要想办法使自身的营销信息在搜索结果中排名靠前，以抓住用户的注意力。

3. 利用搜索结果中的关键信息获得用户关注

搜索引擎反馈的所有结果并非都包含丰富的信息。用户通常会选择一些最相关、最能吸引其注意力的信息源，点击它们并进入相应页面以获取更完整的信息。因此，企业应尽最大努力来提高网页信息的质量，为用户呈现高质量的网页，并用更准确的信息吸引用户的注意力。

4. 为用户获取信息提供便利

大数据搜索引擎营销的基本形式是用户主动点击所选链接进入网页。用户可以成为某个网站的注册用户，以了解产品的详细信息。在这个阶段，企业将与用户建立直接联系，甚至完成交易，该过程同时与网站信息发布、客户服务、网站流量统计分析、在线销售和其他互联网工作密切相关。

（三）大数据搜索引擎营销策略

大数据搜索引擎营销策略包括搜索引擎优化、关键词广告营销等。

1. 搜索引擎优化

搜索引擎优化（Search Engine Optimization，SEO）就是通过了解各种搜索引擎如何收录网页、如何建立索引，以及如何确定特定关键词的搜索结果，采取相应的措施来提高网站质量、关键词的曝光率，使网站在搜索引擎的搜索结果中获得更高的排名，给企业带来更多的营销机会。

企业可以从以下几个方面实施搜索引擎优化。

（1）增加关键词密度

关键词密度是指网站上出现关键词的频率，即在一个页面中，关键词占该页面中总字数的比例。搜索引擎会读取页面中的字数，再利用自身的算法来统计页面中每个词或短语的重要程度，而那些重复出现的词或短语被认为比较重要。不同的搜索引擎在关键词密度计算公式及最佳关键词密度方面有所不同。为了获得更好的排名，企业需要确保相应关键词多次出现在页面中，但要注意避免关键词堆砌。

（2）优化关键词布局

关键词布局应遵循"无所不在，有所侧重"的原则。根据搜索引擎的工作原理，关键词通常要放在有价值的位置，如标题栏、页面顶部和每个段落的开头等，在这些位置突出显示的关键词有助于搜索引擎识别网站内容，并更快速地吸引潜在用户。

元描述（Meta Description），又称描述标签，是对网页内容的简明总结，一个好的元描述可以帮助用户快速判断网页内容是否与其搜索需求一致。元描述不是权值计算的参考因素，其是否存在不影响网站的权重，它仅用于形成搜索结果摘要。搜索引擎无法捕获图像，所以企业在创建网页时应对图像进行注释，并且在注释中显示关键词，也可以对网页文本中的关键词进行加粗处理，以增加其权重。

（3）优化网页导航

网站要有清晰的结构和明确的导航，这有利于搜索引擎的蜘蛛机器人迅速抓取网页。最重要的是，它可以帮助用户快速从网站上找到需要的内容。网页应尽量使用静态页面，动态页面不利于搜索引擎的蜘蛛机器人进行抓取。

网站结构应呈扁平状（见图6-6），即首页到具体页面的跳转次数要尽可能少，所有页面只需单击1～2次即可到达。该结构适合产品单一的企业官方网站。

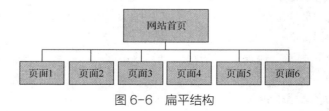

图6-6 扁平结构

树形结构较扁平结构更为繁杂，层次更多，如同枝繁叶茂的大树，由主干、主分支、子分支、树叶等组成，如图6-7所示。需要注意的是，从首页到最终页面以3层为宜，最多不宜超过4层。该结构适用于电商或资讯类网站。

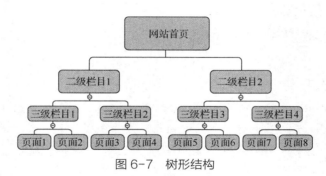

图6-7 树形结构

树形结构有利于网站扩建。同时，网站上的每个页面都必须有指向上级页面或下级页面以及相关内容的链接，且每一个网页都能链接到其他网页。

（4）优化网站内容

搜索引擎的蜘蛛机器人会根据网站中的具体内容来判断该网站的质量，所以优化网站内容是搜索引擎优化的重点。

要进行网站内容优化，首先要做到的就是坚持更新内容。如果定期不断地在网站中添加新的内容，就会使网站有大量的页面被搜索引擎收录，就能使网站有机会关联更多的关键词，进而增加网站的权重。

其次，要提高内容的质量，增加符合用户需求的原创内容是提高搜索引擎信任度的最佳途径，这不仅仅是为了在短期内提高网站的排名，更是为了使网站长久地获得较大的权重。因为网站权重对网站来说非常重要，例如，同一篇文章在多个网站中出现时，有着较大权重的网站会让搜索引擎更愿意相信来源于此网站的信息，因而搜索引擎会给予其更高的搜索结果排名。

（5）提高点击率并优化链接

有些搜索引擎会按照网页的点击率对搜索结果进行排序，即点击率越高的网页排名就越高。当用户从搜索结果中点击某网站时，搜索引擎会以一定的分数奖励该网站。

此外，链接的受欢迎程度被认为是搜索引擎优化的主要方面。链接主要是指从一个网页指向另一个目标网页的连接元素，如文本、图像等。如果网页中含有大量的外部链接，该网页就会被搜索引擎视为重要的网页。外部链接是指从别的网站导入自己网站的链接。优质的外部链接往往具有相关性强、权重大、导出链接少、权威性强等特点，只有优质的网站链接才能为网站带来更多的分数。链接文本应该包含经优化的关键词，这也有利于提高网站排名。

2. 关键词广告营销

关键词广告是一种特殊的广告形式。使用关键词广告营销时，企业需要提前从搜索引擎网站购买与企业、产品和服务相关的关键词。当用户使用企业购买的关键词进行搜索时，搜索引擎就会给用户返回企业网站。不同的搜索引擎以不同的方式处理关键词广告，有些会在搜索结果页面的顶部显示付费关键词，而有些会在搜索结果页面的专用位置显示付费关键词。

关键词广告营销的优势在于关键词广告的点击率高于传统广告的点击率，关键词广告具有可控性，且成本较低，企业可以控制广告预算。

企业实施关键词广告营销时，基本策略如下。

（1）挖掘关键词

恰当的关键词可以帮助网站在搜索引擎上获得较高的搜索结果排名，使网站更容易被用户发现。因此，企业要充分挖掘关键词，方法如下。

① 选择关键词。企业应选择适合产品特性或品牌内涵的关键词，充分考虑自身产品的特点和定位，细分市场，寻找差异，吸引目标用户，这样既能提高网站点击率，又能提高转化率，节省广告成本。

② 设置反向关键词。反向关键词是为限制某些用户的访问而创建的关键词，使用反向关键词可以设置网站在哪些情况下不在搜索结果中显示。例如，将"免费""促销""特价"等词作为中高档产品的反向关键词，当用户输入这类关键词时相应广告将不显示，这样可以节省广告费用。有时，设置反向关键词是为了避免搜索引擎的广泛匹配引起的无效点击。

③ 调整关键词。企业可以将关键词与环境和热点事件结合起来，增加网站的流量和转化率。

（2）编写广告语，优化广告页面

企业可以编写广告语，优化广告页面，以吸引目标用户。

① 编写广告语。当搜索引擎匹配用户查询请求时，关键词是一个重要指标，因此在广告语中使用关键词是非常必要的。通常要在广告语的标题中提到一次关键词，在正文中提到两次关键词，即遵循"三提到"原则。广告语要尽可能简洁，还可以为一组关键词编写多个广告语，吸引不同的用户。

② 优化广告页面。搜索引擎广告语应具有较强的关联性，一般而言，要把重要的信息放在页面上方，也可以将重要的信息通过图像等方式传递给用户，如图6-8所示。广告页面必须简洁清晰，能够让用户尽快找到所需信息，不能让用户在网站内跳转多次还没有找到想要的信息。另外，要优化广告页面的颜色，使其与目标用户的特征相匹配。

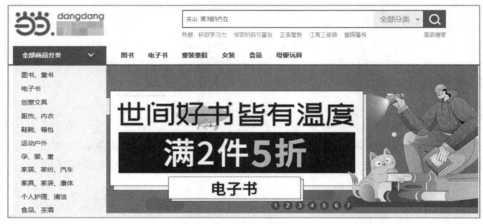

图6-8　当当网首页

（3）确定广告位置与时间

选择合适的广告位置非常重要，广告位置通常是上比下好，左比右好。据调查，有些用户并不知道页面左上角的推广是广告，他们以为这是自然搜索的结果。这说明在页面左上角的广告带给用户的体验感更好，一般不会引起用户的反感。

另外，企业还要注意广告投放的时间，充分考虑用户的需求和产品特性，以及广告预算。有些产品是季节性的（如羽绒服、电风扇等），投放广告时应考虑季节因素；在小长假到来之前，与旅游和娱乐有关的搜索会明显增加。企业应根据自身产品的特性与受众的习惯，充分意识到在什么时间投放广告可以产生最大的浏览量和转化量，进而确定合适的广告投放时间，这样不仅可以节省成本，还可以提升营销效果。

（四）搜索引擎竞价推广

搜索引擎竞价推广，简称竞价推广，体现为企业将自身的产品或服务等以关键词的形式在搜索引擎上推广，是企业开展大数据网络营销活动的重要方式之一。企业用少量的投入就可以获得大量的潜在用户，能够有效增加企业的销售额。企业在进行搜索引擎竞价推广时，要筛选一定数量的关键词作为推广信息，这些推广信息会首先出现在目标用户的搜索结果中。

例如，企业开通百度竞价推广账户后，向百度支付一定数额的推广费用，百度就可以将企业的广告信息显示在搜索结果页面的前面，这有利于企业省去优化广告页面的操作。

竞价推广作为一种付费推广方式，不同于企业开展的 SEO，而是有着自身独特的营销优势与规则。

1. 竞价推广的优势

竞价推广的优势如下。

（1）定位精准

竞价推广可以通过关键词锁定有需求的目标用户，营销人员选好关键词后，推广信息只会出现在搜索这些关键词的潜在用户面前。营销人员再设置好投放地区和投放时间，使推广信息精准地覆盖在特定地区、特定时段搜索的用户，就可以极大地提升营销效果。

（2）预算可控

与传统媒体广告不同，竞价推广的预算可以被有效控制。以百度竞价推广账户为例，营销人员可以灵活地设置推广预算，也可以通过控制关键词的数量及广告的投放位置、投放地区、投放时间等来管理预算。

（3）效果可视

营销人员登录竞价推广账户后台，可以随时查看广告效果统计报告，还可以实时查看推广效果，从而及时了解推广计划的实施情况、广告点击情况及流量转化情况。

2. 竞价推广的规则

竞价推广的规则主要指搜索引擎对不同企业的不同广告进行排名及扣费的规则。通过了解竞价推广的规则，企业能够清楚地知道如何进行搜索引擎营销，并分析具体的营销效果，进而采取有效的改进措施。

（1）广告排名规则

广告排名是一种按点击扣费的广告服务，企业广告的排名主要由网页的综合排名指数决定。综合排名指数由关键词质量度及出价（竞价价格）决定，其计算公式如下。

综合排名指数=关键词质量度×出价。

由此可知，要想使广告获得较高的排名，企业应努力提高关键词质量度，适当提高关键词的出价，但需要注意的是，出价并不是越高越好。

① 关键词质量度。这是衡量广告中的关键词质量的综合性指标，企业广告中每个关键词都会获得质量度得分，通常采用 10 分制。关键词质量度可以反映目标受众对企业推广的关键词及广告创意的认可程度。

② 关键词出价。关键词出价指企业愿意为广告被点击一次所支付的价格。关键词出价不是由搜索引擎设定的，而是由企业自行设定的。关键词出价是影响关键词排名的重要因素，在其他因素都相同的情况下，关键词出价越高，广告越有机会获得较高的排名，但只通过提高关键词出价的方式提高广告排名往往会导致扣费较多，所以企业要合理设置关键词出价。

（2）广告扣费规则

根据搜索引擎的设定，广告主可以按照不同的方式出价，而在不同的广告出价方式下，平台会有不同的广告扣费方式，常见的有按点击扣费、按展现扣费、按转化扣费、按时间扣费、按成交扣费等方式。

- 按点击扣费（Cost Per Click，CPC）。按点击扣费是指按照被点击的次数进行扣费的方式。大部分搜索引擎都采用这种扣费方式，其计算公式如下。

$$点击价格 =（下一名出价 \times 下一名关键词质量度）\div 本关键词质量度 + 0.01。$$

- 按展现扣费（Cost Per Mille，CPM）。按展现扣费是指按每千人展示的成本扣费的方式。只要展示了广告主的广告内容，广告主就要为此付费，其计算公式如下。

$$千次展现价格 = 下一名的千次展现出价 + 0.01。$$

- 按转化扣费（Cost Per Action，CPA）。按转化扣费是指按实际投放效果进行出价，根据转化量扣费的方式。这种方式按反馈的有效问卷或订单的数量来计费，不限制广告投放量。

- 按时间扣费（Cost Per Time，CPT）。按时间扣费是指以固定时间周期来出价和扣费的方式，一般来说扣费等于出价。

- 按成交扣费（Cost Per Sales，CPS）。按成交扣费是指按实际销量进行出价，根据成交额来扣费的方式。这种方法比较适合购物类 App 推广，但需要收集精确的流量数据。

3. 竞价推广的实施

下面以百度竞价推广为例，说明竞价推广的实施流程。其基本流程分为以下 7 个步骤。

（1）分析关键词

关键词的选择非常重要，它是百度竞价的核心。营销人员可以使用关键词助手、百度指数等工具来分析关键词的用户人群，精确投放关键词，定位每个关键词背后的用户。

（2）撰写创意

撰写的创意以吸引用户点击为目的，所以营销人员可以借鉴竞争对手点击率较高的创意，也可以用打折、促销等活动式创意来吸引用户点击。创意中要写明需要推广的核心关键词与详细的联系方式、地址等信息。

（3）建立推广计划

每个账户可以建立多个推广计划，在每个计划中又可以建立多个单元，在每个单元中还可以添加众多关键词和创意。在确定关键词、撰写好创意之后，营销人员可以查看当前账户的关键词和创意的点击效果。

（4）确定着陆页

着陆页要根据推广方向做出调整，不能一成不变。营销人员要把握用户的心理变化，做到精准划分用户。营销人员还要做好分流页和预约页，把目标用户引向相应的预约页，并分析用户的关注点和抗拒点，摒弃不好的创意，从而引入精准用户。

（5）账户调价

账户刚建立时，关键词的价格尽量保持在 3～5 元，所有关键词出价使用单元出价，积累初始关键词质量度 3～4 天，之后再调价，使排名跳到首页前 8 名，然后根据定制报表来修改出价，调整排名。根据报表调价，确定创意没有问题后，就可以根据该关键词的展现量和点击量调价，避免一味关注排名而带来不必要的成本增加。

（6）制定相关报表

营销人员要制定关键词点击率报表、着陆页跳出率报表、转化报表等，这些报表可以反映整个竞价推广流程中出问题的具体缘由。

点击率过低，可能是创意出现问题，营销人员应重新撰写创意；也可能是关键词排名位置的问题，营销人员应重新修改出价，调整排名。着陆页跳出率可以充分反映着陆页存在的问题，例如跳出率高是在提示营销人员尽快修改着陆页。转化报表可以帮助营销人员找到高转化率的核心关键词，并对其进行大力推广，对低转化率的关键词则减少投放。本着"二八原则"，营销人员要将80%的预算投放到20%的高转化率的核心关键词上。

（7）账户优化

营销人员要总结竞价推广过程中产生的众多数据，分析其问题，找到需要做出调整的地方。竞价账户调整的依据是数据报表，只有不断调整优化，营销人员才能构建好适合企业产品的账户。

课堂讨论

　　请同学们分组讨论 CPC、CPM、CPA、CPT、CPS 等不同的广告扣费方式分别适合哪些行业做推广。如果你经营一家公司，想要在搜索引擎做推广，你最倾向于选择哪种广告扣费方式？

任务五　新媒体营销

随着信息技术和社交媒体的快速发展，新媒体营销的重要性和效果日益凸显。新媒体营销是数字时代营销的重要方法和手段，其优势和特点越来越得到企业和市场的认可和接受。企业需要根据自身品牌特色和市场需求，结合不同的营销渠道和平台，制定合理、创新和务实的营销策略和方案，实现品牌价值、客户关系、销售收入等多方面的营销目标。

（一）短视频营销

短视频营销是指借助短视频向目标受众群体传播有价值的内容，吸引他们了解企业品牌、产品和服务，最终形成交易的一种新兴的营销方式。短视频营销融合了文字、音频、视频等不同的表达形式，能够将事物具象化地展现在用户眼前，给用户带来直接的视觉冲击，提升营销效果。短视频营销属于内容营销，它较传统营销更具魅力，传播能力、流量变现能力更强，操作方法更简单，制作成本更低。

1. 短视频营销的模式

无论是企业还是个人，要想将短视频营销应用到实践中，实现其商业价值，可以采用以下几种模式。

（1）广告植入

广告植入是指把产品或具有代表性的产品元素融入短视频，从而向用户传达产品信息，实现营销目的。内容生产者在植入广告时，通常采用的方式包括内容植入、道具植入、背景植入及硬性植入等。

（2）沉浸式体验营销

沉浸式体验营销主要是围绕用户关注的产品特性，在具体场景中将这一特性展示出来，进而消除用户的顾虑，激发其购买欲望。采用这种营销模式的关键是搭配场景，为用户提供沉浸式体验。

（3）情感共鸣类营销

情感共鸣类营销通常会紧密结合时事热点，引起用户的情感共鸣与思考，从而达到传达企业价值的目的。例如，一些短视频博主销售助农产品时呼吁人们帮助滞销农民，激发用户的互助情感，从而提高用户对产品的支持度。

（4）病毒式营销

病毒式营销通常以优良的口碑来吸引用户的注意，激发他们利用人际关系主动、积极地传播信息，最终达到使信息像病毒一样传播和扩散的效果。病毒式营销短视频传播速度快，内容简单且节奏感强，容易引起大范围的传播，且营销费用低，营销效果好。

（5）信息流类短视频广告

信息流类短视频广告是指出现在社交媒体中的短视频广告，例如，在微信朋友圈中出现的京东、瑞幸等品牌的短视频广告。信息流类短视频广告具有较高的用户触达率，营销效果较好。

2. 短视频营销策略

短视频营销的关键是促进短视频的有效传播，增强与用户之间的信息传播和沟通，进而提高品牌知名度，达到促进商品销售的目的。短视频营销策略的实施涉及精准定位、打造人设、融入场景、重视创意、矩阵式运营等。

（1）精准定位

企业在入驻短视频平台前，要先明确账号定位，全面贯彻企业的品牌理念，剖析平台的用户画像。在入驻平台后，应遵循长期营销战略思维，收集各方数据，将品牌理念贯穿短视频创作与运营的始终，确保短视频内容风格统一。

（2）打造人设

打造人设的主旨是创造鲜活、立体的人物形象。短视频账号要想持续火爆，创作者就要提高账号垂直度，打造短视频人设，确立内容创作方向，为作品贴上专属标签，并稳定输出优质内容，这样短视频账号才能吸引大量的粉丝，确保流量持续增长。

例如，抖音短视频账号"希希不挑食"为用户展现了一个吃饭时特别乖的小朋友，大部分短视频的内容垂直度较高，因此该账号吸引了大量粉丝，进而在短视频中进行一些儿童食品的营销，如图 6-9 所示。

图 6-9　抖音短视频账号"希希不挑食"发布的短视频

（3）融入场景

随着短视频行业的快速发展，越来越多的企业将营销场景融入短视频，在短视频创作中注重打造场景，结合用户的视觉感受进行产品展示与植入，这种营销方式更自然，用户体验更好，接受度也更高，与传统的植入性营销相比产生了质的飞跃。

（4）重视创意

企业选择短视频营销，主要是希望借助创意内容提高产品的曝光度和品牌的知名度。要想使短视频获得更多的流量，企业就要突破以往的思维定式，对短视频的内容、形式进行创意改造，通过创意有效地吸引用户的关注，激发用户的兴趣，从而获得裂变式的传播效果。

在"内容为王"的营销时代，短视频内容的质量才是短视频的生存之本，大部分用户更愿意主动分享和传播经典、有趣、轻松、有价值的短视频。容易脱颖而出并广泛传播的短视频通常具有一个共性特征，即故事性。

优质的短视频通常具有很强的故事性，有引人瞩目的开头、扣人心弦的过程和令人意犹未尽的结尾，这样才能持续吸引用户的注意力。创作者可以利用故事情节进行借势营销，例如抖音上的剧情类短视频账号"我有个朋友"发布的短视频，如图6-10所示。

图6-10　抖音短视频账号"我有个朋友"发布的短视频

另外，短视频的表现形式也非常重要。现在短视频的表现形式多种多样，精彩有趣的创意内容与新颖别致的表现形式相结合，才能使短视频获得良好的传播效果。

（5）矩阵式运营

在短视频账号运营过程中，企业要建立矩阵式运营模式，采用多渠道、多链接、多账号、多平台运营的方式扩大短视频的传播范围，拓展短视频的传播深度，以获得更好的营销效果。

3. 短视频营销的关键数据指标

大数据对短视频营销具有重要的意义，但并非所有数据都有价值，创作者需要明白关键数据指标的意义，才能从数据中获得有用的信息。

短视频营销中的关键数据指标包括以下8个。

（1）推荐量

推荐量是指创作者发布的短视频被推荐给多少用户，推荐量越高，说明短视频的热度越高，也表明用户对短视频内容质量的认同度越高。推荐量是由短视频平台运用一定的算法机制得出来的评估结果，不同的短视频平台有不同的评估机制，所以通常同一条短视频在不同短视频平台上的推荐量是不同的。

（2）播放量

播放量是指短视频被用户点击观看的次数。播放量可以根据创作者不同的关注重点细分为昨日粉丝播放量、昨日播放量、累计播放量等。昨日粉丝播放量及昨日播放量反映了某一条短视频在前一天的单日播放量，累计播放量则反映了每日播放量的累计总和。

创作者可以在自己的账号中查看短视频的各项播放量数据，若创作者发布的短视频不够吸引人，自然无法得到较高的播放量，这说明播放量是衡量短视频内容受欢迎程度的直观指标。

（3）完播率

完播率是指观看完某一短视频的用户占总观看用户的比例。在观看短视频的过程中，大量用户存在跳出行为，当用户觉得该短视频不符合自己的偏好时，就会退出当前界面，停止观看行为。要想提高短视频的完播率，创作者就要确保短视频内容足够精彩，具有极强的吸引力，并控制好短视频的时长，输出价值信息，进而吸引用户看完。

（4）播放时长

播放时长是指播放观看短视频的时间长度，可以细分为累计播放时长、具体短视频的播放时长等。累计播放时长是针对平台发布的全部短视频，反映用户在该平台上观看短视频所花费的总时间。具体短视频的播放时长是指用户观看某一短视频的时间长度，反映了该短视频对用户的吸引力。创作者可以结合播放时长及完播率，分析查找用户跳出的原因及时间，从而有针对性地改进短视频创作。

（5）收藏量

收藏量是指某短视频被放入收藏夹的数量。收藏行为通常以个人喜好为主，用户收藏某一短视频，说明用户觉得该短视频具有一定的价值，想收藏起来以后再看。某个短视频的收藏量越大，说明该短视频的内容越吸引人。

（6）转发量

转发量是指有多少用户将短视频转发分享给好友。转发行为多基于短视频内容价值的普适性，对短视频的传播具有重要的意义。

（7）点赞量

点赞量反映了用户对短视频内容的喜好及认可，体现了短视频的质量。点赞行为通常源于观看者与创作者具有相似的观点和偏好，或者是观看者表达自己对短视频主张的支持态度。创作者可以通过对比不同短视频的点赞量来挖掘用户的兴趣点，从而优化短视频内容。

（8）评论量

评论量是指短视频被多少用户评论过，能够体现短视频的话题热度及粉丝活跃度。评论量高的短视频，用户参与度也高。

4. 提高短视频数据指标权重

数据分析是短视频营销中不可或缺的一步，基于推荐量、播放量、完播率、播放时长、收藏量等数据指标表现，创作者可以通过以下方法有针对性地提高短视频推荐权重。

（1）推广引流

通过各类渠道推广引流，激发用户点赞、评论和转发，可使短视频满足平台叠加推荐的条件。

（2）设置有吸引力的标题

创作者要设置可以满足用户需求、击中用户痛点、引发用户好奇的标题，这样更容易激发用户的观看兴趣。

（3）创作有价值的内容

用户觉得短视频内容有用、有价值，比如能够帮助用户表达自我、维系社交关系、强化人设等，就会主动分享转发，从而增加短视频的转发量。

（4）引导用户互动

创作者可以在内容中或评论区引导用户参与评论。例如，在评论区进行自评，同时对他人的评论风向进行引导；回复用户的评论，解答用户的疑惑；等等。

（5）表现形式新颖有创意

短视频可以结合社会热点和各种话题来激发用户的观看兴趣与情感共鸣，采用新颖、独特的表现形式来打动用户，引导用户点赞与收藏。

（二）直播营销

随着互联网的发展，直播作为全新的信息传播方式，以其即时互动性、现场真实性、目标明确性、内容丰富性等特点，获得了人们的喜爱，也得到了企业的重视，成为一种新兴的营销方式。

1. 直播营销的特点

直播营销是指企业以直播平台为载体、以互联网技术为依托开展的营销活动，以达到提升品牌影响力和商品销量的目的。直播营销具有以下特点。

（1）场景真实，互动性强

直播场景真实，主播可以通过试吃、试穿、试用等多种方法向用户展示商品，让用户身临其境地了解商品。在直播过程中，用户可以与主播实时交流，主播针对用户的疑问进行解答，满足用户多元化的需求。直播营销有利于增强用户的参与感，拉近企业与用户的距离，增强用户对企业或商品的黏性。

（2）营销成本低，传播范围广

直播营销对设备、场地、物料等的需求较少，是目前成本较低的营销方式之一。企业仅用一部手机就可以完成直播营销，直播场景也可以由企业自己搭建。直播营销的话题效应强，直播营销可以轻松地引起用户的关注账号和传播直播营销内容，且直播营销内容可以用短视频切片的形式进行二次传播，传播速度快，传播范围广。

（3）目标精准，营销效果好

开始直播前，企业可以将相应的宣传推广信息精准地推送给目标用户，使目标用户在直播时间准时观看直播。观看直播的用户通常对企业具有较高的忠诚度，这有助于企业实现精准营销。在直播间中，用户更容易因为受到环境及主播的影响而产生消费行为。在主播营造的营销氛围下，如商品特点、功能或具有吸引力的促销活动会极大地刺激用户的消费热情，促使用户产生消费欲望，在直播间中形成消费热潮。

（4）用户体验感好

在直播营销中，企业不仅可以展示商品的生产环境、生产过程，让用户了解商品真实的制作过程，还可以邀请用户参与商品设计，提出自己的创意，满足用户多方面的需求，优化用户的购物体验，从而刺激用户的购买欲望，促使用户产生购买行为。

2. 直播营销的方式

为了吸引用户观看直播，企业需要根据实际情况选择合适的直播营销方式。常见的直播营销方式主要有以下 6 种。

（1）直接推销式

直接推销式直播营销是指主播在直播间内直接向用户分享和推荐商品，用户通过在评论区留言参与互动，主播按照用户的需求推荐并讲解相应的商品，吸引用户下单购买。

（2）现场制作式

现场制作式直播营销是指主播在直播间内对商品进行现场加工、制作，向用户展示商品经过加工后的真实状态。

（3）基地走播式

基地走播式直播营销是指主播在直播基地进行直播营销。很多直播基地是由专业的直播机构建立的，能够为主播提供直播间和直播商品。在供应链比较完善的直播基地，主播可以根据自身需求在基地挑选商品，并在基地提供的直播场地中进行直播。

（4）产地直销式

产地直销式直播营销是指主播在商品的原产地、生产车间等场地进行直播，向用户展示商品真实的生产环境、生产过程等场景，通过主播的讲解与镜头展示使用户近距离观看商品的生产过程，从而认可商品质量，完成交易转化。

（5）知识教学式

知识教学式直播营销是指主播以授课的方式在直播中分享一些有价值的知识、技能或技巧，如商务礼仪、服饰搭配、化妆技巧、运动健身方法等，主播可在分享知识或教授技能的过程中推广一些商品。

（6）开箱测评式

开箱测评式直播营销是指主播拆箱并介绍箱内商品的一种直播营销方式。在这类直播中，主播要在开箱后客观地描述商品的特点和商品使用体验，让用户全面地了解商品的功能、性能等，从而达到推广商品的目的。

3. 直播营销的商业模式

如今，直播营销已经发展出许多新兴的商业模式，主要包括以下 5 种。

（1）直播+电商

这种直播营销模式被广泛应用于线上店铺，是由主播介绍店内商品，或者传授知识、分享经验的一种直播营销模式。

（2）直播+发布会

这种直播营销模式灵活多样、生动有趣，能够为宣传企业商品和品牌带来更多的流量和人气，且与传统营销模式下的发布会相比，其营销成本更低，影响力更大，效果更好。

（3）直播+企业日常

这种直播营销模式已逐渐成为企业与用户建立密切关系的社交与营销方式，企业通过直播的方式展示企业文化，如分享员工的工作日常、传递品牌理念等。

（4）直播+广告植入

在直播场景下，主播可以自然而然地进行商品或品牌的宣传与推荐，在商品讲解和分享时导入购买链接，引导用户购买。

（5）直播+访谈

直播时，主播可通过访谈的方式，以第三方视角来阐述观点和看法，如采访行业意见领袖、特邀嘉宾、专家、路人等，利用第三方的观点来提高商品信息的可信度。

课堂讨论

请同学们讨论并分享自己的直播购物经历，说一说直播购物的体验与到实体店购物或主动搜索式的电商平台购物有何异同，并指出直播购物有哪些不足或需要改进的地方。

4. 直播营销策略

直播营销是新媒体时代的新型营销模式，是对"人""货""场"的重构。"人"即用户和主播，"货"指直播营销的商品，"场"指场地、场景。直播营销策略的实施离不开直播间的搭建、直播平台的选择、直播选品、直播话术及直播互动等。

（1）搭建直播间

直播间的整体效果直接影响着用户的观看体验。企业在搭建直播间时，需要注意以下两个方面。

① 背景布置。直播背景要保持干净、整洁，如果直播背景是一面墙或窗帘、壁纸等，主播要选择合适的颜色与图案。如果直播间的空间很大，主播可以摆放一些配饰作为点缀，如盆栽、玩偶、装饰品等，适当丰富直播背景。

② 灯光布置。合理的灯光布置有助于实现更好的视觉效果。主播还可以通过灯光布置来营造直播间的气氛，塑造契合直播主题的画面风格。

（2）选择直播平台

目前，主流互联网平台都具备直播功能，但直播平台的类型不同，目标用户群体也不同，主播及直播团队在选择直播平台时应先了解直播平台的类型及直播输入和输出内容的特点，然后根据实际情况选择合适的直播平台。

根据直播内容来划分，可以将直播平台分为电商类直播平台、短视频类直播平台、教育类直播平台和娱乐类直播平台等。主播可以从平台的用户规模、用户画像、平台调性、入驻门槛等方面通过数据对比进行综合考量。

对于企业而言，选择一个合适的、与产品特性相匹配的直播平台是降低营销成本、实现精准营销的重要前提。例如，电商类直播平台包括淘宝直播、京东直播、多多直播等，京东直播主要是针对数码、家电等产品，淘宝直播主要是针对服装、美妆、食品、母婴类等产品。

（3）进行直播选品

直播选品是否恰当直接影响着直播间商品的转化率。直播选品应以事实和数据为支撑，在综合分析后做出决定。一般来说，主播可以根据市场趋势、直播行业风向、粉丝画像、自身人设定位和直播账号的内容垂直度进行选品。

① 根据市场趋势选品跟线下实体店选品相同，即选择应季商品，如夏天卖冰箱、冬天卖羽绒服等。

② 根据直播行业风向选品。主播可以借助直播数据分析工具查看各直播平台中商品与行业信息，掌握销售情况较好的商品和近期热销商品的数据，判断哪些商品适合自己。

③ 根据粉丝画像选品。主播可以分析自己的粉丝画像，了解粉丝群体的性别、年龄、地域分布，以及兴趣、购物偏好等属性特征，在选品时根据粉丝的属性特征来挑选符合粉丝需求的商品。

④ 根据自身人设定位选品。根据自身人设定位选品主要是以客单价这个指标来挑选商品。所谓客单价，就是指每一位消费者平均购买商品的金额，即平均交易金额。客单价一般分为 3 个档次，即低客单价、中客单价和高客单价。泛娱乐达人选品一般以低客单价为主，中客单价为辅；专业达人选品一般以中客单价为主，低客单价为辅；专家学者选品一般以高客单价为主，中客单价为辅。

⑤ 根据直播账号的内容垂直度选品。主播根据内容垂直度选品，可使目标消费者更加精准，营销效果会更好。例如，育儿类主播可以选择与亲子、育儿有关联的商品，如奶粉、童装等。

除此之外，直播选品还要考虑商品的品牌、品相、品质及多样性等，知名品牌的商品转化率更高；商品外观、质地、包装等品相好，更能激发用户的购买欲望；品质上乘，质量和售后服务都有保障的商品更容易获得用户的信任。另外，直播间的商品应具有多样性，给用户更多的选择，以从整体上提高直播间的转化率。

（4）设计直播话术

直播营销的重点在于主播的商品讲解话术，主播在设计商品讲解话术时，可以运用 FABE 法则。FABE 法则是指主播在讲解商品时可通过 4 个关键环节，巧妙地处理好用户关心的问题，从而顺利地实现商品的销售。

- F——属性（Feature），包括材质、成分、工艺等。
- A——优势（Advantage），指由 F 决定的该商品所具有的相较于竞品的优势。
- B——益处（Benefit），由 F、A 决定，主要指商品可以给用户带来的利益。主播在讲解益处时要具体化、场景化。
- E——证据（Evidence），包括成分列表、专利证书、商品试验、销量评价、行业对比、权威背书等。

（5）重视直播互动

在直播营销过程中，主播应有意识地营造活跃的直播间氛围，以感染用户，调动用户的热情，吸引更多的用户进入直播间。互动活动主要有派发红包、抽奖、连麦互动、游戏互动、与名人合作、促销活动等。

（三）微信营销

随着社交媒体的普及，微信已经成为我国最受欢迎的社交平台之一。微信重构了人与人之间的移动社交方式，连接着人和内容、人和服务、人和产业，已经发展成为一种生态，覆盖人们生活的方方面面。越来越多的企业意识到微信营销的重要性，并通过微信向消费者推广产品或服务。

1. 微信营销的内涵

微信作为移动互联网时代的应用，不再是简单的熟人之间的社交工具，而发展成为连接我国广泛用户群体的移动互联网生态系统，涉及通信、社交、生活、工作、交易等多个维度。

微信拥有庞大的移动互联网用户，具有丰富、立体的生态系统，不仅具有腾讯内部的视频、音乐、文章等内容及聊天、搜索、支付等功能，还与腾讯外部的合作伙伴等第三方公司有联系。

企业基于微信的应用和功能，通过分析微信平台用户的行为数据，可以有针对性地开展线上营销，吸引目标客户关注企业活动，增强客户的黏性。另外，企业可随时随地为客户提供需要的信息，推广自身产品，实现点对点的营销。总之，微信营销是企业或个人基于微信的朋友圈与公众平台等功能吸引潜在客户，与客户建立联系，收集客户信息，并通过开展促销活动等手段进行宣传、推广与销售的营销方式。

对个人而言，微信不仅仅是通信与社交工具，还是满足其他多种创作、分享、连接、互动需求的服务综合体。对企业而言，微信前所未有地拉近了企业与用户之间的距离，让"以人为核心的商业模式"变得触手可及，帮助更多的企业构建以微信生态为核心的私域业态，沉淀积累私域数字化资产，寻找新的业绩增长方向。

2. 微信营销的策略

随着微信的发展与演变，微信生态正在重塑消费领域中人与货、人与场的关系，使人、货、场的关系逐步走向融合。不断完善的微信生态，以人为核心，围绕着与用户连接的每一个触点进行持续连接，营造更完整的消费场景，使整个业态相互融通并更具多样性。

微信营销策略的实施途径如下。

（1）微信号：触达客户

微信是移动互联网时代个人及企业进行品牌打造、宣传与服务以及连接目标客户的有效沟通工具。微信号的名称、头像、个性签名、朋友圈等均能影响知识产权（Intellectual Property，IP）人设的打造。

无论是个人还是企业，与客户建立微信连接，都能够实现对私域客户进行更好的拓展、沉淀和管理。精细化运营微信账号、朋友圈和企业微信群三大微信流量场景，可以打通客户、营销人员和企业之间的连接，实现私域客户的系统化运营。

以服装为例，使用企业微信后，每位营销人员都可以对其微信好友进行管理，根据不同客户特征搭建不同的群聊，提供个性化的社群服务，还可以在客户朋友圈提供专业的搭配建议，进行评论互动等。

（2）朋友圈：裂变营销

朋友圈激发了人们分享日常点滴的热情，它是私域流量裂变分享的落地点与入口，也是企业广告投放的主阵地。更重要的是，随着企业微信运营的体系化，越来越多的企业开始一对一地为客户打造专属的朋友圈内容。

朋友圈营销模式主要有以下 3 种。

① 利用社交关系链实现推广裂变。营销人员可以引导客户在朋友圈分享海报或链接，承诺客户集齐事先约定的点赞量即可获取福利。这种方式使企业可以借助客户的人际关系资源进行活动传播与裂变，从而提高品牌或产品的曝光度。

② 挖掘客户数据，精准投放广告。微信信息流广告穿插在客户的微信朋友圈内容当中，与微信朋友圈中的其他内容一样，客户可以对其进行点赞及评论。微信信息流广告基于海量数据抓取客户的社交关系、兴趣图谱、信息定位和浏览页面等，生成个性化标签，从而实现对不同标签客户的精准投放、海量触达。企业通过投放品牌或产品广告，引导客户进入企业的私域流量池，就能实现微信生态内公域流量的私域拉新与转化。

③ 账号运营，打造朋友圈人设。营销人员的朋友圈除了可以发布品牌活动外，还可以精心设计及分享日常动态，以此强化其朋友圈人设的真实感，增强客户对企业及营销人员的信任感。

（3）公众号：内容营销

无论是企业还是个人，都有机会通过微信公众号的优质内容和服务赢得关注，进而收获自己的粉丝。目前，公众号营销分为外部和内部两种路径，外部是承接自媒体广告投放，如发布软文、原创视频、原创漫画、联名作品，从而进行产品营销和品牌传播；内部是进行优质内容的输出与优质服务的提供，赢得用户的好感与信任，打造品牌或个人的影响力。

（4）微信群：沉淀流量

微信群不仅可以满足客户之间的社交需求，还可以配合微信支付、小程序、企业微信等工具形成交易闭环，构建围绕社群组织与商业深度链接的新业态。企业可以通过管理微信群对客户群进行长期维护。

微信群营销方式主要有以下 4 种。

① 社群福利。通过红包、礼品、优惠券等形式，引导客户进群，再通过满赠、抽奖等活动实现客户留存。

② 话题互动。在群内分享小知识和技巧、发起话题讨论等，进而提高客户活跃度。

③ 上新、促销。持续发布新品上市、产品促销的信息，反复触达、唤醒客户，提高客户留存率及复购率。

④ 激励拉新。通过好友"助力券"、好友"瓜分券"、多人拼团等活动形式，激励老客户带新客户，形成新一轮流量裂变增长。

（5）小程序：构建线上消费场景

小程序无须下载安装，客户扫描识别或搜索点击就能打开。小程序可以帮助企业与客户建立直接连接，优化了客户体验。小程序还具有深挖长尾需求、市场潜力巨大、开发技术简单、获取成本较低等优势。

小程序营销方式主要有以下 4 种。

① 搭建小程序商城。企业可以通过搭建自己的小程序商城，实现商品展示、分类、搜索、加购物车、在线客服、直播等功能，使线下消费场景线上化。

② 增加小程序营销服务。小程序中的"拼团"、优惠券、小游戏、礼品卡、新人礼包、会员积分体系、试用装申领、增强现实（Augmented Reality，AR）试装等营销玩法与服务，是助力企业开展营销活动、提高流量转化率的有效手段。

③ 与新媒体合作。企业可以与具有高共性目标用户的新媒体进行合作，借助新媒体的知名度，通过推文等方式宣传企业的小程序，吸引关注新媒体的用户使用企业的小程序。

④ 运营公司推广。该推广方式是指企业通过付费的方式在第三方运营公司运营的微信社区中转发和传播小程序的相关信息，促进活跃客户的转化。

（6）视频号：吸引短视频新流量

视频号的出现弥补了腾讯在短视频领域的短板。微信目前已经实现了将视频号以卡片形式分享到朋友圈或分享给好友、视频号内容可以带公众号文章链接、公众号中可以插入视频号卡片、搜一搜可以直达视频号界面等功能，这些功能都方便了视频号与微信生态内其他产品的连接。可以这样说，现在的视频号几乎打通了微信生态所有的引流通道，逐渐形成一个成熟的"短视频+电商+直播"的商业闭环。

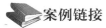 **案例链接**

完美日记——微信多元形式的精细化营销与运营

完美日记成立于2017年，是为亚洲女性开发设计的彩妆品牌，深受年轻女性的喜爱。完美日记的微信营销堪称经典，主要表现为针对私域流量进行运营与管理。

完美日记的主要受众群体是追逐个性的"95后"与"00后"，产品特点是平价，具有较高的性价比，设计简约、大方，选择较多。

完美日记的微信名称是"小完子"，这塑造的是一个精致女孩形象，完美日记还通过高度活跃的文字和专业教程树立起"私人美妆顾问"的人设。完美日记的微信朋友圈除了经常分享美妆好物之外，还经常打卡"网红"旅游景点，和大家聊聊生活日常和美食，让用户感觉非常真实。完美日记还精心设计"晚安文案"，让用户感受到尊重与温暖。

完美日记的微信头像采用自拍头像，区别于传统企业营销号，给人真实亲近感。个人页通常会放新品试用链接和皮肤测试等，同时会显示朋友圈和视频号信息。朋友圈的内容比较全面，触点多，能够让客户更加直观地了解产品，如图6-11所示。

图 6-11 完美日记微信个人页及朋友圈

完美日记塑造的品牌形象很像真人，拉近了与目标客户的距离，消除了用户与企业的隔阂感。在运营朋友圈时，生活与产品的"种草"内容相结合，让用户感到有用、有趣，更能吸引用户的注意。

"小完子"不仅是客服，更是一个立体的人物形象，从头像、个人介绍到朋友圈，都被精心设计得人格化了。这种人格化是一种更加贴近当代消费者心理的服务，也是一种有效的客户关系管理方式。

完美日记通过线下门店引导客户添加完美日记的微信号为好友，将线下流量引到线上。客户在线上购买产品后，一般会得到红包、优惠卡等福利，想要领取则需要关注公众号，公众号会顺势引导客户添加个人号"小完子"。"小完子"进一步邀请客户进微信群，以及扫码使用完美日记的小程序，从而形成商业闭环。

完美日记的微信群里以抽奖、直播等活动为主，并且"完子心选"小程序里还有很多美妆教程，这些内容增加了客户的互动兴趣、互动频率，也提高了客户对该品牌的忠诚度，增强了客户黏性。

总之，完美日记通过个人号、朋友圈、微信群等渠道反复、长期地触达客户，再利用抽奖、直播、促销等活动来实现消费转化，并引导客户复购。完美日记的微信运营不仅提高了产品的销量，还提高了品牌的知名度。

（四）微博营销

微博营销是指企业或个人通过微博发现并满足用户的各类需求，为创造自身价值而实施的一种营销方式。通过微博营销，企业或个人只需用较短的文字、视频或少量图片就能达到发布信息的目的，满足客户的需求，进而实现商业价值。

大部分微博用户有自己的粉丝，每个粉丝都可能是企业潜在的营销目标。微博营销就是通过某个热点或某个事件，让粉丝分享转发微博信息，并进行多层传播，增加微博曝光量，从而带来互动，最后实现品牌传播、市场调研、产品推广、客户关系维护、企业形象和产品形象打造等营销目的。

1. 微博营销的价值

企业要想更好地利用微博营销为整体营销助力，需要清楚微博营销的价值，充分利用微博的功能，以达到更好的营销效果。微博营销的价值主要体现在品牌传播、产品销售、市场调研、危机公关和客户管理等方面。

（1）品牌传播

品牌传播是微博营销的重要功能，实现品牌形象的塑造与管理，扩大其传播范围是微博营销的目标之一。微博设有品牌热榜，供用户了解不同品牌的实时热点事件。用户可以通过品牌名称搜索，关注企业发展情况及营销活动，对喜欢的品牌发布的微博进行转发和评论，参与品牌发起的各种活动。微博上的企业一般有自己的粉丝群，依靠粉丝传播提高品牌知名度。

（2）产品销售

微博运营内容注重产品的推广和销售，主要是介绍产品或服务，以及发布一些关于产品的营销活动，目的是以产品特色或优惠活动吸引客户，最终实现产品的销售。

（3）市场调研

企业一般在开展新项目或研发新产品之前会做一个详细的市场调研，这也是营销工作中最基础的工作之一。在传统营销中，这是一项工程浩大的工作，企业要投入大量人力、财力和时间，而微博营销能在一定程度上帮助企业节省以上成本。在微博上发起市场调研，使用户主动参与，可以减少调研活动的人力和时间成本。微博营销为企业及品牌商提供了一个低成本、高效率的新型营销方式。

（4）危机公关

企业遇到危机时，传统的做法是通过媒体进行危机公关。但无论是电视媒体，还是纸质媒体，都具有时效性，企业的公关信息很难在第一时间呈现在人们眼前。而微博是实时更新的，企业在遭遇危机时可以在第一时间发布公关信息，通过一系列的澄清或答疑等工作，最大限度地挽回企业或品牌形象，尽可能地降低负面舆论对企业造成的损失。

（5）客户管理

微博作为一个营销平台，拉近了人与人之间的距离，自然也可以拉近企业与客户之间的距离。在微博上，企业可以时刻掌握客户的状态和需求，根据客户的需求对客户进行有针对性的分类和精确管理，从而更有效地维护和管理客户关系，这是传统营销无法做到的。

2. 微博营销的方法

微博营销的方法有很多，主要有活动营销、话题营销、借势营销等。

（1）活动营销

企业可以通过发起与产品相关的微博活动来吸引粉丝的关注。如何提高活动的参与度，吸引更多的用户关注，需要营销人员精心策划。活动营销的方式主要包括有奖转发、有奖征集、有奖竞猜等。

① 有奖转发。有奖转发常使用"转发+关注""转发+关注+@好友""转发+评论"等形式，即用户关注并转发微博，或者关注并转发微博再提醒 1～3 名好友，或者评论并转发微博，就可参与活动，有机会获得礼品，如图 6-12 所示。有奖转发不仅可以有效增加粉丝量，还可以扩大信息的传播面，使营销信息覆盖更多用户。

② 有奖征集。有奖征集是指对创意、幽默段子、文案、祝福语、买家秀图片等进行征集，用户根据征集要求参与活动，就有机会获得礼品，如图 6-13 所示。

图 6-12 有奖转发活动　　图 6-13 有奖征集活动

③ 有奖竞猜。有奖竞猜是指提供谜面，由用户来猜谜底，竞猜内容包括文字、图片、价格等，竞猜成功的用户有机会获得礼品。有奖竞猜的主要目的是调动用户的互动积极性，加强与用户之间的联系。

（2）话题营销

微博中的热门话题具有非常庞大的阅读量与讨论量，很适合用来营销。"热议话题"板块可供用户查看当前的热门话题，如图 6-14 所示。话题营销的实施方法是，点击话题名称进入话题并查看具体内容，结合企业的产品或服务，写一段与话题相关性较高的内容并带上该话题，这样可以使关注该话题的用户加入讨论与互动，促进营销信息的传播。

借助热门话题营销的关键是正确选择话题，一个充满"爆点"的话题可以使营销效果事半功倍。企业在选择话题时，除了话题榜中的内容外，实时热点、热门微博、微博热搜榜（见图 6-15）中的内容也可以作为话题营销的切入点。

如果没有比较合适的热门话题，企业还可以围绕主推关键词、营销活动或品牌来创建话题。创建话题后，企业还要进行话题内容的维护，发动用户转发、评论话题内容，增加话题热度。

图 6-14　微博热议话题　　　　图 6-15　微博热搜榜

（3）借势营销

借势营销是微博营销中非常重要的一种方法，借势的素材可以是网络流行元素、娱乐新闻、社会事件、文化活动或节日等。一次成功的借势营销可以让企业用最低的成本成功地让商品或品牌走进人们的视野，甚至引发裂变式的传播效应。

借势营销是一种"顺势搭车"的营销方式，时效性强。营销人员要把握好借势时机，找准营销内容与借势对象的关联点即借势点，快速关联商品或品牌，让借助的"势"与商品或品牌所倡导的价值和品牌文化相融合，使商品或品牌得到用户的认可，这样才能引发用户的自主传播行为，为营销信息的广泛传播奠定基础。

3. 微博营销的策略

微博营销策略的实施主要包括粉丝运营、账号运营和数据运营。

（1）粉丝运营

如今是粉丝经济时代，粉丝是微博营销的基础，因此微博营销的第一步就是寻找精准粉丝。只有做好粉丝运营，才能对企业潜在的目标客户进行更加精准的挖掘与分析。企业在进行微博营销时，首先要寻找符合自己产品和服务定位的精准粉丝。

① 通过标签找粉丝。微博上的用户往往会给自己贴上不同的标签，这些标签最能体现个人的特点及喜好。营销人员可以通过分析微博用户的标签，对他们进行年龄、身份、职业、爱好等方面的统计与归类。如果发现企业的目标客户群体特征与某一类人群重合，那么这类用户就是企业要找的精准粉丝。

② 通过话题找粉丝。企业可以通过微博搜索直接找到参与某个微博话题讨论的人群，这些人群因共同兴趣爱好而聚集，若谈论的主题与企业产品有关联，那么他们可能就是目标客户。例如，如果企业发现某些用户经常参与讨论"#用美食温暖你#""#舌尖上的味道#"这样的话题，而且自己是经营食品的，就可以积极参与此类话题的讨论，进而寻找粉丝。

③ 通过微博群寻找粉丝。微博群能够使用户在一个小圈子中聚集、沟通与交流。如果微博群的主要话题与企业的产品或服务有比较紧密的结合点，那么群用户就是企业的目标客户。

④ 组织微博活动。营销人员可以发起并组织与企业或产品相关的微博活动来吸引粉丝。在策划活动时，营销人员要降低活动的参与门槛，增强活动的趣味性，并提供一定的实质性奖励，这样的活动更容易吸引用户。

⑤ 从其他社交平台导流。企业可以从其他社交平台进行导流，如企业微信号、公众号、QQ 等。营销人员对微博内容进行一定的差异化编辑和排版后，可以将其发布到其他社交平台上进行"吸粉"导流。

（2）账号运营

要想使微博营销获得良好的效果，一方面要吸引更多的微博粉丝，另一方面要做好内容运营，增强信息传播力，最大化地挖掘微博用户的价值。微博运营的关键是提高微博账号的活跃度及增强互动效果，方式如下。

① 设置微博名称。微博名称一般要遵循简洁个性、拼写方便、避免重复的原则。企业微博可以产品或品牌命名，或者与企业名称保持一致，如"小米手机""京东""华为中国"等。

② 发布优质内容。要想带动用户转发微博，就必须确保微博内容优质，符合用户的喜好与需求。营销人员首先要了解用户，通过对用户群体数据的分析，挖掘用户的兴趣和喜好，知道哪些内容能够吸引用户关注，再从中选择符合账号或企业形象的内容进行创作和输出。一般来说，干货类、热点类、美图类和推荐类博文更容易促使用户转发，从而提高微博账号的曝光率。

③ 定期更新内容。微博的热度与关注度来自微博的可持续性话题，企业只有不断制造新的话题，才可以持续吸引目标客户群体的关注。微博发布时间没有固定要求，营销人员可以根据目标客户群体使用微博的习惯确定发布微博的时间，例如，针对上班族，可以选择上下班途中、午休时间段进行发布，这样能够获得不错的营销效果。

④ 善用微博三要素。微博营销一般是通过转发、评论和点赞等互动行为来进行信息传播的，在发布微博时，营销人员可以适当采取添加话题、@他人和添加链接等方式，使微博内容被更多的用户看到并使用户参与互动，从而扩大微博的传播范围。

⑤ 重视微博互动。营销人员要与用户保持良好的互动，这样可以加深企业与用户间的联系，培养用户的忠诚度，扩大企业的影响力。与用户互动的方式主要有评论、转发、发送私信和点赞等。

（3）数据运营

企业要想使微博账号发挥最大的价值，就要确保持续性运营，通过数据发现运营问题，并及时进行优化。营销人员可以通过微博粉丝数、阅读量、互动情况等相关数据来判断微博营销的影响力。

① 粉丝数及其增长速度。不管是微博粉丝数还是粉丝数的增长速度，都是营销人员必须关注的数据。要判断一个微博账号是否有潜力，真实的粉丝数是重要的参考指标之一。

② 粉丝活跃比。大部分拥有一定粉丝基础的微博账号，也同时拥有很多不活跃的粉丝，俗称"僵尸粉"。粉丝活跃比就是真正活跃的粉丝数占粉丝总数的比例。不活跃的粉丝没有实际意义，因此企业在分析粉丝数据时应关注实际的活跃粉丝，即使用微博进行查看、转发、评论的微博用户。

③ 阅读量。营销人员发布微博后，在后台、个人主页或全部微博等界面都可以查看该微博截至目前的阅读量。阅读量是直接反映微博信息受欢迎程度的动态数据指标，阅读量越大，说明该微博信息被阅读的次数越多，其营销传播能力就越强。

④ 互动情况。粉丝的转发、评论、点赞都属于微博互动。互动情况可以直接反映微博内容的受欢迎程度，也代表着粉丝对微博活动的参与度。通常互动情况越好的微博，在粉丝中的接受度越高，宣传和推广的效果越好。

⑤ 微博"铁粉"数。"铁粉"能够反映粉丝和微博账号之间的亲密程度，微博粉丝数超过1万的微博账号，其粉丝的"铁粉"标志才会被激活。粉丝近30天与已关注的微博账号互动达5天及以上，才会获得"铁粉"标志。因此，"铁粉"标志也在一定程度上反映了粉丝黏性和微博账号影响力。

⑥ 微博影响力指数。微博影响力指数是衡量一个微博账号的影响力的综合指标，可以根据微博内容的被转发和被评论的数据，以及有效的活跃粉丝的数量来综合评估。也就是说，微博账号影响力指数的衡量指标不只是粉丝数量，还包括账号的活跃度、传播力和覆盖度等指标。活跃度是指发布高质量的内容吸引粉丝积极转发、评论、点赞或发送私信的次数，传播力是指账号发布的内容被转发和评论的次数，覆盖度是指登录账号当天的粉丝数和转发、评论、点赞的粉丝数。

（五）虚拟现实营销

虚拟现实（Virtual Reality，VR）营销，又称VR全景营销，是顺应时代发展的一种新兴的营销模式，目前正在逐渐渗入营销的各个领域。VR营销是指运用虚拟现实技术创造出沉浸式、全景式的营销体验，从而吸引用户关注，提高互动性，并促使用户产生购买行为的一种全新的营销方式。

VR营销可以简单地理解为通过VR全景来实现营销目的。VR全景其实是一种视觉体验，它带给用户的体验更直观、冲击力更强，这样的内容形式更容易加深用户的印象，促使用户对品牌形象形成正确的认知，从而产生购买行为。

1. VR营销的特点

与传统营销相比，VR营销具有以下优势。

（1）视觉冲击力更强

企业利用VR技术来传达品牌理念时，用户只需戴上VR眼镜，就会在视觉上进入一个封闭空间，由此企业即可向用户传递具有更强视觉冲击力、符合目标用户审美偏好的视觉图像。

（2）打造沉浸式体验

VR营销可以为用户打造身临其境的产品体验，佩戴VR眼镜后，用户可以不受外界的干扰，全身心沉浸到虚拟场景中，感受企业要传达的各种细节。通过VR营销，企业可以将其文化与品牌理念轻松传递给用户，建立品牌与用户的连接。

（3）增强用户参与感

随着消费升级，单纯的展示型体验已经很难引起用户的兴趣，而VR营销运用虚拟现实技术，把用户的互动行为和虚拟现实体验结合起来，融入更多的互动元素，吸引用户深度互动，快速点燃用户的参与热情，从而增加企业的营销效益。

（4）建立情感连接

VR 营销借助 VR 技术实现品牌与目标用户之间的感性对话，在应用场景中，用户既是接收者，也是传达者，这种真实感有助于建立用户与品牌的情感连接，引起用户的情感共鸣，强化其品牌需求，从而扩大品牌的影响力，促进产品销售。

2. VR 营销的价值

VR 营销的价值主要体现在以下 5 个方面。

（1）增强产品说服力

VR 营销利用 VR 技术进行场景的真实还原，让用户全程参与其中，其提供的沉浸式体验和深入交互增强了产品或品牌的说服力，使用户更加信赖产品，进而促成购买。

（2）实现立体化展现

很多产品具有复杂的内容和特性，有时仅依靠图文或者视频并不能直观展示，也无法激发目标用户的购买欲望。而 VR 营销通过 3D 环绕、VR 直播、VR 会议等功能，全方位、直观地将产品的各项特征展示给用户，甚至还能引领用户深入体验企业的生产线，了解产品的制造工艺等，这种对产品的立体化展现可以激发用户的购买欲望。

（3）塑造良好口碑

VR 营销的强交互性可以快速拉近企业和用户之间的距离，新奇的宣传方式可以为企业积累人气，再加上一键分享裂变，企业可以塑造良好的口碑，并通过朋友圈使其辐射到更广泛的范围。

（4）多领域融合应用

VR 营销可以与小程序、微信公众号、微博、美团、携程旅行等第三方平台实现无缝对接，现阶段还打通了支付宝和微信支付等支付通道，能够实现多媒体的多屏互动，让产品实现大量曝光，并且 VR 营销对于一些传统行业的发展具有一定的推动作用。VR 营销能够多层次挖掘用户需求，根据不同的行业需求开发在不同场景中使用的营销功能，在不打扰用户的情况下使营销信息深入人心。

（5）降低营销成本

与传统营销相比，VR 营销的投放费用少，用户获取精准度高，转化率也相对较高，可以为企业节省营销成本。

3. VR 营销的策略

随着 VR 技术的普及，越来越多的企业开始尝试使用 VR 营销。企业需要不断创新，以在竞争中脱颖而出。VR 营销策略主要包括以下 4 种。

（1）场景体验式 VR 营销

企业可以利用 VR 技术将用户带入一个虚拟的世界，让他们在沉浸式环境中亲身体验产品、感悟品牌故事和品牌价值。例如，企业策划 VR 看房、VR 看车、VR 酒店、VR 餐厅等多种营销形式，可以促进产品销售，提升品牌价值。

（2）情感共鸣式 VR 营销

VR 营销可以提升用户的情感体验，企业需要思考如何将自己的品牌价值融入 VR 体验，建立品牌与用户之间的情感联系，激发用户的情感共鸣。

（3）独特交互式 VR 营销

企业要想利用 VR 实现品牌推广，必须使用户与品牌之间产生交互式沟通。企业可以设置有趣的 VR 互动环节，鼓励用户参与和分享。

（4）店内体验式 VR 营销

在实体零售店内，营销人员可以利用 VR 技术展现美好而深刻的店内体验，以吸引人们的兴趣，增加客流量。例如，让用户代入某个人物的视角，促使其产生情感共鸣；创造一个空间，呈现高水平的视觉效果；让用户体验模拟场景，如家具的装修或服饰的穿戴等。

拓展阅读：百度指数 AI 系统——以智能交互方式引领营销新风尚

百度指数 AI 系统可以帮助企业洞悉消费者需求，指导企业实现内容创意，引领营销新风尚。百度指数 AI 系统具有以下 3 个优势。

（1）革新数据平台内容

从数据供给到结论供给，百度指数 AI 系统将数据分析和处理融为一体，能够更高效地提供市场洞察、用户画像、竞品分析和营销策略等关键信息，助力企业的数据洞察变得更全面、更精准、更高效。

（2）颠覆数据交互形式

从点击交互到自然对话，百度指数 AI 系统提供更加智能的交互方式，企业只需输入关键词或需求，系统即可自动提供相关数据和结论。通过自然对话的方式，企业可以更直观、便捷地获取所需数据，大大提高供给结构对需求变化的适应性和灵活性。

（3）扩展数据使用场景

基于百度强大的人工智能生成内容（Artificial Intelligence Generated Content，AIGC），百度指数 AI 系统可以将数据能力与行业知识结合，解决更多专业场景下的数据分析问题，例如，与交通出行、IT、3C、母婴、日化等行业结合，在新品上市、人群破圈等场景中助力品牌客户高效实现品牌数据洞察、营销策略的制定与落地等。

项目实训：特步数字化转型与大数据营销分析

1. 实训背景

在复杂多变的商业环境中，特步开始制定数字化转型战略，以数字化转型推动业务可持续增长。2021 年，特步发布"五五规划"，在各方面推动业务发展，包括产品研发、品牌定位、渠道升级以及数字化运营。未来的数字化仍然坚持"以消费者为中心"，一方面是数字化营销能力，另一方面则是数字化供应链能力。

目前，特步正处于"五五规划"的第一阶段，其业务围绕着消费者私域运营、精准营销，以及供应链协同和数字治理 3 个方面展开。

聚焦于落实第一阶段的消费者私域运营和精准营销，特步与微盟达成了深度合作。特步携旗下五大品牌，借力微盟推进智慧零售布局，在数字化系统建设、数字化人才培养、精细化运营等多维度展开合作。以小程序商城为主阵地，实现"千店千策"与全链路智慧经营，推动传统经营与数字零售深度融合。

2．实训要求

请同学们以特步为例，通过搜索网络资料，详细拆解企业开展精准营销、微信营销的思路和具体方法。

3．实训思路

（1）分析案例

请同学们指出案例中特步的大数据营销涉及哪些方面，然后搜索更多关于特步与微盟合作的资料，总结特步与微盟合作时的大数据营销策略。

（2）在网络中搜索资料

通过搜索网络资料，查找其他企业开展精准营销、微信营销等的策略，最后综合各企业的做法，归纳出这些企业开展精准营销和微信营销时的大致思路和通用策略。

（3）收集其他营销策略的资料

尝试在网络上搜索特步或其他企业在个性化营销、关联营销、搜索引擎营销和新媒体营销方面的具体案例，并与同学们讨论。

思考与练习

1．简述大数据时代的精准营销策略。
2．简述个性化营销的核心。
3．简述关联营销的常见模式。
4．简述短视频营销的策略。

项目七 大数据驱动的客户管理

知识目标

- ➤ 了解预测客户购买行为的技术。
- ➤ 掌握对客户进行背景调查的方法。
- ➤ 掌握划分客户类型的方法。
- ➤ 掌握分析客户流失情况的方法。
- ➤ 掌握进行客户分类管理的方法。
- ➤ 掌握利用大数据进行客户价值分析的方法。

技能目标

- ➤ 能够利用 RFM 模型进行客户分类。
- ➤ 能够利用社交化客户关系管理系统进行客户分类管理。

素养目标

- ➤ 树立大数据发展理念，培养并运用数据运营思维。
- ➤ 坚持创造性转化、创新性发展，深入实施创新驱动发展战略。

知识导图

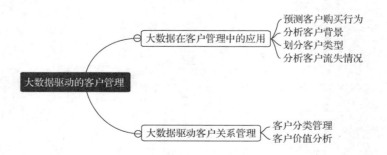

引导案例

百果园在会员体系搭建和运营上可谓是行业标杆。截至 2023 年年末，百果园线下门店共 6093 家，积累了 8000 万名会员，付费会员接近 200 万名，会员收入占比达到 90% 以上，会员的商品交易总额（Gross Merchandise Volume，GMV）贡献达到了 72.9 亿元，年度复购率达到了 49%。

基于累计的数据基础，百果园做了会员营销的大数据体系的数字化建设，这套体系真正让百果园的会员经营、线上经营做到了标准化。

在建设会员体系时，会员数字化是一个非常好的思路，能够帮助企业真正地脱颖而出。企业建设会员体系，无非是把客户分层以匹配相应的商品，并把客户保留在一个可以触达的池子里。基于互联网的数字化会员体系可解决以下问题。

（1）为了锁定客户的消费心智，不管是付费会员卡、储值还是等级权益。

（2）真正用工具来形成一个透明的营销通路，清晰地传递递进式的客户权益。

（3）这种天然性的数字化工具可以延伸企业的触达能力。

只要是快消品牌，都可以做会员体系，区别无非在于消费频次、品类和服务特质。

百果园负责人提到，实现会员的精细化运营的前提是企业的会员数量达到一定规模，如 10 万名。例如，百果园经营的是各类水果，而会员中爱吃榴梿和不爱吃榴梿的人就形成鲜明的对比，也就是说，当品牌经营到一定程度的时候，即使都是会员，他们之间还是有很大的差异的，因此要做好会员的分类与精细化管理。

另外，百果园还会通过客户的生命周期来对客户进行分类。有的客户可能刚开始了解百果园，对百果园的差异化优势并不理解，而老客户就非常了解百果园的商品优势，因此百果园通过与客户的不断交易和交互，自然而然地就做了基于信任度和了解度的分层，并将其通过数字化等级体现出来。面对不同消费频次和忠诚度的客户，百果园通过采取不同的返利措施来确保客户持续留存。

划分会员等级本质上是为了增强会员对企业的黏性，使会员做出持续、稳定的价值贡献或行为输出。会员等级通常根据会员积分、成长值等代表会员活跃度和贡献度的指标来划分。企业会根据会员等级给予相应的特权、服务和奖励，会员等级越高，享有的特权越多。百果园的会员等级分为 4 个层级，即普通会员、银卡会员、金卡会员和钻石会员，不同等级的会员可以获得不同的权益。会员等级的计算单位是果粒值，会员每消费 1 元可获得 1 个果粒值。

百果园的会员都可以参加积分兑好礼活动，享受会员专享价、App 瞬间退款服务，而只有银卡会员、金卡会员和钻石会员才能享受充值返现、等级福利包、会员升级券包、生日礼券等福利，且会员等级越高，收到的福利就越多。

通过对会员进行等级划分，百果园可以筛选出高价值会员，根据价值高低匹配不同的资源，增强高价值会员的黏性，提高资源的投入产出比，同时可以刺激低价值会员向高价值会员转化，并找出不值得投入资源的无效会员，从总体上提高企业的每用户平均收入（Average Revenue Per User，ARPU）值。

任务一　大数据在客户管理中的应用

客户管理又称客户关系管理，是一种以客户为核心的商业战略，借助信息技术和互联网，以客户为导向实施营销、服务等一系列工作，试图与客户建立持续性关系，从而达到吸引新客户、留住老客户、提高客户忠诚度的目的。

在大数据背景下，企业利用大数据技术可以增强客户黏性，挖掘潜在客户，实现客户分类，有效促进客户关系管理工作的开展。

（一）预测客户购买行为

大数据在客户关系管理中的一个关键应用是预测分析。通过分析历史数据，企业可以预测客户未来的行为和需求，这有助于企业做出更准确的库存管理、产能规划和市场趋势判断，从而更好地满足客户的需求。

预测客户购买行为是客户关系管理的基础，预测性信息在以往需要由大量人工分析得到，而如今可以直接由数据本身得到。在对客户调查研究的基础上，企业可以借助大数据技术对客户的消费能力、消费水平和消费结构进行预测分析，揭示不同客户群体的消费特点和需求差异，判断客户的购买习惯、消费倾向和消费偏好等方面的变化，从而为测定市场潜力、选择目标市场、研发产品、制定营销策略提供依据。

在电子商务发展初期，大多数企业根据现有的客户消费信息来构建自己的商业智能体系，根据各阶段的销售进度，不断地整合客户的消费行为，同时根据每个销售季度的销售金额和销售利润，快速地整理出销售报表，并制定下一季度的销售策略，以保证企业在每个销售季度都能保持正确的经营模式。

但是，仅以客户的表面购买行为数据为基础构建的商业智能体系并不能全面地反映出客户的购买意识和购买习惯，企业在挖掘高价值客户和高价值潜在客户时精度较低，并且需要消耗大量的人力资源。随着机器学习技术的发展，在电商行业中，传统的商业智能体系已经被逐渐替代，这有效地提高了对数据库中高价值客户的使用。

机器学习算法是客户购买行为预测中的核心技术。该技术通过对客户历史行为数据的分析，找出与购买行为相关的特征，然后通过训练算法建立模型，最终预测客户的购买行为。常见的机器学习算法包括决策树、支持向量机、随机森林、神经网络、用户群模型等。

1. 决策树

决策树是一种强大而直观的机器学习算法，通过树状结构将决策过程分解成一系列选项和条件，以一种直观的方式展现决策的逻辑。决策树由节点和边组成，每个节点代表一个属性，边代表属性之间的关系，每个分支代表一个可能的决策结果。通过在树上根据输入数据的特征进行导航，决策树可以逐步推导出最终的决策结果。

在使用决策树进行分析时，数据分析人员要先收集相关的数据，并进行数据清洗和数据整理，以保证数据的质量和完整性，然后使用专业的数据分析软件，如 Python 中的 scikit-learn 库或 R 语言中的 rpart 包，通过选择适当的算法和参数来构建决策树模型。

构建完决策树模型之后，数据分析人员要对其进行评估和修剪，以提高模型的准确性和泛化能力，常用的评估指标有准确率、召回率和 F1 值等。最后，数据分析人员将构建好的决策树模型应用于实际的数据分析问题，并做出优化和调整，以满足具体的业务需求。

决策树简单易懂，可以直观地展示数据之间的关系，使数据分析人员和决策者能够快速理解和应用，决策树模型的构建和预测速度也比较快，该模型适用于处理大规模数据集。不过，决策树也面临着以下挑战。

- 过拟合问题。决策树容易受到数据波动和噪声的影响，导致模型过拟合，泛化能力较弱。
- 属性选择问题。在构建决策树模型时，如何选择最优的属性进行分割是一个关键问题，不同的属性选择方法可能导致构建出不同的决策树模型。
- 多属性关联问题。多个属性之间存在关联时，决策树模型往往不能有效地捕捉到这种关联关系。

2. 支持向量机

支持向量机（Support Vector Machine，SVM）作为一种强大的机器学习算法，可以在客户购买行为预测中发挥重要作用。

首先，数据分析人员需要了解支持向量机的基本原理。支持向量机是一种监督学习算法，其目的是通过构建一个超平面来将不同类别的数据分开。在客户购买行为预测中，数据分析人员可以将客户的购买行为分为两类：购买和不购买。

其次，数据分析人员需要选择合适的特征。在客户购买行为预测中，特征选择非常重要，因为合适的特征可以提高模型的准确性。常见的特征包括客户的年龄、性别、地理位置、购买历史、浏览历史等。通过对这些特征进行分析和挖掘，数据分析人员可以找到与客户购买行为相关的特征，并将其输入支持向量机模型中。

然后，数据分析人员需要对数据进行预处理。数据预处理是构建支持向量机模型中不可或缺的一步，可以提升模型的性能和效果。在客户购买行为预测中，数据预处理包括数据清洗、数据标准化、特征缩放等。通过对数据进行清洗和标准化，数据分析人员可以去除异常值和噪声，使数据更加准确和可靠。

接下来，数据分析人员需要训练支持向量机模型。在训练模型之前，数据分析人员需要将数据集分为训练集和测试集。训练集用于训练模型，而测试集用于评估模型的性能。在训练支持向量机模型时，要选择合适的核函数和正则化参数。核函数可以将数据从低维空间映射到高维空间，从而更好地分离不同类别的数据。正则化参数可以控制模型的复杂度，避免过拟合或欠拟合的问题。

最后，数据分析人员需要使用训练好的支持向量机模型进行客户购买行为预测。通过将客户的特征输入到模型中，数据分析人员可以得到相应的预测结果。根据预测结果，企业可以制定相应的市场营销策略，例如向潜在购买客户发送优惠券、推荐相关产品等。同时，数据分析人员还可以通过对模型进行优化和调整，进一步提高模型的准确性和性能。

3. 随机森林

随机森林是一种集成学习算法，由多个决策树组成。每个决策树都是一个分类器，对于输入的数据，随机森林通过投票的方式来决定它的类别。

随机森林的优点如下。

（1）高准确性。随机森林是由多个决策树组成的，因此具有比单个决策树更高的准确性。

（2）稳健性。随机森林对于噪声和缺失数据有很好的稳健性。

（3）可解释性。随机森林可以输出每个特征的重要性，从而帮助工作人员理解数据。

（4）可扩展性。随机森林可以处理大数据集，且训练速度相对较快。

在电商行业中，随机森林可以用于推荐系统、用户购买行为预测等方面。例如，电商平台可以利用随机森林来推荐商品、预测用户购买行为等。

4．神经网络

神经网络是一种人工智能的分支，旨在模拟人脑的神经网络。它可以对数据进行自主学习和自适应处理，进而实现复杂的模式识别和预测分析。基于神经网络的客户行为预测模型正是利用了这个优势来预测客户未来可能的行为的。

客户行为预测模型是一种基于历史数据的模型，旨在预测未来的客户行为。例如，在电商平台上，数据分析人员可以从过去的交易数据中寻找规律，以预测客户未来可能的购买行为。这对企业来说非常重要，因为可以提前做出相应的准备，为客户提供更好的服务和产品。

基于神经网络的客户行为预测模型通常由 3 个部分组成，分别是输入层、隐藏层和输出层。

（1）输入层

输入层是基于神经网络的客户行为预测模型的第一个部分，用于接收历史数据。历史数据可以是客户的购买记录、浏览记录、搜索关键字等，这些数据可以帮助数据分析人员了解客户的兴趣、习惯和喜好。需要注意的是，在输入层中，所有的数据都需要进行标准化处理，以便于后续计算。

（2）隐藏层

隐藏层是基于神经网络的客户行为预测模型的核心部分，用于处理和提取历史数据中的模式。在客户行为预测模型中，隐藏层可以通过反向传播算法自主学习历史数据，并从中提取出关键的特征和模式。例如，在购买记录中，隐藏层可以学习到哪些产品经常被客户购买，哪些产品常常被一起购买等。与输入层一样，隐藏层也需要进行数据标准化处理，并且需要规定神经元的数量和层数。

（3）输出层

输出层是基于神经网络的客户行为预测模型的最后一个部分，用于预测客户未来可能的行为。在客户行为预测模型中，输出层通常可以输出一组可能的结果，并通过比较这些结果的实现概率来确定最终的预测结果。例如，在电商平台上，输出层可以输出产品的类别、品牌、价格等，并根据不同的实现概率进行排序，以预测客户可能的购买行为。

5．用户群模型

用户群模型能够对用户进行归类、对用户行为进行归类、对用户群体进行可视化划分，从而对用户的消费行为进行预测，帮助企业更好地进行精准的营销宣传。

用户群模型是一种将具有相同用户属性或行为特征的人汇总并归类的分析手段。用户群模型利用用户的属性或行为特征，定期将特定人群归类。归类后的人群可以作为各个模型中筛选活用的基础。将具有共同特征的人组成用户群后，企业可以通过各种分析模型宏观了解人群的特征，并微观洞察具体用户的行为序列轨迹。

（二）分析客户背景

随着对客户资源的争取逐步升级，了解客户背景已经成为客户关系管理工作的一个重点内容。只有收集到客户资料，企业才能对客户的基本情况有所了解，进而开展个性化的营销活动。对客户背景的了解和分析并不一定要花费很多的财力、物力和人力，尤其在现今互联网高度发达的社会，营销人员有很多方法可以接触到客户，并了解客户的背景情况和偏好。企业可以根据自身的需求和经济实力来选择合适的方法对客户进行背景调查，以便为客户提供适销对路的产品和服务，最终收获更多的经济回报，获得更多的市场份额。

对客户背景的分析分为 To C 业务的客户背景分析和 To B 业务的客户背景分析。

1. To C 业务的客户背景分析

在 To C 业务中，客户背景分析指的是客户画像分析。客户画像分析的主流方法是客户信息标签化，即在收集和分析客户的社会属性、生活习惯、消费行为等主要信息之后，使用概念描述方法完美地抽象出一个客户的商业全貌，通俗地讲，就是通过客户个人的消费习惯或行为习惯等数据，为客户贴上标签，标签可以分为分层标签、分群标签和个性化标签。

企业可以根据客户的画像属性有针对性地进行营销。例如，某企业开了一家健身器材店，某位客户的画像是一个健身达人，热爱健身，那么该企业通过大数据了解这一情况后，可以向该客户发送一些折扣商品的链接，吸引其购买健身产品。

另外，企业还可以在通过客户画像了解客户的年龄、爱好等背景信息后，判断产品定位是否准确、产品功能设计是否完善等。

2. To B 业务的客户背景分析

在 To B 业务中，对客户的背景进行调查与分析是十分必要的。了解客户的背景可以帮助企业评估其信誉、经营状况和潜在风险，从而做出更明智的商业决策。

客户背景调查主要涉及以下方面。

（1）信誉评估

通过搜索公共记录、新闻报道和其他可靠信息来源，了解客户的信誉状况，包括查看客户是否涉及任何法律诉讼、违约行为、税务问题或破产情况。这些信息可以帮助企业评估客户的信誉。

（2）经营状况调查

对客户的经营状况进行调查，包括了解其业务模式、财务状况、市场规模和竞争地位，这可以帮助企业评估客户的经营能力和稳定性。

（3）潜在风险分析

若要调查客户的业务风险、市场风险和财务风险等，分析其潜在风险，可以通过收集客户的竞争对手信息、市场趋势和行业动态等来实现。了解这些风险可以帮助企业做出更明智的决策，避免潜在的损失。

（4）法律合规性审查

对客户的法律合规性进行审查，包括了解其是否遵守所有适用的法律和法规，这可以通过收集客户的财务报表、税务申报和其他相关文件来实现。了解客户的法律合规性可以帮助企业避免潜在的法律风险。

（5）背景核实

核实客户的背景信息包括核实其身份、地址和联系方式等，这可以通过搜索公共记录、电话验证和其他相关信息来源来实现。核实客户的背景信息有利于企业确保客户信息的真实性和准确性。

课堂讨论

与同学讨论自己在生活中是否经历过精准推送或者不精准推送，你认为推送精准与否的原因是什么？

（三）划分客户类型

划分客户类型，即客户分类，又称客户细分，指将庞大的客户群体根据各种指标划分为众多细分的客户群。同一客户群的客户有相同或类似的特征，不同客户群的客户之间存在显著的差异。利用先进的数据库系统和数据挖掘及分析技术，企业可以对掌握的客户信息进行充分的利用，进而实现多个维度的客户细分。

客户细分的优点主要体现在以下 3 个方面。

（1）有效维护和发展客户

在利用大数据技术进行客户细分的基础上，能够及时、有效地获取不同层次现有客户和潜在客户的需求、业务机会、相关成本及风险，并及时、准确地制定相应的业务策略，从而向各个层次的客户提供人性化的服务和进行与其需求相匹配的业务推荐，使各客户群都得到良好的维护和发展。

（2）提高运作效率

在利用大数据技术进行客户细分的基础上，运作效率也会得到提高。一方面，利用大数据技术进行的客户细分是更为有效的，这使企业可以在各个细分市场中发现新的业务机会，并及时采取行动把握发展时机，从而获得更多盈利；另一方面，在传统的客户关系管理中，存在着各个信息系统相互独立的现象，即每个部门都有自己的客户关系管理系统，各个部门间的数据无法实现共享，存在着资源浪费现象，而应用大数据技术，可以在同一系统中整合各个部门的客户信息，并向各个部门提供更加充分且多元化的信息资源。

（3）提高综合服务水平

利用大数据技术，企业可以对客户的相关资料和信息进行聚类分析，发现各个客户群的客户之间存在的群体性行为，从而将这些具有同一特性但具有不同需求的客户组合成一个更大的新客户群。企业可以利用新客户群的共性特征，对他们在接受产品或服务中的相似性进行把握，了解他们的需求，提供有针对性的个性化服务，在降低服务成本的同时获取更多的收益，使综合服务水平得到提高。

1. RFM 模型

当企业拿到一份销售数据表单时，可以通过对表单进行数据分析，对不同的客户进行分类，从而开展有针对性的营销活动。企业可以利用表单数据搭建 RFM 模型，通过数据分析结果找到优质客户，进行线上主动营销。

RFM 模型广泛应用于数据库营销中，具有计算过程简单、算法易懂、数据获取容易等特点，在不借助专业分析软件的情况下可以对客户消费行为进行分析，因此受到零售行业的欢迎。

RFM 模型包括最近一次购买（Recency）、购买频次（Frequency）和购买金额（Monetary）。

（1）最近一次购买

最近一次购买是指客户最近一次购买的时间距离分析时间的天数。因此，天数越少，R值越高。理论上讲，最近一次购买时间距分析时间比较近的客户对企业提供的产品或服务的信息更为关注，再次购买的可能性比较大，所以最近一次购买成为营销人员密切注意客户购买行为的重要指标之一。

（2）购买频次

购买频次是指在一定时间内客户消费的次数。购买频次越高，说明客户的忠诚度越高。不同行业的客户的购买频次是不同的，企业要根据自身特点来制定客户购买频次的评价标准。

（3）购买金额

购买金额是指在一定时间内客户消费的金额，可以反映出客户对企业的贡献程度。购买金额是所有商业数据分析报告的支柱，可以验证"帕累托法则"——企业 80% 的收入来自 20% 的客户。当企业预算不多，且只能提供服务信息给少量客户时，企业就要首先将信息传递给对其收入贡献高的客户。

如果将 R、F、M 分别划分为高、低两档，营销人员可以根据 R、F、M 的高低分布确定客户所属的细分类型，如表 7-1 所示。

表 7-1　根据 RFM 模型对客户分类

类型	说明	R	F	M
重要价值客户	优质客户，应着重提高客户满意度，以便增加留存	高	高	高
重要发展客户	需要挖掘客户特征，提高客户购买频率	高	低	高
重要保持客户	最近未购买，需要做触达，以防止客户流失	低	高	高
重要挽留客户	有潜在价值的客户，将要流失，需要重点挽留	低	低	高
一般价值客户	有潜力发展成优质客户，需要提高其客单价，使购买升级	高	高	低
一般发展客户	有推广价值的新客户，可以进行针对性推广	高	低	低
一般保持客户	需要深挖特征，进行品类交叉销售等	低	高	低
一般挽留客户	最近无交易，购买频率和购买金额较低，相当于流失客户	低	低	低

除了根据 R、F、M 的高低分布将客户细分为 8 种类型，营销人员还可以为 R、F、M 指标分别赋予 1～5 的分值，把现有客户分为 125 个客户群体，以便了解客户群体的空间分布情况。如果认为 125 个客户群体太多，无法开展有针对性的营销，营销人员可以在赋予客户 R、F、M 指标分值后，对 3 个指标分别赋予相应的权重，再计算出相应得分，最后利用 K-Means 聚类方法对客户群体进行聚类，并优化聚类的类别数量，将客户分为几个合适的类型。

下面以某店铺的电商销售数据为例，通过 Excel 2016 创建 RFM 模型来完成对店铺客户的分析。

微课视频

RFM 模型

步骤 01 打开 Excel 工作簿，在"RFM 辅助表"中对 RFM 模型的各项指标进行定义，如图 7-1 所示。R 为客户最近一次购买与分析点的时间差，F 为客户在一定时期内的购买次数，M 为客户在一定时期内购买产品的总金额。D 列数据为判定客户类型的条件，在 D2 单元格中输入公式"=A2&B2&C2"并按【Enter】键确认，该公式使用"&"连接符将各项指标判定标准连接在一起，然后双击 D2 单元格右下角的填充柄 ，将公式填充到本列其他单元格中。

图 7-1　RFM 辅助表

步骤 02 切换到“数据表”工作表，该表记录了店铺 5 个月的订单数据，包括订单 ID、客户编号、订单金额、订单日期等字段，在 E 列中输入用于分析的截止日期，并使用填充柄填充数据，如图 7-2 所示。

订单ID	客户编号	订单金额	订单日期	截止日期
2344852998952773014	tb456	138	2023-12-31	2023-12-31
2595643561256773014	tb470	138	2023-12-29	2023-12-31
2066326653328773014	tb686	138	2023-12-29	2023-12-31
2106563312571773014	tb295	138	2023-12-28	2023-12-31
2524306430051773014	tb125	298	2023-12-27	2023-12-31
2331336749261773014	tb985	138	2023-12-27	2023-12-31
2806647025912773014	tb400	354	2023-12-26	2023-12-31
2117919850051773014	tb128	138	2023-12-26	2023-12-31
2305958045011773014	tb933	138	2023-12-26	2023-12-31
2470101869647773014	tb723	128	2023-12-26	2023-12-31
2133358296486773014	tb101	108	2023-12-26	2023-12-31
2488668630542773014	tb130	138	2023-12-25	2023-12-31
2378479483999773014	tb310	128	2023-12-25	2023-12-31
2666352222015773014	tb138	128	2023-12-25	2023-12-31

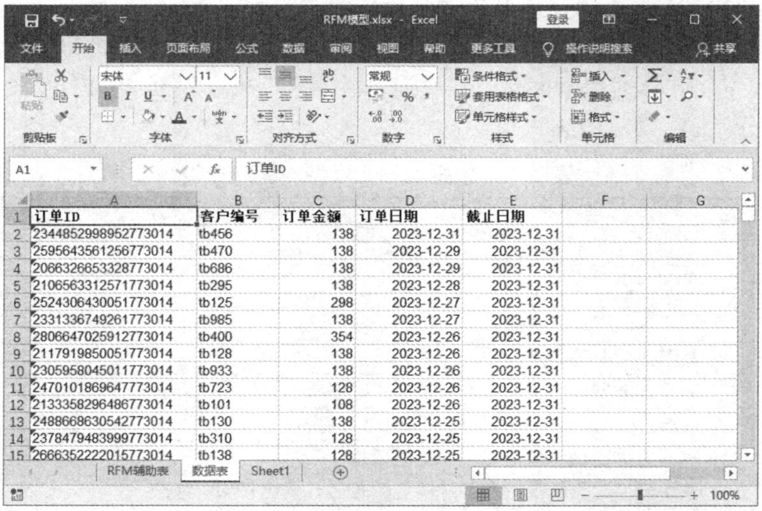

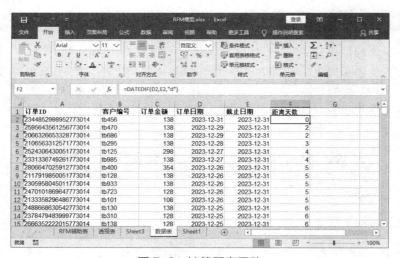

图 7-2　某店铺的订单数据

步骤 03 在 F1 单元格中输入“距离天数”，在 F2 单元格中输入公式“=DATEDIF(D2,E2,"d")”并按【Enter】键确认，得到订单日期和截止日期之间的相差天数，使用填充柄填充该列数据，如图 7-3 所示。DATEDIF 函数用于计算两个日期之间的差值，可以用来计算天数、月数或年数，第一个参数表示起始日期，第 2 个参数表示结束日期，第三个参数为计算差值的单位，d 表示天数。

订单ID	客户编号	订单金额	订单日期	截止日期	距离天数
2344852998952773014	tb456	138	2023-12-31	2023-12-31	0
2595643561256773014	tb470	138	2023-12-29	2023-12-31	2
2066326653328773014	tb686	138	2023-12-29	2023-12-31	2
2106563312571773014	tb295	138	2023-12-28	2023-12-31	3
2524306430051773014	tb125	298	2023-12-27	2023-12-31	4
2331336749261773014	tb985	138	2023-12-27	2023-12-31	4
2806647025912773014	tb400	354	2023-12-26	2023-12-31	5
2117919850051773014	tb128	138	2023-12-26	2023-12-31	5
2305958045011773014	tb933	138	2023-12-26	2023-12-31	5
2470101869647773014	tb723	128	2023-12-26	2023-12-31	5
2133358296486773014	tb101	108	2023-12-26	2023-12-31	5
2488668630542773014	tb130	138	2023-12-25	2023-12-31	6
2378479483999773014	tb310	128	2023-12-25	2023-12-31	6
2666352222015773014	tb138	128	2023-12-25	2023-12-31	6

图 7-3　计算距离天数

步骤 04 下面利用数据透视表计算每个客户的 R、F、M 值。选中工作表中的任一数据单元格，在功能区中选择“插入”选项卡，在“表格”组中单击“数据透视表”按钮，在弹出的对话框中将自动选中数据表区域，单击“确定”按钮，如图 7-4 所示。

图 7-4　创建数据透视表

步骤 05　在"数据透视表字段"窗格中将"客户编号"字段拖至"行"区域，将"距离天数""订单 ID""订单金额"字段依次拖至"值"区域，如图 7-5 所示。

图 7-5　添加数据透视表字段

步骤 06　在数据透视表中双击"距离天数"字段，弹出"值字段设置"对话框，在"计算类型"列表框中选择"最小值"选项，单击"确定"按钮，得到客户距离天数的最小值（即 R 值），如图 7-6 所示。采用同样的方法设置"订单 ID"字段的计算类型为"计数"，得到客户的购买频次（即 F 值），设置"订单金额"字段的计算类型为"求和"，得到客户订单总金额（即 M 值）。

步骤 07　按【Ctrl+A】组合键全选数据透视表，按【Ctrl+C】组合键进行复制操作。新建一个工作表，单击"粘贴"下拉按钮，选择"粘贴数值"选项中的任意一项，即可将数据透视表复制到新工作表中，如图 7-7 所示。

图 7-6　设置值字段计算类型

图 7-7　将数据透视表复制到新工作表中

步骤 08 对粘贴的数据表中的各个字段进行重命名，并增加"R""F""M"字段。在 E2 单元格中输入公式"=IF(B2<=60,"高","低")"，该公式以 60 天作为判定标准，将最近一次购买距离天数小于等于 60 天的设为"高"，大于 60 天的设为"低"，按【Enter】键确认即可得到"R"指标结果，然后使用填充柄填充该列数据，如图 7-8 所示。

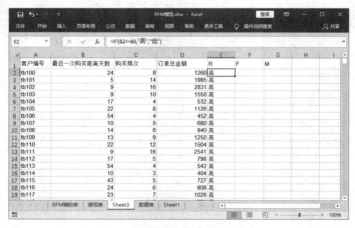

图 7-8　计算"R"指标结果

步骤 09 在 F2 单元格中输入公式“=IF(C2<3,"低","高")”，该公式以 3 次作为判定标准，将购买频次小于 3 次的设为“低”，大于等于 3 次的设为“高”，按【Enter】键确认即可得到“F”指标结果。在 G2 单元格中输入公式“=IF(D2<500,"低","高")”，该公式以 500 元作为判定标准，将购买总金额小于 500 元的设为“低”，大于等于 500 元的设为“高”，按【Enter】键确认即可得到“M”指标结果，然后使用填充柄填充数据，如图 7-9 所示。

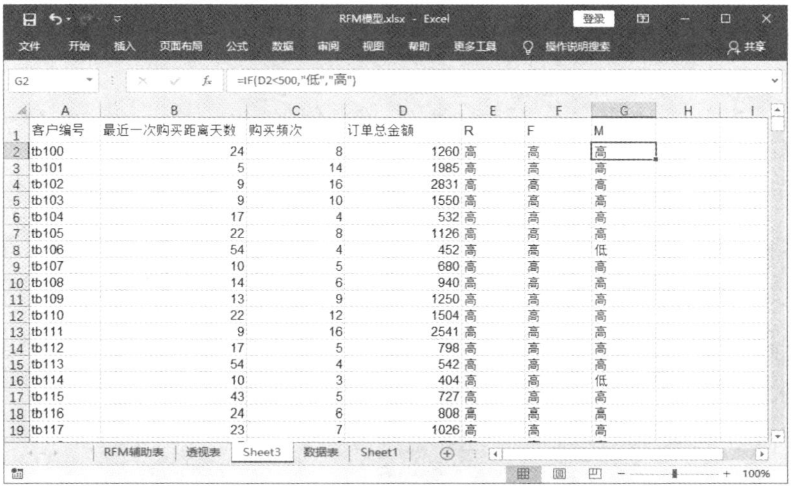

	A	B	C	D	E	F	G
1	客户编号	最近一次购买距离天数	购买频次	订单总金额	R	F	M
2	tb100	24	8	1260	高	高	高
3	tb101	5	14	1985	高	高	高
4	tb102	9	16	2831	高	高	高
5	tb103	9	10	1550	高	高	高
6	tb104	17	4	532	高	高	高
7	tb105	22	8	1126	高	高	高
8	tb106	54	4	452	高	高	低
9	tb107	10	5	680	高	高	高
10	tb108	14	6	940	高	高	高
11	tb109	13	9	1250	高	高	高
12	tb110	22	12	1504	高	高	高
13	tb111	9	16	2541	高	高	高
14	tb112	17	5	798	高	高	高
15	tb113	54	4	542	高	高	高
16	tb114	10	3	404	高	高	低
17	tb115	43	5	727	高	高	高
18	tb116	24	6	808	高	高	高
19	tb117	23	7	1026	高	高	高

图 7-9 计算“F”和“M”指标结果

步骤 10 在 H2 单元格中输入公式“=VLOOKUP(E2&F2&G2,RFM 辅助表!$D$2:$E$9,2,0)”并按【Enter】键确认，即可得到“客户类型”结果，使用填充柄填充该列数据，如图 7-10 所示。VLOOKUP 函数是一个纵向查找函数，第 1 个参数为需要在查找区域第 1 列中进行查找的值，在此使用连接符“&”设置第 1 个参数为“E2&F2&G2”；第 2 个参数为要查找的区域，在此设置该区域为“RFM 辅助表!$D$2:$E$9”，即“RFM 辅助表”工作表中的 D2:E9 区域，并设置为绝对引用；第 3 个参数为要返回查找区域第 2 列的值；第 4 个参数 0 表示精确匹配。

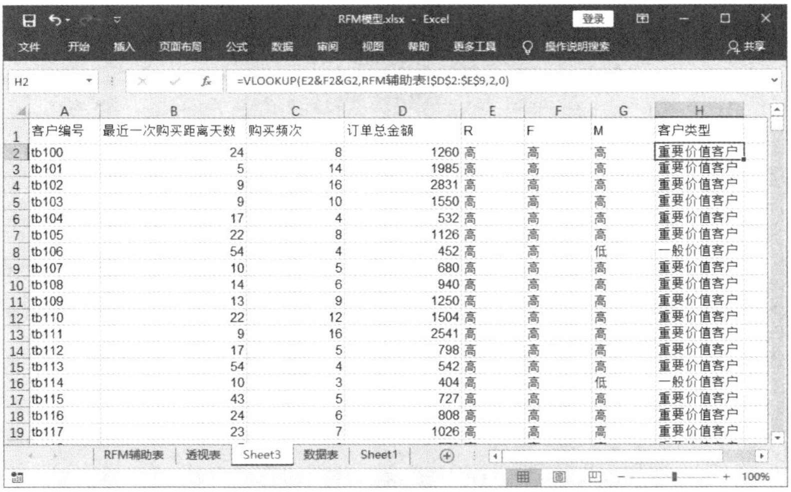

	A	B	C	D	E	F	G	H
1	客户编号	最近一次购买距离天数	购买频次	订单总金额	R	F	M	客户类型
2	tb100	24	8	1260	高	高	高	重要价值客户
3	tb101	5	14	1985	高	高	高	重要价值客户
4	tb102	9	16	2831	高	高	高	重要价值客户
5	tb103	9	10	1550	高	高	高	重要价值客户
6	tb104	17	4	532	高	高	高	重要价值客户
7	tb105	22	8	1126	高	高	高	重要价值客户
8	tb106	54	4	452	高	高	低	一般价值客户
9	tb107	10	5	680	高	高	高	重要价值客户
10	tb108	14	6	940	高	高	高	重要价值客户
11	tb109	13	9	1250	高	高	高	重要价值客户
12	tb110	22	12	1504	高	高	高	重要价值客户
13	tb111	9	16	2541	高	高	高	重要价值客户
14	tb112	17	5	798	高	高	高	重要价值客户
15	tb113	54	4	542	高	高	高	重要价值客户
16	tb114	10	3	404	高	高	低	一般价值客户
17	tb115	43	5	727	高	高	高	重要价值客户
18	tb116	24	6	808	高	高	高	重要价值客户
19	tb117	23	7	1026	高	高	高	重要价值客户

图 7-10 通过 VLOOKUP 函数得到客户类型

步骤 ⑪ 要通过客户类型快速筛选数据，可以使用切片器进行操作。选择任一数据单元格，在"插入"选项卡下单击"表格"按钮，弹出"创建表"对话框，选择"表包含标题"复选框，然后单击"确定"按钮，如图 7-11 所示。此时，即可将普通数据区域转换为智能表格。

图 7-11 "创建表"对话框

步骤 ⑫ 选择"设计"选项卡，单击"插入切片器"按钮，在弹出的对话框中选中"客户类型"字段，然后单击"确定"按钮，如图 7-12 所示。此时，即可插入"客户类型"切片器。

图 7-12 插入切片器

步骤 ⑬ 单击"客户类型"按钮快速筛选客户数据，例如单击"一般价值客户"按钮，即可筛选出客户类型为"一般价值客户"的数据，如图 7-13 所示。

图 7-13　筛选客户类型数据

2. 客户价值矩阵模型

除了 RFM 模型以外，还可以利用客户价值矩阵模型对客户进行分类，用购买频次和平均购买额构成客户价值矩阵。在客户价值矩阵中，确定购买频次和平均购买额的基准是各自的平均值，一旦确定了坐标轴和象限，客户就被定位在客户价值矩阵的某一象限内。依据客户购买频次的高低和平均购买额的多少，客户价值矩阵将客户划分成 4 种类型，即消费型客户、优质型客户、经常型客户和不确定客户，如图 7-14 所示。

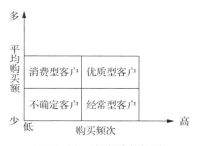

图 7-14　客户价值矩阵

3. 聚类分析

企业在进行客户分类时，还可以使用聚类分析方法，如 K-Means 聚类法、两步聚类法、Kohonen 网络聚类法等。

（1）K-Means 聚类法

数据分析人员需要首先将数据分为 K 个群，该方法会自动确定 K 个群的中心位置，继而计算每条记录距离这 K 个群的中心位置的距离，按照距离最近的原则把各个记录都加入 K 个群，重新计算 K 个群的中心位置，再次计算每条记录距离这 K 个群的中心位置的距离，并把所有记录重新归类，再次调整中心位置，以此类推，当达到一定标准时结束上述步骤。这种方法运算速度快，适用于处理大量数据。

（2）两步聚类法

这种方法首先需要确定一个最大群数（如 n），并把数据按照一定的规则分为 n 个群，这是该方法的第一步。接着按照一定的规则把 n 个群中最接近的群进行归并，当达到一定的标准时，这种归并停止，得到最终确定的聚类群数（如 m），这是第二步。

两步聚类法的一个显著优点是可以不指定聚类群数，它可以根据结构本身自动确定应该把数据分为多少群。

（3）Kohonen 网络聚类法

Kohonen 网络聚类法是运用神经网络的方式对数据进行细分的数据挖掘方法。从现存客户以及潜在客户中得到的客户特征数据，可以用于配合开展市场营销工作，增加交叉销售的机会，提高投资回报率，使企业可以提供特定的产品与服务来满足客户的需要。

数据挖掘中典型的细分应用是使用有监督学习方法或非监督学习方法。对于有监督学习方法，数据挖掘模型学习客户的行为特征与已经确定的企业感兴趣的输出变量之间的关系，如客户评价模型会将客户分为不同的等级，并得出每个等级的特征。非监督学习方法基于客户的输入属性产生不同的类别，而且不需要设定企业感兴趣的输出变量，每个类别的成员享有相似的特征，并且与其他类别成员的特征是截然不同的。

4. 综合指数模型

无论是 RFM 模型还是聚类分析法，其分类对象以个人客户为主，当分类对象为企业客户时，营销人员可以利用综合指数模型来进行分类。

综合指数问题指多目标决策问题，即企业具有两个以上的决策目标，并且需要采用多种标准来评价、优选方案。综合指数模型的构建流程如下。

（1）构建指标体系

指标体系的构建应遵循系统性原则、典型性原则、动态性原则、简明科学性原则等。指标体系是指由表征评价对象各方面特性及相互联系的多个指标所构成的具有内在结构的有机整体。在构建指标体系时，要充分结合具体行业的企业客户特征，使指标体系满足上述原则。

（2）数据收集与标准化

收集数据的原则是大小数据融合，数据源既可以是官方大数据平台中的"大数据"，也可以是通过问卷调查收集的"小数据"。对收集到的指标数据按照正、负向进行标准化，并将指标体系中的所有指标归于 0～1，指标越大，代表在这个维度上表现得越好。

（3）为指标体系赋权

根据指标内容选择合适的赋权方法，计算指标体系中各指标的重要性。赋权方法有主观赋权法、客观赋权法与组合赋权法。

- 常见的主观赋权法有层次分析法、模糊矩阵法、专家打分法等。
- 常见的客观赋权法有主成分赋权法、熵权法、变异系数法等。
- 组合赋权法是指将主观赋权法与客观赋权法相结合，例如，将两组权重进行线性或非线性组合，得到组合权重。

（4）计算指标得分

根据上述指标体系及其权重，计算待决策对象的综合指标得分及其在各子指标上的得分，根据得分对其进行分类。

（四）分析客户流失情况

随着市场竞争日益激烈，客户流失成为企业面临的一个普遍问题，然而通过深入的大数据分析，企业有机会揭示客户流失的潜在原因，并采取相应的挽留措施。大数据分析可以帮助企业发现隐藏在庞杂数据中的关键线索，如客户活跃度下降、订单量减少等，从而更好地了解客户的现状和需求。

在大数据的支持下，企业可以通过以下方式来分析客户流失情况。

首先，收集和整理客户数据，建立完整的客户数据库，这个数据库应包括客户的基本信息，如姓名、联系方式、住址等，以及客户与企业交互的各种数据，如购买行为、交互记录、投诉反馈等。通过数据挖掘和分析工具，企业可以发现客户的消费偏好、关注点和自身与竞争对手的差异。其次，运用统计分析方法，如客户细分和分类分析，找出影响客户流失的关键因素。例如，有些客户可能因为价格原因流失，而有的客户可能受到服务质量的影响而流失。最后，建立数据模型并进行预测，提前发现潜在流失客户，并采取相应的措施进行挽留。

挽留的措施包括实行个性化的营销策略，满足客户的特定需求，提供定制化的解决方案，等等。例如，对于因为价格而流失的客户，企业可以为其提供合适的折扣或优惠政策；如果客户因为服务质量问题而流失，企业可以改进服务质量，进行有针对性的技术支持。积极、主动的客户跟进和售后跟踪也是留住客户的关键。快速、主动地回应客户的投诉，让客户感受到企业的关心和重视，可以改善企业与客户之间的关系。另外，通过各种方式（如线上调查、线下活动等）激发客户参与互动，可以增强客户的黏性。

客户流失是一个动态的过程，企业需要持续监测客户流失情况，并根据数据进行改进。只有不断地改进和提升，企业才能有效地挽留客户，保持客户关系稳定。

发现潜在流失客户，即客户流失预测，指通过对客户的行为、特征、背景等信息的分析与挖掘，预测某一个或多个客户是否会流失，以及预测客户流失的时间和原因，为企业提供科学的营销决策支持和服务优化方案。

客户流失预测的分析方法主要有经验判断法、模型预测法、关键指标评价法、偏差检测法等。

（1）经验判断法

经验判断法并非是单纯地拍脑袋决策，也有一定的数据支撑，但这些数据可能来自一些过去的成功经验。数据分析人员可以采用 RFM 模型来处理客户的消费行为特征，对每一个客户的 R、F、M 值进行排序，利用经验数据对这些序列分组，找出有可能流失的客户。

（2）模型预测法

模型预测法是指找到客户以往消费过程中在企业数据库留下的各个类别的接触数据，利用模型对这些数据进行学习和再判断来找出有流失风险的客户。例如，企业可以利用决策树等算法来找出客户流失的特征，并根据这些特征找出可能会流失的客户。

（3）关键指标评价法

该方法是指将有可能导致客户流失的一组数据转化成一定的指标，在经营过程中时刻关注这些指标，在这些指标达到临界点时尽快采取弥补措施。客户流失的原因可能是多方面的，因此企业要通过建立客户流失风险指标体系，分析客户流失风险，从而找出客户流失管理的侧重点。

（4）偏差检测法

大数据中经常存在一些异常记录，如分类中的反常实例、不满足规则的特例、观测结果与模型预测值的偏差、量值随时间的变化等，从数据库中检测出这些偏差数据很有意义，可以发现诸多潜在问题。

偏差检测的基本方法是寻找观测结果与参照值之间有意义的差别。例如，传统的客户流失分析一般是通过销售人员对客户交易进行检测来实现的，对销售人员的依赖太大，为了提高流失客户的判别效率，企业可先根据一般分类客户的正常交易数据进行初步的自动判断，再针对那些被认定为有流失倾向的客户进行深入分析。

任务二　大数据驱动客户关系管理

在信息化、智能化的时代背景下，大数据已经成为企业发展和经营管理的关键要素之一，而作为企业管理工作的核心之一，客户关系管理也需要借助大数据技术实现优化和升级。

大数据在客户关系管理中的应用正日益深化和广泛化。通过数据驱动的客户了解、个性化营销、预测分析等手段，企业可以更好地满足客户需求，提高客户满意度和客户忠诚度，从而圆满地完成各项业务，并促进企业的可持续发展。

（一）客户分类管理

客户分类是基于客户的属性特征进行的有效性识别与差异化区分。在进行客户分类之前，企业需要确定客户分类的标准，例如，根据客户为企业提供的价值分类、按合作时间分类等。企业对客户进行分类后，要针对不同类型的客户进行分析，然后制定不同的客户服务策略。

1. 客户分类方法

客户分类方法有很多种，依据不同的标准可以分为不同的类型。

（1）根据客户为企业提供的价值分类

根据客户为企业提供的价值来划分，可以把客户分为高价值客户、低价值客户、长期客户和临时客户。

- 高价值客户。高价值客户无疑会为企业带来巨大的收益，这类客户的消费额占企业销售总额的比例非常高，是对企业销售贡献价值最大的客户，因此企业要把这类客户当作重点服务对象。

- 低价值客户。低价值客户的特征是订单额较小，但会大量消耗销售人员的精力和相关资源，所以价值低。对于这类客户，企业要查明其真实情况，评估其真实价值。

- 长期客户。长期客户一般是复购的客户，其忠诚度很高，十分认可企业的服务和产品，甚至企业的核心客户基本上都是长期客户。针对这类客户，企业可以给予一定的优惠，维持客户对企业的认可度。

- 临时客户。临时客户大多是潜在客户，其是否可以被转化为签约客户和长期客户，就要看销售人员的转化能力。针对这类客户，企业要进行区别化的宣传和服务。

（2）按合作时间分类

按合作时间来划分，可以把客户分为老客户和新客户。

- 老客户。老客户是指多次与企业发生业务往来的客户。寻找一个新客户的成本是维护老客户的10倍。维护老客户不仅成本低，还能通过老客户的介绍发展更多的客户资源，所以维护好老客户很重要。

- 新客户。新客户是指刚开始有订单，且具有很大增值空间的客户。企业要对这类客户增加拜访量，深挖其价值。

（3）ABC 分类法

ABC 分类法是根据事物在技术、经济方面的主要特征进行分类排列，从而实现区别管理的一种方法。由于该方法把分析的对象分为 A、B、C 共 3 类，所以称为 ABC 分类法。其中 A 类客户占比为 10%～15%，B 类客户占比为 15%～25%，剩下的客户为 C 类客户，其中 A 类客户为最重要的客户。

● A 类客户。这类客户对企业的产品或服务高度认可，在有需求时会在第一时间找到企业，对企业的销售贡献力度特别大，往往销售部门通过较小的投入就能获得极大的回报。A 类客户少，价值高，企业应为他们配备最佳的客户管理方案。销售人员要定期对其接触，并在一定程度上做到预先服务，将其塑造成"样板"客户，为企业建立起良好的产品销售受众基础。

● B 类客户。这类客户对产品和服务比较认可，但还存在一些异议，有需求时会联系企业，但不一定购买。这类客户的销售贡献力度一般，或者说具有一定的潜力，企业要把这类客户作为跟踪工作的重点，听取他们意见，并加以改进。

● C 类客户。这类客户往往处于观望状态，会做竞品分析，且一般倾向于购买其他企业的产品和服务，这类客户的问题不容易解决。企业对这类客户不宜投入过多精力，但也不能完全不关注，应以"维稳"为主，在按流程认真接待的同时，辅以适当的优惠和赠送，形成一定的品牌拉动效果，从而增加回头客的数量。

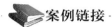案例链接

今日水印相机 App，在快消行业实现客户分类精准管理

在快消行业中，客户管理一般是分区域进行的，由专人负责，或与客户通信联络，或登门拜访，这样的方式不但效率低，而且质量也不高。如何将客户服务好，让客户对快消团队产生信任，成为快消行业的关注点。

一个轻量级的管理工具——今日水印相机 App 就可以轻松解决这些问题。今日水印相机 App 以专业的管理软件为依据，可以设置水印，拍照时间和地点不可篡改，真实性强，同时可以实现客户管理的精准分类和及时提醒。

对于快消行业的管理者或从业者来说，不同的门店可以通过照片记录真实工作场景，节约快消团队的汇报时间，让销售工作事半功倍。

运用今日水印相机 App 独特的客户管理功能，可以实现照片的分类，自动汇总相应的拜访门店，并对客户的拜访、交流、需求等相关信息设置提醒。业务员可以根据提醒做好客户联系计划，第一时间满足客户需求，提高与客户联系的质量。

管理者根据业务人员的反馈，可以及时对相关的产品进行品质、数量等方面的调整，并依据团队的准确信息，实现 App 上的实时管理。拍照上传既可以满足管理者实时监督的要求，又支持所有门店、所有客户的具体情况进行分类储存，以杜绝拜访客户的遗漏，起到了备忘录的作用。在这一前提下，业务人员能把工作重心放在业务拓展上，便于业务的发展。

在今日水印相机 App 中，时间与地点是不可更改的。无论是门店还是客户的情况，管理者都能做到实时掌握，便于决策的制定和建议的落实。快消品是人们日常生活必需品，而客户的数量和质量直接反映着快消品的销售业绩。客户关系维护需要在思想一致、数据分析合理、对未来发展不谋而合的前提下进行。使用今日水印相机 App 不仅能及时了解产品的相关情况，还能拉近产品与客户的距离，使客户关系维护变得十分得心应手，进而能提高销售业绩。

2. 客户管理方式

客户分类管理是指将客户按照一定标准进行分类，并针对不同类型的客户采取相应的管理策略，是优化客户关系管理的重要方式。随着大数据、人工智能等技术的发展，社交化客户关系管理系统不仅仅是一个简单的客户关系管理系统，更是一个可以深度挖掘客户数据、精准预测客户行为、实现个性化服务的智能平台。使用这一系统，企业可以对客户进行精细化的分类管理，从而提高客户的满意度和忠诚度，增强企业的竞争力。

通过收集和分析客户的各种数据，如基本信息、购买记录、互动行为等，企业可以形成对客户的深度洞察。企业可以采用聚类分析法、决策树等对客户进行精细化的分类，例如，根据客户的购买频率和购买金额，将客户分为高价值客户和普通客户；根据客户的互动行为，将客户分为活跃客户和沉默客户等。

针对不同类型的客户，社交化客户关系管理系统支持企业制定个性化的管理策略，如表 7-2 所示。

表 7-2　制定个性化的管理策略

客户分类	管理策略
高价值客户	企业可以提供更加优质的产品和服务，如 VIP 专享服务、优先配送服务等，以提高客户的满意度和忠诚度
普通客户	企业可以通过开展积分兑换、优惠活动等来刺激客户的购买欲望
活跃客户	企业可以通过定期推送最新的产品信息、活动信息等，与客户保持互动
沉默客户	企业可以通过发送关怀信息、调查问卷等方式重新激活客户

社交化客户关系管理系统利用人工智能技术，可以提供智能化的客户服务与支持。无论是高价值客户、普通客户、活跃客户，还是沉默客户，都可以享受到个性化的服务。例如，通过智能机器人和自助服务门户，企业可以自动化响应客户的常见问题和需求；通过智能推荐系统，企业可以根据客户的浏览和购买历史，提供个性化的产品推荐和解决方案。

客户的需求和行为是不断变化的，所以客户分类也需要进行动态的管理和调整。社交化客户关系管理系统可以实时监控和分析客户的行为和价值变化，发现客户的需求变化和市场趋势。通过对这些数据的深度挖掘和分析，企业可以及时调整和优化产品和服务策略，以适应市场的变化和客户的需求变化。

课堂讨论

结合自己的消费习惯、消费水平及品牌偏好，站在企业的角度，评估自己属于哪一类客户。在与品牌互动的过程中，你遇到过哪些个性化管理方式？

（二）客户价值分析

客户价值是指某个客户在特定的时间范围内为企业创造的收益减去企业为此付出的成本。客户价值分析就是通过数据分析来深入了解和掌握企业的客户价值，识别哪些客户或客户群体的价值最大，进而制定合理的市场营销策略，提高客户的忠诚度和企业的市场占有率，从而实现企业价值最大化。

1. 大数据在客户价值分析中的作用

随着大数据技术的不断发展，企业可以利用大数据技术收集和分析大量客户数据，以更好地了解客户的行为和需求，识别客户价值，挖掘客户潜力，从而实现客户价值最大化。具体来说，大数据对客户价值分析的作用主要体现在以下 4 点。

（1）更好地了解客户

通过收集和分析客户的历史购买记录、消费行为、搜索记录、社交媒体数据等多维度数据，企业可以深入了解客户的兴趣爱好、购买偏好、生活习惯等信息，以更好地匹配产品和服务，提高客户满意度。

（2）识别客户价值

大数据可以帮助企业准确地识别客户价值。通过收集和分析客户的消费习惯、购买力、忠诚度等方面的数据，企业可以制定合理的价值评估模型，识别哪些客户或客户群体的价值最大，从而进一步提升客户的价值。

（3）挖掘客户潜力

通过分析客户的历史购买记录、行为数据、搜索记录等数据，企业可以了解客户需求的变化趋势，发现客户的潜在需求和痛点，进而制定合理的营销策略，挖掘更大的客户潜力。

（4）提高客户忠诚度

通过收集和分析客户的行为数据，企业可以制定更加精准的个性化营销策略，提高客户的满意度和忠诚度，从而在市场竞争中获得更多的优势。

2. 利用大数据进行客户价值分析的步骤

企业利用大数据进行客户价值分析需要遵循以下 4 个步骤。

（1）收集和整合数据

客户价值分析需要收集和整合多维度数据，如历史购买记录、消费行为、搜索记录、社交媒体数据等。企业要构建数据管道，平衡数据质量和成本效益，确保数据的准确性和完整性。

（2）建立客户价值评估模型

客户价值评估模型是客户价值分析的核心。企业可以基于大数据技术，利用机器学习等技术建立客户价值评估模型，将客户分为不同的群体，进行客户分层和个性化营销策略定制。

（3）提取客户行为特征

客户行为特征是客户价值分析的重要部分。企业可以使用大数据挖掘技术提取客户行为特征，如客户购买时间、消费金额、搜索关键字等，深入了解客户需求和行为习惯，为开展个性化营销提供数据支持。

（4）制定营销策略

基于客户行为特征和价值评估模型，企业可以制定不同的营销策略，如个性化产品推荐、定制化服务、精准营销等，以提高客户满意度和忠诚度，提升企业竞争力。

3. 客户终身价值预测

在市场营销中，营销活动的预算一直是一个挑战，一方面，企业不希望花费太多，导致投资回报率为负；另一方面，企业也不希望花费过少而导致营销结果没有很明显的提升。在决定营销策略的预算时，营销人员都希望知道实施营销活动的预期回报，而了解客户终身价值可以帮助营销人员验证自己制定的营销预算是否合理，并找到潜在的高价值客户。

客户终身价值（Customer Lifetime Value，CLV）是指在与客户的关系持续期间，客户预计将在企业及其产品上花费的金额。由于留住现有客户比寻找新客户的成本低，因此留住较高价值的客户对企业的成功显得至关重要。CLV 衡量的是客户在与企业的终身关系中对企业的总价值，所以更高的 CLV 意味着企业拥有更多的忠实客户。

CLV 这一指标对获取新客户也十分重要。由于获取新客户的成本通常比维护现有客户的成本高，了解新客户的终身价值和成本对于制定具有更高投资回报率的营销策略至关重要。例如，如果企业的 CLV 平均为 100 元，而获得一个新客户只需要花费 10 元，那么企业会随着收获一个新客户而获得更多收益；如果获取新客户的花费为 150 元，而企业的 CLV 平均为100 元，那么每次获取新客户都是亏本的，这时最好还是加大与现有客户的合作。

CLV 分析给企业带来的价值主要包括以下几个方面：衡量营销活动、计划和其他活动的财务影响；帮助企业朝着更大的财务目标迈进，或者开始创建这些财务目标；调整营销思考方式，例如，设置忠诚度目标、制定营销预算等；帮助营销人员平衡好短期目标和长期目标，更好地理解投资的财务回报；帮助营销人员花更少的时间获取价值较高的客户，鼓励他们做出更好的决策；有效地管理客户关系，进而提高利润。

在阐明了 CLV 的重要性后，下面学习如何计算 CLV。一般来说，计算 CLV 有两种不同的视角，一种是历史性视角，即直接根据原始数据进行计算，因而计算结果更为准确，这时的 CLV 体现的是企业从一个客户以前的购买中获得的总利润；另一种视角是预测性视角。

在第一种视角下，CLV 的计算公式如下。

$$CLV = 每年客户收入 \times 关系的持续时间 - 获取和服务客户的总成本。$$

在第二种视角下，需要一个详细的机器学习模型来预测 CLV 的各个要素，如使用回归模型来进行预测。

拓展阅读：SPSSPRO——全新的在线数据分析平台

SPSSPRO 是一个区别于 SPSS、SAS 等传统客户端模式的全新的在线数据分析平台。基于数据处理、分析算法等核心能力，SPSSPRO 将面向高校师生、市场调研人员、科研人员等提供在线化、低门槛的在线数据分析服务，被广泛运用于科研、商业、数据挖掘、问卷调查等领域。

SPSSPRO 一站式整合业界 95%以上的主流数据科学模型，支持使用 T 检验、方差分析、回归分析、相关分析、卡方分析、聚类分析、因子分析、正态性检验等超 300 种分析方法，算法模型应有尽有。

针对企业级数据分析常用的相关性分析、差异性分析与规划求解模型，SPSSPRO 的 AI模型求解器能自动识别数据结构，推荐出最适用的分析算法，让用户无须理解算法原理与数据结构也能选出最适用的分析模型。

SPSSPRO 可以用于客户细分。下面介绍两个客户细分的模型，即对应分析模型和聚类分析模型。

（1）对应分析模型

对应分析在市场营销经济研究中通常用于研究多个分类变量的关系，是市场细分、产品定位、品牌形象及满意度研究等营销领域常用的一种方法。

例如，某个产品广告需要植入各大视频平台，但该广告不是简单覆盖所有视频，而是需要有针对性地植入产品消费者与视频观众属性保持一致的视频。因此，我们需要对不同视频的观众进行细分，以挖掘出潜在信息。

在 SPSSPRO 中，数据分析人员可以采用对应分析模型，将 4 个用户属性拖入变量框中，经过分析生成低维空间感知图，其主要关注的是点与点之间的距离。在相同区域中，点与点之间靠得越近，意味着它们之间的关联越强；点与点之间靠得越远，意味着它们之间的关联越弱。

（2）聚类分析模型

聚类分析的核心思想就是物以类聚、人以群分。在市场细分领域，消费同一种类的产品或服务时，不同的客户有不同的消费特点，通过研究这些特点，企业可以制定出不同的营销组合，从而获取最大的消费者剩余，这就是客户细分的主要目的。

例如，用户选择在网站或应用上花费较多时间，或者进入相应界面后有效点击的间隔时间很长，这些都是非常有用的信号，说明用户对产品非常陌生或者产品交互主线不够清晰，但用户又充满一定的好奇心，想要看看其中究竟有什么内容。

现有几个用户在一年内的网页浏览行为数据：发文章次数、回答次数、点赞数、评论数。根据这 4 个方面的网页浏览行为数据，企业可以将这些用户分为高活跃用户、一般用户、不活跃用户。

在 SPSSPRO 中，采用聚类分析模型将 4 种用户行为数据拖入变量框中，并且选择聚类个数为 3，进行分析。最终，模型将用户分成了 3 类，以饼图的形式呈现出不活跃用户、一般用户和高活跃用户的占比情况。

项目实训：英国零售商特易购的客户细分分析

1. 实训背景

特易购是英国最大、全球第三大零售商，拥有超千万的活跃持卡会员，同时特易购也是利润很高的网上杂货供应商，在利用信息技术进行数据挖掘、提高客户忠诚度方面走在行业前列。

特易购用电子会员卡收集会员信息，分析每一个持卡会员的购买偏好和消费模式，并根据这些分析结果为不同的细分群体设计个性化的优惠活动。

特易购的会员卡不是一个单纯的用于集满点数换奖品的工具，而是一个结合信息科技创建消费者数据库并对数据进行深入分析，据此来获得更精确的消费者细分数据，以及制定更有针对性的营销策略的客户关系管理系统。

特易购使用的客户关系管理方法是品牌联合计划，即几个强势品牌联合推出一个计划，对不同群体提供多样化的奖励措施。例如，举办针对家庭女性成员的"MeTime"活动，会员可以利用在日常购买中积累的点数，从当地高级美容美发沙龙或知名服装设计师处换取免费体验卡或大幅度折扣券，这些奖励有助于提高消费者的满意度和忠诚度。

2. 实训要求

请同学们分析案例中特易购的客户细分方法，深入理解企业的客户细分运营之道，并对各个品牌的案例展开细致的分析。

3. 实训思路

（1）讨论案例

请同学们分析案例中特易购是如何进行客户细分运营的，并指出其客户细分运营的独特之处。

（2）总结企业客户细分运营经验

在网络上搜索相关资料，了解其他企业基于大数据进行的客户分类管理，并根据其运营效果总结经验。

思考与练习

1. 客户背景调查主要涉及哪些方面？
2. 简述 RFM 模型的构成。
3. 简述大数据在客户价值分析中的作用。

项目八 大数据营销案例解析 ——农夫山泉

知识目标

➢ 了解农夫山泉开展市场分析、消费者分析的策略。
➢ 了解农夫山泉的市场发展战略和营销策略。

技能目标

➢ 能够利用大数据开展市场分析和消费者分析。
➢ 能够利用大数据开展市场发展战略分析和营销策略分析。

素养目标

➢ 培养缜密的数据分析能力，不断优化大数据营销策略。
➢ 培养用户思维，以用户为中心，能够洞察用户需求。

知识导图

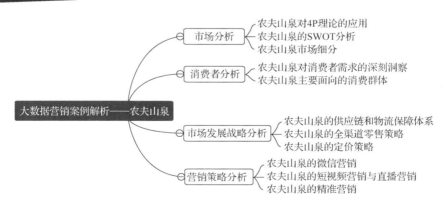

引导案例

农夫山泉最初卖饮用水时实际上就利用了大数据，即通过图表控件分析各种数据，进而选择对其品牌宣传最有利的方式。例如，在最开始的调查数据中，农夫山泉信息官就提出这样的问题：怎样摆放水堆能促进销售？什么年龄段的人在水堆前停留得更久？一次性的购买量是多少？气温的变化对水的销售有什么影响？竞争对手的新包装对自身产品的销售有什么影响？

这些问题中的一些可以靠以往的经验来解决，但更多的是靠数据来解决。在其收集的数据及图表控件展示中，我们可以看出各个问题的关键因素，而按照数据的属性进行分类，成为农夫山泉进行大数据营销的第一步，而这一步也为其带来了极大的成功。

实际上，农夫山泉在其发展过程中所用到的数据远远不止这些，还有运输数据等。将自己定位成"大自然搬运工"的农夫山泉在全国有多个水源地，而从灌装到上架，一瓶水需要在运输上花费 3 角，而在其内部图表控件展示中，我们更是可以看到运输对农夫山泉发展的影响。

为了更好地进行运输数据分析，农夫山泉推出创新性的数据库平台，通过图表控件了解数据，进行快速计算，然后进行数据分析，提高分析速度。

农夫山泉在全国有 10 多个水源地，很多数据如道路等级费用、天气、季节变化、不同区域的售价调整、人力成本，甚至涵盖突发事件的需求都被纳入数据库中，然后农夫山泉通过大数据分析计算出最优的仓储运输方案，使各条线路的运输成本、物流中心设置最佳地点等信息及时呈现，将几百家办事处和配送中心整合到一个体系中，形成一个动态网状结构，以便进行及时的管控。

有了强大的数据支持后，农夫山泉的销售额每年都在以 30%～40% 的速度增长，农夫山泉在饮用水领域更是超越了其他品牌，成为知名度最高的矿泉水品牌之一。国家统计的数据图表控件显示，在饮用水领域中，农夫山泉的市场份额已经达到了 34.8%，而这一切都来源于大数据的支撑。

任务一　市场分析

进行深入的市场分析，更准确地了解市场的生态环境和行业现状，并对自身实力有一个清晰的认知，可以辅助企业制定相应的战略决策。同时，市场细分是制定营销战略的核心，要求以消费者为中心，明确企业为哪一类消费者服务，这对企业的生产和营销起着重要的引领作用。

（一）农夫山泉对 4P 理论的应用

农夫山泉成立于 1996 年，其致力于发展健康饮用水事业，拥有国家一级水资源保护区浙江千岛湖、吉林长白山矿泉水资源保护区、湖北丹江口南水北调源头保护区和广东万绿湖等 12 座国际领先的饮用水、果汁饮料、功能性饮料及茶饮料生产基地。农夫山泉始终坚持以消费者为中心，致力于提供健康、安全、口感优良的产品，为消费者创造更健康、更美好的生活。

农夫山泉在我国瓶装饮用水市场的份额一直稳居前列，这主要得益于农夫山泉对产品质量的严格把控，以及对消费者需求的深度理解。

市场营销中有一个经典的 4P 理论，其可分解为产品策略、价格策略、渠道策略和促销策略。通过分析农夫山泉对 4P 理论的应用，我们可以了解农夫山泉在市场营销中的具体表现。

1. 产品策略

农夫山泉注重产品的品质和口感，以天然、健康、高品质为卖点，通过不断研发和创新，推出不同口味和功能的产品，以满足不同消费者的需求。例如，针对近年来消费者对健康饮品的需求增加，农夫山泉推出了含有天然矿物质和微量元素的矿泉水，以及无糖、低热量的健康饮料等。

2. 价格策略

农夫山泉采取高品质、中等价格的策略，既保持了产品的高品质形象，又使产品价格对大多数消费者具有吸引力。这一策略既体现了其产品的高品质和健康价值，也反映了其对品牌形象的定位——追求健康、自然的生活方式。例如，农夫山泉经常通过提供更优惠的价格、更优质的服务等方式来吸引消费者，从而抢占更多的市场份额。此外，农夫山泉还通过提供品牌故事和产品教育来提高消费者对产品的认知和信任度，从而提高消费者对高价格的接受度。

3. 渠道策略

农夫山泉采取了多元化的渠道布局。除了传统的超市、便利店等零售渠道外，农夫山泉还积极拓展线上销售渠道，通过入驻电商平台、自建电商平台等方式，让消费者能够更方便地购买到其产品。

4. 促销策略

农夫山泉通过广告、公关活动、赞助活动等多种方式进行品牌促销推广。其中，独特的广告语，以及与奥运会、世界杯等大型体育赛事的合作，都为农夫山泉赢得了大量的曝光和良好的口碑。

 课堂讨论

你是否经常购买农夫山泉的产品？如果曾购买，购买渠道是什么？你对农夫山泉的产品、价格和促销等策略有何感受？

（二）农夫山泉的 SWOT 分析

随着市场环境的不断变化，企业通常会面临更多的障碍、挑战和机会，这是企业发展必然要经历的过程，这时要如何确定优先级？哪些计划应该首先执行，哪些挑战应该马上解决？SWOT 分析可以为企业的业务发展提供正确的路线，以帮助企业扬长避短，抓住机会，化解威胁。SWOT 分析包括分析优势（Strengths）、劣势（Weakness）、机会（Opportunities）和威胁（Threats）。

农夫山泉的 SWOT 分析具体如下。

1. 优势

农夫山泉作为我国最大的瓶装饮用水品牌之一，具有显著的市场优势。首先，其产品质量优良，深受消费者的喜爱。其次，农夫山泉拥有强大的品牌影响力和较高的市场认知度。

再次，农夫山泉的产品线丰富，能够满足不同消费者的需求。最后，农夫山泉在市场营销方面有着丰富的经验和独特的策略，能够有效地吸引和保留消费者。

2. 劣势

尽管农夫山泉在市场上有着明显的优势，但也存在一些劣势。首先，农夫山泉的产品价格相对较高，可能会降低部分消费者的购买意愿。其次，农夫山泉的市场份额虽然较大，但与其他竞争对手相比，其市场份额仍有被侵蚀的风险。再次，农夫山泉在一些新兴市场的知名度较低、影响力较小。最后，农夫山泉的产品线虽然丰富，但在一些细分市场上的表现并不突出。

3. 机会

农夫山泉面临着许多市场机会。首先，随着消费者对健康饮品的需求增加，农夫山泉可以推出更多健康、天然的产品来满足市场需求。其次，随着电商平台的快速发展，农夫山泉可以通过线上销售进一步扩大市场份额。再次，随着我国市场的进一步开放，农夫山泉有机会进入更多的境外市场。最后，随着消费者对环保问题的关注度提高，农夫山泉可以通过推出更环保的产品来吸引更多的消费者。

4. 威胁

农夫山泉也面临着一些市场威胁。首先，市场上的竞争对手众多，包括其他瓶装饮用水品牌，以及新兴的健康饮品品牌。其次，消费者的需求和口味多变，农夫山泉需要不断创新，以满足消费者的需求。再次，原材料价格的波动可能会影响农夫山泉的成本和利润。最后，食品安全问题是农夫山泉需要面对的重要威胁。

（三）农夫山泉市场细分

农夫山泉在饮用水市场领先多年，令众多同行艳羡不已，而随着红利期过去，市场增速放缓，加上出现消费升级、细分市场扩大等变局，一批企业看到了挑战农夫山泉地位的机遇，纷纷向农夫山泉所在的饮用水市场发起"进攻"，而农夫山泉一边继续寻找更多优质水源地构筑壁垒，一边推出更多的细分产品，加速向细分领域渗透，以此抵御竞争企业的"进攻"。

其实，农夫山泉在细分品类市场的布局非常早。目前，农夫山泉旗下饮用水包括天然水、矿泉水、泡茶水、咖啡水等细分领域，其中泡茶水成为众多品牌的必争市场。

京东超市的数据显示，京东线上泡茶水的消费用户主要是一线城市36～45岁的用户，经济发达地区、部分沿海地区成为泡茶水的核心消费区域。可见，从地理位置上来划分，一线城市是泡茶水的细分市场。

农夫山泉选择泡茶水这一细分领域是有着充分考量的。在确定泡茶水这一细分领域时，我国有大小茶企约6万家，国内销售额也接近3000亿元，这已经是一个超大规模的饮茶市场，消费潜力巨大，且饮茶人群正在逐年增加，因此农夫山泉抢占这一赛道被业内人士普遍看好。

经过细致的市场调研，农夫山泉的市场调研人员发现，淘宝平台上泡茶水市场份额逐渐增加。

在以往，喝茶一直是与老年人紧密相关的，年轻人则偏好新式茶饮。近年来，"85后"和"90后"成为茶叶消费市场的主力军，尤其是成熟男性为喝茶主力，而年轻女性则注重美颜养生。不同年龄段、不同职业的人均有茶叶消费需求，饮茶偏好也不尽相同。这意味着喝茶、品茶逐渐走入了爱好健康养生的消费者的生活，消费者对于茶品质的追求也会随着饮茶需求的增加而不断提升。

但是，爱好喝茶的人都知道，如果没有好的泡茶水，再好的茶叶也会缺点味道。在众人喝茶成习惯的趋势下，农夫山泉机敏洞察与茶息息相关的泡茶水，早早开启了对泡茶水的研究。

目前，农夫山泉是市场上较大的泡茶水品牌，其旗下的泡茶水产品主要是大包装红瓶水，以及产自农夫山泉武夷山工厂的泡茶水。大包装红瓶水经常用于雨林古树茶、竹叶青等茶叶的冲泡。成都、重庆的竹叶青店使用的是农夫山泉产自峨眉山水源地的产品，甚至北京的店面用的泡茶水也是从峨眉山水源地运送过去的。

专业茶人对泡茶水很讲究，很多茶人用农夫山泉的大包装红瓶水或泡茶水来泡茶。一名资深茶人说，他泡一般的茶用大包装红瓶水，泡好茶就用农夫山泉的泡茶水。

可见，农夫山泉在开拓细分市场时也强调水源的优质，这是其核心竞争力，也是农夫山泉对其他饮用水企业形成的壁垒。

总体来说，泡茶水的推出顺应了市场趋势。一方面，农夫山泉将"泡茶"这一传统的文化意象纳入农夫山泉水源地文化之中，加上对产品的用心打磨，推出了更专业、更有针对性的产品；另一方面，再一次巩固了消费者认知，强化了其在该细分市场对消费者心智的占领。

任务二　消费者分析

随着大数据技术得到广泛的应用，市场形势也面临着较大程度的变化。在新时代背景下，各行业的数据信息逐渐实现公开化、透明化，消费者可以随时通过互联网掌握产品信息，同时利用互联网渠道足不出户即可了解其他人对产品的使用体验或发表自己的看法，为其他消费者提供消费意见。

在这个过程中，企业也可以及时获取消费者对产品的满意度情况及消费者所反映的问题，明确消费者的实际需求、消费习惯等，并在此基础上开展有针对性的研发工作，切实满足消费者的个性化需求。

（一）农夫山泉对消费者需求的深刻洞察

我国饮品市场是一个万亿元级别的市场，近年来，健康化、去糖化、高端化是该市场核心发展趋势。消费者更加推崇成分天然、低糖或无糖、少添加或无添加的饮品，同时更加注重饮品的功能特征、外观设计、潮流特性，以及产品属性以外的附加值。

农夫山泉推出的打奶茶就符合上述特征。在健康方面，农夫山泉的打奶茶采用低糖配方，同时不含反式脂肪酸，完全避开了市场上主流奶茶对健康的不利影响；在外观设计方面，简洁轻盈的高明度色彩搭配简洁立体的瓶身线条，再加上形似古时斗茶的茶汤汤花的大漩涡，三者的结合恰如其分地满足了"Z世代"对极简风的追求；在口味方面，打奶茶的口感克制而又自然，不过分甜腻，希望呈现真实的茶与奶的口味，兼具好喝和健康的品质。因此，打奶茶迎来了市场的正向反馈，被哔哩哔哩、小红书上的年轻消费者不断赞赏并自发传播。

除打奶茶以外，农夫山泉推出的"4L把手瓶"饮用天然水也大获成功，这也源于其对消费者需求有非常深刻的洞察。

值得一提的是，近年来，消费者对饮水质量的愈发重视，以及因契合做饭、煲汤、泡茶、会议、母婴等多元场景的消费需求，包装饮用水呈现出中高速发展态势，特别是大包装水正在成为各大水企扩大市场体量、探索新增长曲线的重要发力点。

📖 **案例链接**

来自消费者的一封手写信，让农夫山泉怀旧新品加速上市

2023 年 12 月，农夫山泉对外推出包装饮用水的新成员——4L 把手瓶饮用天然水。与以往上新不同的是，这次的新品对农夫山泉和许多消费者而言，更兼具怀旧的意义。

事实上，4L 把手瓶可以溯源到农夫山泉成立之初。农夫山泉在 1996 年成立，而 4L 桶装水则诞生于1997 年，是农夫山泉名副其实的一号产品，也是该公司最早的广告语"农夫山泉有点甜"的由来产品。

农夫山泉此次决定重新设计并推出一款带有把手的 4L 装饮用水，与其及时洞察市场趋势与消费动态变化有关。

近两年，农夫山泉的热线电话和社交媒体官方账号时常会收到消费者反馈，希望重新推出有把手的 4L 产品，表示怀念手握把手的感觉，提着它很牢固，下班回家、泡茶烧水，或者是煮饭烧菜都十分方便。

在此背景下，农夫山泉萌生了重新生产这款产品的念头，而最终这一产品得以加速落地，则源于一封手写信。

2023 年 6 月，农夫山泉总部收到一封来自河北廊坊的特殊来信，一位 87 岁退休老教师在手写信中提到，多年前购买农夫山泉 4L 饮用天然水附赠的可拆卸把手，因到使用年限老化折断，是否考虑恢复提供一部分单手提瓶的刚性手提把柄。

收到信件后，农夫山泉第一时间给这位老人送去了 3 个新的可拆卸把手，以满足其暂时的使用需求。而正是这一封手写信，让农夫山泉开始重新审视已有的 4L 饮用天然水，现在的包装设计是否能够满足所有群体在各个场景下的需求。

农夫山泉推出的新款 4L 把手瓶饮用天然水，对老款进行了多方面升级：瓶身采用强度更高的材质，不易变形，使用完的把手瓶可以延展出多种用途；采用螺纹瓶盖的形式，开盖更方便，且开盖后旋盖可以再密封。最重要的是，新的把手采用人体工学设计，使消费者在握持、提拎、倒水时更舒适，瓶口也更大，无论烧水泡茶还是煮饭做菜，消费者均能获得更好的使用体验。

老款产品的重新设计与复出对该公司的包装饮用水板块而言有着极其特殊的意义，不仅因为它的包装设计独特，更是因为它体现了农夫山泉始终与消费群体保持着密切互动。

（二）农夫山泉主要面向的消费群体

农夫山泉主要面向的消费群体有以下 3 类。

1. 年轻人

农夫山泉的广告宣传具有年轻化的鲜明特点，其宣传策略也主要针对年轻人。例如，其广告语"农夫山泉有点甜"非常具有记忆性，容易吸引年轻人的关注。此外，农夫山泉也积极赞助各种音乐节、体育赛事等活动，进一步拉近与年轻人的距离。

2. 中等收入群体

农夫山泉的部分产品定位在中高端市场，其价格相对较高，所以其主要面向的是中等收入群体。这部分消费者对产品的品质要求较高，同时也具有一定的消费能力，对健康、天然的产品有着较高的需求。

3. 健康意识强的人群

由于农夫山泉强调天然、健康的特点，所以也面向那些健康意识强的人群。这部分消费者注重饮食的健康和营养，对天然、健康的产品有着更高的需求。

任务三　市场发展战略分析

市场发展战略又称市场开发战略，是由现有产品和新市场组合产生的战略，即企业用现有产品开辟新的市场领域的战略。它是发展现有产品的新客户群，从而扩大产品销量的战略。通过这一战略，企业可以得到新的可靠而经济的高质量销售渠道，这对企业的生存发展具有重要的意义。

（一）农夫山泉的供应链和物流保障体系

农夫山泉实现利润增长的秘诀就是建立了信息化的现代供应链及物流保障体系。

1. 大数据驱动成本管控

农夫山泉一直强调"天然水"概念，在水源地建厂，在水源地灌装。但这样一来，降低包含运输费用在内的供应链成本就成了农夫山泉实现利润增长要面对的重要问题。

对此，农夫山泉建立多个水源供给基地，在地理位置上临近各主要经济圈和消费腹地，实现分布式产能就近区域供应，缩短运输半径，同时与技术团队 SAP 合作，共同开发基于饮用水产业的运输环境数据场景，研究如何根据不同的变量来控制物流成本。

利用大数据收集工具，SAP 团队和农夫山泉团队将高速公路的收费、道路等级、天气、配送中心辐射半径、季节性变化、不同市场的售价、不同渠道的费用、各地的人力成本，甚至突发性的需求都纳入了场景研究。

农夫山泉把全国的水源地、办事处和配送中心整合成一个动态网状结构，进行即时管控，设计出一套最优的仓储运输方案，使各条线路的运输成本、物流中心设置最佳地点等信息及时呈现。

SAP 团队还推出了创新数据库平台 SAP Hana，把同等数据量的计算速度从过去的 24 小时缩短到了 0.67 秒，几乎做到了实时计算结果。以强大的数据分析能力为支撑，农夫山泉的年增长率获得快速提高。

2. 仓配一体化

2010 年，当"供应链管理"还是一个新词时，农夫山泉就已经使用网络规划工具 LLamasoft。

在使用 LLamasoft 之前，农夫山泉主要靠大量的经销商来了解终端的零售情况，但时效性无法保证，而且销售情况随时可能发生变化。

大区间的调运不仅会带来高额的运输成本，还可能导致某些地区供不应求，而某些地区产生较多剩余库存。在运用网络规划工具后，农夫山泉实现了对终端销售情况的实时监控，城市仓从 20 多个减少到 5 个，仓配效率得到进一步提高。

通过运用网络规划工具 LLamasoft，农夫山泉对工厂、仓库、代表处和配送点的供应链网络进行产能规划、仓储布点规划和发货路径优化，还设立了销售路径资源池（从 DC 或工厂发到经销商的所有潜在的运输路径）和调拨资源池（从工厂到 DC 的所有潜在的调拨路径），在两个资源池中分别对每一条运输路径配置包括起点、终点和价格的信息，并预设好货龄、库存等指标，附加了产能、运能、车型等约束条件。

每月月底，供应链管理部门会把销售预测数据导入 LLamasoft，通过该系统对不同运输路径下的总成本进行叠加，最优的路径选择结果就会直接输出到执行系统。

3. 需求管理

在使用 LLamasoft 后，农夫山泉又引入了供应链计划系统 JDA，致力于实现需求预测、协同计划、补货计划等的信息化。前端市场的业务人员所获得的经验大多是感性和碎片化的，所以准确的消费品预测不是跑市场跑出来的，而是依靠数字工具分析出来的。

使用 JDA 之后，农夫山泉不再依靠全国各地办事处提报"1+3"月销售预测模式，改由生产管理部门按历史数据做统计预测，办事处进行调整，使用调整之后的 12 个月的共识预测驱动供应链计划，从此化被动为主动，开始高屋建瓴地进行需求管理。

（二）农夫山泉的全渠道零售策略

逐渐寻求多样化的渠道，以打破对传统渠道的依赖是农夫山泉 DTC 转型的一大重要手段。有关报告显示，我国软饮料市场的销售渠道主要还是小型杂货店和非连锁型便利店等传统渠道，这些商店通常都是由个体工商户或者家庭经营的。但是，传统渠道的市场规模增速空间逐渐收缩，年复合增长率不断下降，农夫山泉进行 DTC 布局正是敏锐地观察到了这个趋势，寻求以更加多样的渠道替代传统渠道的主导作用。

农夫山泉从 2017 年就开始逐渐降低传统渠道的收入比例，进行了成功的经销商改革，同时农夫山泉重新梳理了线上渠道、经销商、水站和终端的合作关系，并加大了与核心电商平台的合作，逐渐降低对传统渠道的依赖程度。通过全渠道零售，农夫山泉实现 DTC 拉动新增长。

1. 缩小水站职责范围

农夫山泉通过全面采用 O2O 模式，打破水站线下推销的传统模式，由品牌掌握线上用户，水站化身终端配送员。

农夫山泉不再允许水站私自开水卡，所有包装水套餐（相当于水卡）和独立产品都只能通过线上电商平台、O2O 平台或农夫山泉小程序购买，再由品牌按照数据系统自动安排最近的水站配送。若附近没有水站，则可能由第三方快递公司或经销商配送。

通过掌握订单源头，缩小水站职责范围（实际上增加了水站对品牌的依赖），农夫山泉可以实时触达并与消费者互动，并保证消费者线上线下在不同区域的一致消费体验，同时掌握消费者数据，更快地做出市场反应。另外，这一策略也增加了农夫山泉对水站的话语权，以便统一形象和管理标准。

虽然农夫山泉以这种方式模糊了水站与消费者直接对接的角色，导致其信息掌控优势不再，但水站也受益于农夫山泉的线上营销，获得了更多订单，减少了拓展市场的压力。同时，农夫山泉通过绩效改革加大了对经销商和水站的支持力度，保证渠道利润和先前基本保持一致。

2. 加强与各平台的合作

为了实现全渠道零售，农夫山泉不仅利用京东、淘宝、抖音电商、拼多多等电商平台快速触达消费者，还入驻了美团、饿了么和京东到家等第三方 O2O 平台。

农夫山泉是最早与电商平台实现物流合作的一批品牌中的一员。以京东"物竞天择"项目为例，京东改变了原先以大仓为中心向外分发的方式，与农夫山泉线下网点体系合作，利用线下铺设的渠道，如超市、便利店或农夫山泉水站等，将消费者的订单匹配到最近的网点，实现就近配送，这不仅提高了配送效率，提升了消费者体验，还降低了仓储配送成本，提高了线下渠道的销售业绩。

3. "一物一码" 直达消费者

随着品牌增长驱动力的改变，农夫山泉不再由渠道单轮驱动，而是"品牌（消费者）+渠道"双轮驱动，传统的深度分销失效，深度分销的下一步必然要触达用户，只有触达消费者后，才能对消费者进行精准运营，强化消费者对品牌的认知，从而反哺到销售场景，达到"四两拨千斤"的效果。

因此，农夫山泉开始用"一物一码"的扫码营销方式做终端活动。扫码营销最大的优势在于满足了快消企业全渠道无冲突的营销需求。农夫山泉把二维码贴在产品包装上，用它来与消费者直接互动。

通过这种方式，农夫山泉可以搭建自己的在线运营生态，把线下用户连接到线上平台，并对消费者进行分层管理，如客户数据中台（Customer Data Platform，CDP）会员小程序，可以沉淀私域的消费者。通过直达终端消费者，农夫山泉解决了渠道配合问题，费用可以直达消费者，提高了费用投放的效率。

"一物一码"还能实现对终端销售场景的拓展。例如，当消费者购买产品并扫码后，会获得一个新品的"待解锁红包"，促使消费者使用红包来购买新品。这样一来就能利用老品来驱动新品的销售，这给传统快消企业提供了一个打造新品的精准引流路径。

"一物一码"不仅使农夫山泉透过深度分销渠道触达 C 端，还能与 B 端渠道形成在线化连接，以 B 端、C 端一体化的方式实现更多的场景营销。

**案例链接**

"一物一码" + "1元换购"，实现双重加利

农夫山泉用"一物一码"对旗下产品打奶茶赋码，通过设置"箱码+瓶码、买就中现金红包"活动，售货员在打奶茶整箱进店时，扫描箱子上的码就能注册并登记好产品信息，而每一箱打奶茶中的每一瓶的瓶盖内都有一个瓶码与之关联，消费者在购买之后只要扫瓶码就能获得现金红包奖励，对应的箱码也能被激活，售货员能够同时获得奖励。于是，在利益的驱使下，售货员在摆货时会给打奶茶更多的货架空间，让打奶茶第一时间进入消费者的视线，提高消费者购买的概率。

另外，农夫山泉还结合"1元换购"的活动玩法，实现小商家与 C 端双重加利，利用畅销品带动新品，以老品带新品，实现新品的快速推广。以农夫山泉旗下产品东方树叶为例，用"一物一码"在产品瓶盖内赋码，当消费者购买东方树叶后，开盖后扫码会中"1元换购奖"，消费者只要把瓶盖给售货员扫码核销，加 1 元就能获得一瓶新的打奶茶。在这一营销活动中，消费者可以用1元换购一瓶价值6元的打奶茶，而门店可以获得进货奖励和一瓶打奶茶的返货券，既得钱又得货，农夫山泉因此得以快速推广新品，并精准投入营销费用，达到品效合一，降本增效。

农夫山泉可以抓取小商家和 C 端的终端数据，分别建立用户账户体系，促使其与终端形成强关联和深度绑定，实现对终端的在线化管理。

4. 搭建新零售渠道

农夫山泉还持续拓展以自动贩卖机为代表的新零售渠道，在全国大量城市投放数万台以自动贩卖机为代表的芝麻店智能终端零售设备，并逐步建立起与之相匹配的团队、信息系统和配送服务模式。

5. 搭建 NCP 系统

农夫山泉目前已经全面使用 NCP 系统，通过信息化的系统让经销商变为终端的服务方。从操作层面来看，NCP 系统分为经销商管理系统和终端零售门店管理系统。

（1）经销商管理系统

在搭建经销商管理系统后，不管是自助下单、进销存管理还是对账单管理，经销商都会使用该系统与农夫山泉共享进销存信息，而农夫山泉可以通过大数据分析经销商库存，根据历史数据和分销表现自动进行存货预警，及时指导经销商进行分销活动，防止存货积压。

经销商库存是农夫山泉与经销商续约时的考量因素，如果农夫山泉通过经销商管理系统或现场检查发现经销商存货水平处于不合理水平，会考虑不再续约。

（2）终端零售门店管理系统

终端零售门店管理系统主要供经销商的一线销售人员和农夫山泉的销售管理人员使用。经销商的一线销售人员可以借助移动端来管理终端零售门店的陈列活动、陈列费用，拍摄并上传终端零售门店的陈列情况，管理销售区域内的销售设施。

农夫山泉的销售管理人员也可以借助该系统了解经销商一线销售人员的平时工作和市场表现，从而有针对性地对其进行业务指导，提高整体的管理效率，还能通过 PC 端规划终端零售门店的走访计划。

（三）农夫山泉的定价策略

作为我国领先的饮料生产企业之一，农夫山泉在定价方面有着独特而精准的策略，会针对不同产品线和市场需求采取差异化定价和区域性定价。

差异化定价是指根据产品属性和消费者偏好制定不同的价格档次，例如，在高端市场中销售的高级系列产品就相对较贵，而在大众市场中销售的普通系列产品则相对便宜。

区域性定价是指根据不同地区的市场需求和竞争情况制定价格。一般来说，一线城市的消费水平较高，因此产品定价也相对较高；而二、三线城市的消费水平相对较低，因此产品定价也相应较低。

除了对同一件产品进行差异化定价外，农夫山泉还开发出不同定价的产品来开拓细分市场。例如，2008 年农夫山泉推出水溶 C100，开创出一个补充维生素 C 的饮料新品类。经过 15 年的沉淀，凭借独特的口感和营养价值，水溶 C100 再次"引爆"市场，受到消费者的热捧。从营养成分表中可以看出，水溶 C100 的维生素 C 参考值为 100%，也就是说，只需喝下一瓶，即可满足全天的维生素 C 需求。

在水溶 C100 上市之前，在低浓度果汁饮料市场，一瓶普通饮料的价格不会超过 4 元，而水溶 C100 的定价为 4.5 元/瓶，这种与同行业相比不同的定价策略使水溶 C100 显得卓尔不群。水溶 C100 将市场定位于中高端消费市场，这也决定了其价格在 4 元以上，同时 4.5 元的价位使水溶 C100 成为饮料行业中的"新奢侈品"，在形成了一定知名度后，饮用水溶 C100 成了一个特定群体的象征，是一种身份标签。

任务四 营销策略分析

在大数据时代，市场营销策略创新的重要方式就是对现有的商业模式进行相应的优化，促使现有的商业模式能够更加适应大数据时代企业发展的需求。在大数据背景下，市场营销的主要内容就是对消费数据、符号数据等方面展开分析，利用相应的数据来判断消费者的消费偏好和消费行为，明确企业、产品与消费者之间的联系。下面分别从微信营销、短视频营销与直播营销，以及精准营销 3 个方面来详细阐述农夫山泉的营销策略。

（一）农夫山泉的微信营销

新零售私域的运营与其他行业不同，随着零售门店的多覆盖，私域运营需要 C 端用户的长期沉淀和积累，并快速迭代新的玩法。农夫山泉在私域上的布局主要通过微信营销手段来完成，涉及公众号、小程序和社群等。

1. 公众号

农夫山泉搭建公众号体系，分别设置"农夫山泉""农夫山泉送水到府""农夫山泉芝麻店"等账号，为消费者传递"天然""健康"的品牌理念。

"农夫山泉"账号以介绍水与健康的科普知识为主，通过内容的植入向消费者输出水中含有矿物质的重要性、水的 pH 值、如何选购水等方面的知识，从侧面为产品成交做理念性的铺垫，图文内容以品牌活动、知识科普、新品上市为主，是主攻理念宣传的账号。

"农夫山泉送水到府"账号以进行活动宣传、发放优惠福利等为主（见图 8-1），账号与小程序打通，可以直接跳转到品牌商城与小程序。关注账号后，账号会自动下发欢迎语，引导用户进入新用户注册页面，通过"50 元礼包"和"10 元礼券"完成老带新的裂变和新人获客，抢占第一波客源。底部菜单栏还设置了"活动中心"，其中包括"注册有礼""邀请有礼""领数币红包"等（见图 8-2），促使用户成为会员并自发完成裂变。该公众号的图文内容主要是"如何让用户获取优惠"的攻略，以提高用户留存率。

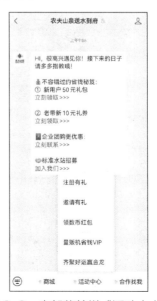

图 8-1 "农夫山泉送水到府"账号主页　　图 8-2 底部菜单栏"活动中心"

"农夫山泉芝麻店"账号的内容以活动大促、周边福利、会员权益为主，主打用户转化和留存，并打通"芝麻到家"小程序与"芝麻商城"，为小程序输送更多的流量。用户关注公众号后，农夫山泉还会自动下发关于"芝麻店"的相关操作指引，并且会发送"新人见面礼"——3张不同品类的代金券，促进成交转化。

2. 小程序

小程序是农夫山泉的私域获客与转化渠道，主要有农夫山泉送水到府官方旗舰店、农夫山泉送水到府等。

（1）农夫山泉送水到府官方旗舰店

用户进入小程序后，可以通过"新人专享福利"的引导领取"满44元减22元"的12L新客专享优惠券，实现首单转化。新客还可以专享"19L买1赠1""19L买10赠2""买12赠抽水泵""买12赠2"等家庭套餐，如图8-3所示。

（2）农夫山泉送水到府

在该小程序中，农夫山泉通过简单清晰的指引，如大包装水、小包装水、母婴水、缤纷饮料、饮水机套餐等引导用户分别根据自己的需求选购，如图8-4所示。农夫山泉可以根据需求设置不同的标签，做精细化的用户分层运营。

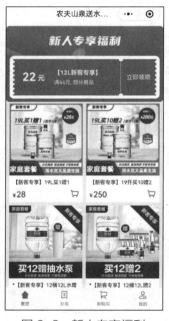

图 8-3　新人专享福利

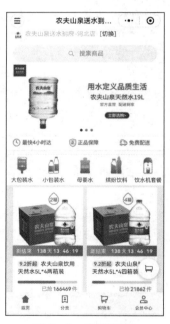

图 8-4　购买指引

另外，用户在会员中心的任务中心可以通过做任务获得相应的积分，并用积分兑换对应金额的优惠券，实现复购转化。

3. 社群

农夫山泉建立的社群可以为用户提供深度服务，主要服务内容包括用户答疑、优惠活动通知、单品福利发放等，并及时回应用户的需求，提高用户对品牌的信任度和忠诚度。

品牌做活动时，社群是一个非常合适的宣发渠道，品牌可以选择拼团、福利购等短、平、快的形式做单品大促。由于社群用户的黏性和信任度都比"泛粉"高，因此他们可以更好地响应活动。品牌可以适当加大成团难度，以此实现更多的新客裂变。农夫山泉就综合利用社群与公众号开展活动，9 天拉新 20 多万名用户，取得了成团率 63%、参与用户 40 余万名、成团用户 27 万名的成果。

（二）农夫山泉的短视频营销与直播营销

随着越来越多的品牌开始与 IP 联名，以有限的定制新品触达粉丝群体，如何让品牌从中脱颖而出就是一个难题，农夫山泉和抖音电商超级品牌日的联合则给出了一个值得借鉴的解决方案。

在 2023 年 5 月 14 日到 5 月 20 日期间，农夫山泉在抖音电商超级品牌日推出农夫山泉饮用天然水（适合婴幼儿）迪士尼公主系列首发产品，依托抖音电商"FACT+S"经营方法论，充分调动站内外资源与该 IP 联名，成功实现新品首发即"爆"，也为其他品牌提供了营销范例。

官方数据显示，双方共创的限定周边迪士尼公主吸管式瓶盖及迪士尼 100 周年限定礼盒在活动期间全部卖完，爆发系数为 16，带动品牌销量全线增长；为 IP 联名产品量身定制的话题与直播间专属童话氛围，有效助力品牌声量最大化，活动总曝光量达 1.5 亿次，品牌直播成交记录实现新高，单日销售额突破 700 万。

越来越多的品牌选择在抖音电商通过罗盘策略捕捉高爆发系数及高增速的趋势品类，增加新品首发即"爆"的可能性。农夫山泉推出的一系列抖音电商超级品牌日首发产品，均是基于站内内容洞察而发布的趋势新品。

农夫山泉通过站内搜索发现，农夫山泉饮用天然水（适合婴幼儿）因其独特的瓶身设计、优质的长白山水源，沉淀了一批精致的女性用户，是农夫山泉旗下聚焦婴幼儿饮用水行业的亿级"爆品"。自 2015 年上市以来，该产品更是先进的商业无菌生产工艺，深获千万家长的好评，在婴幼儿饮用水行业占据领军者地位。

1. 短视频营销

农夫山泉在迪士尼成立 100 周年之际，联动迪士尼的经典 IP，以农夫山泉的饮用天然水包装瓶为载体，设计了极具号召力的以 7 个公主形象为主体的创意瓶。农夫山泉同时与抖音电商超级品牌日联合打造迪士尼公主吸管式瓶盖，4 款公主造型的吸管式瓶盖十分吸睛，给用户带去良好的视觉享受。

另外，吸管式瓶盖非常契合用户的饮水场景，还支持用户将吸管式瓶盖与其他杯子搭配使用，提升了用户的饮水体验。该系列产品一经上线，用户的喜爱度直线上升。

除此之外，农夫山泉还在与抖音电商超级品牌日合作期间特别推出独家礼盒——迪士尼 100 周年限定礼盒，内含迪士尼 100 周年限定周边和农夫山泉的定制产品，颇受用户欢迎。

一方面，迪士尼长期积累了巨大的粉丝影响力；另一方面，农夫山泉聚焦旗下的趋势"爆品"。于是，农夫山泉通过与迪士尼联名，在抖音电商超级品牌日期间实现了对趋势"爆品"的升级，完成了农夫山泉与粉丝之间的情感连接，同时极大地增加了活动热度。

随着商家和电商生态对货架场景和内容场景进行广泛且深入的探索，抖音电商提出"全域飞轮增长"的经营主张，以帮助商家通过全域兴趣电商获得更多的销售增长。在做出好产品的同时，农夫山泉在抖音电商超级品牌日还基于"FACT+S"经营方法，通过站内外达人矩阵"种草"、看后搜索等方式，将流量有效转化为销量。"FACT+S"可拆解为阵地经营（Field）、达人矩阵（Alliance）、主题活动（Campaign）、头部大 V（Top KOL）和货架场（S），货架场包括 3 个 S，即搜索（Search）、商城（Shopping Center）和橱窗（Shop），代表内容场的 FACT 要与货架场高度协同，构建从品到效的完整链条。

在内容场，达人是扩充内容的重要力量，农夫山泉与达人合作，邀请达人在站外输出优质内容，增加内容热度，扩大活动的影响力，并鼓励用户在消费后积极晒单，帮助产品积累声量和良好的口碑。在站内，农夫山泉借助抖音的"众测任务"发起话题活动，邀请站内达人以产品介绍、美食制作等内容，将农夫山泉与迪士尼的联名产品向各个垂直圈层扩散，增强用户认知，沉淀兴趣用户。

在货架场，搜索和橱窗是重要组成部分，负责承接来自内容场的兴趣用户，为后续销量转化持续积累势能。具体来说，就是在达人"种草"视频下添加关键词，引导用户搜索关键词，提高用户对 IP 联名产品的感知度，使其进入抖音商城和农夫山泉的旗舰店了解产品，提高用户在货架场的转化效率。

2. 直播营销

为了充分发挥达人的作用，农夫山泉还建立达人直播矩阵，通过多位头部达人接力直播，缩短"种草"内容的触达路径，助力实现流量与交易的爆发增长。有的达人前往长白山进行专场溯源直播，让用户深度了解饮用天然水的源头，使用户放心购买。

除了达人直播外，品牌直播也值得关注。为进一步强化与迪士尼的联名氛围，农夫山泉特别打造童话风格的直播间，其色彩斑斓，与平时的直播间形成强烈的反差，主播们也呈现不同的 IP 造型，让活动氛围更加浓厚。

课堂讨论

你是否看到过农夫山泉的营销广告？看完广告后，你觉得农夫山泉的营销策略能否打动你？请说明理由。

（三）农夫山泉的精准营销

农夫山泉利用"一物一码"技术，可以依靠线上、线下的对接，打破传统零售品牌销售端与供应链端数字化的壁垒，利用产品数字化撬动消费者的数字化。

农夫山泉利用扫码互动的刺激，让消费者可以通过扫描二维码进入品牌后台，与品牌直接交互，参与品牌的抽奖、领券等活动。同时，农夫山泉通过移动支付精准追踪每一位消费者的消费记录，这既能提高抽奖活动的核销率，又可以将农夫山泉的优惠券精准推送给潜在消费者，提高复购率。

活动期间，大量农夫山泉产品的包装上印有唯一的二维码，消费者通过扫码进入小程序参与领积分、领券等营销互动。以上相关数据能够反过来为农夫山泉制订下一步的生产计划提供指导，并帮助农夫山泉判断不同区域的铺货节奏和消费周期，尤其是在数字化难度较大的下沉市场，这些数据能够协助经销商判断铺货速度和营销效果，并做出灵活调整，最终帮助农夫山泉实现精准营销。

基于"一物一码"技术，一旦消费者扫码，农夫山泉就能收集到消费者的数据，逐渐构建起消费者账户体系。而通过对消费者大数据的剖析，农夫山泉可以根据不同的人群、不同的渠道、不同的时间来进行精准营销布局。具体活动如下。

（1）指定渠道投放扫码活动

农夫山泉为产品赋码后，可以选择将产品投放到指定的渠道，例如，指定在某地区的某两家知名品牌便利店投放产品，而该地区的其他便利店并没有此产品售卖。

（2）指定时间发奖

农夫山泉指定在消费高峰期发奖，从而提升营销效果。以餐饮渠道为例，一般消费者就餐的高峰期是中午 12 点到下午 2 点和晚上 6 点到 9 点，那么农夫山泉可以在这两个时间段推送"喝农夫山泉，最高领 888 元现金红包"的活动，让在这两个时间段购买农夫山泉且扫码的消费者 100%中大额红包，而在其他时间段扫码的消费者只能抽中小额红包。

（3）指定人群抽奖

基于动态客户关系管理系统，农夫山泉给不同消费者贴上不同的标签。那么，在投放活动中，农夫山泉可以给爱喝饮料并带有某个标签的人群发奖，使其 100%中大额红包，而带有其他标签的人群在扫码后只能抽中小额红包。

农夫山泉利用"一物一码"技术实现精准营销，在多场景、多入口、多载体、多账户系统的标签下，采集消费者的原始数据、交易数据、消费行为数据等，通过大数据挖掘形成不同的维度，从而精准把握目标群体在不同需求动机和场景下的消费行为，进而开展个性化的营销活动。

拓展阅读：CDP

CDP 通过收集并处理用户在第一方/第二方/第三方平台的数据，实现用户细分，进行精准的自动化营销和广告投放的系统。CDP 的产品架构包括数据源管理、标签管理、场景管理、人群画像和用户触达。

（1）数据源管理

CDP 的主要特征之一是数据源丰富，包括第一方数据、CRM 数据以及从外部导入的第三方数据，如业务订单、页面浏览轨迹、交互行为、用户权益及促销等数据。

（2）标签管理

标签管理提供自动化标签和人群画像工具。市场人员能够通过配置定义标签，标签能够根据数据的变化而实时更新。自动化标签和人群画像工具提高了该系统的灵活性，提高了数据利用的效率。

（3）场景管理

运营场景的构建是将业务运营动作拆解成数据标签、人群圈选需求，基于标签和判断条件，将用户划分成精细化的人群，对不同的人群实施差异化的运营策略。

（4）人群画像

人群画像的应用价值体现在两个方面，一是在人群圈选过程中确定是否满足运营需求，二是在事后进行效果分析时，对具有不同特征的用户进行对比分析，如优惠券敏感人群、考研人群等。

（5）用户触达

精细化运营最终的落脚点是用户触达，即对接手动营销或自动化营销，实现分群到触达的数据流程和业务流程的贯通。

用户触达的方式包括投放外部广告、推送消息与产品运营资源位配置后台。

- 投放外部广告，将脱敏、匿名化的数据与腾讯 DMP 对接，在微信公众号、朋友圈等广告位进行曝光，获取用户增量。
- 推送消息，如通过短信、App、公众号、小程序推送消息。
- 产品运营资源位配置后台，如红包弹屏、气泡浮层。

通过已有的触达方式完成接入后，新业务只需在平台内配置场景、人群，在各个运营触达系统申请运营资源位后，直接选择 CDP 的人群即可实现一次运营动作。

项目实训：农夫山泉的营销策略分析

1. 实训背景

说到农夫山泉，大家都会第一时间想到农夫山泉天然水，以及那句广告语"我们不生产水，我们只是大自然的搬运工"。通过延伸"天然、健康"的品牌理念，展开多元化产品布局，农夫山泉不断推陈出新，形成多元产品矩阵，除了饮用水以外，还布局功能饮料、果汁、植物蛋白饮料、咖啡类饮料。

在营销时，农夫山泉的微博营销更是推陈出新，如开展天猫"双十一"农夫山泉营销活动、与中国男篮合作抽奖送门票、发售长白雪礼盒、婴儿水满 300 元减 50 元等，涉及各种热门话题。

2022 年，热播剧《两个人的小森林》播出期间，农夫山泉联动该剧发布话题，让粉丝转发、评论微博，抽几位赠送剧中角色的同款胸针，从而借助电视剧的热度使自身产品的热度持续上涨。

2. 实训要求

请同学们分析案例中农夫山泉的营销策略，并利用所学的知识为农夫山泉撰写一份营销策划书。

3. 实训思路

（1）讨论案例

请同学们分析案例中农夫山泉的营销策略属于哪一类，其获得良好效果的原因是什么。

（2）撰写营销策划书

结合在本书中学到的大数据营销理论和策略及农夫山泉的营销案例，为农夫山泉撰写一份详略得当的营销策划书。

思考与练习

1. 简述农夫山泉使用"一物一码"营销方式的优势。
2. 简述"FACT+S"经营方法的具体内容。